Emilia Pardo Bazán

MEMORIAS DE UN SOLTERÓN

Adán y Eva
(Ciclo)

1896

edición crítica
Susan Walter

- STOCKCERO -

Foreword, bibliography & notes © Susan Walter
of this edition © Stockcero 2025.
1st. Stockcero edition: 2025

ISBN: 978-1-949938-23-4

Library of Congress Control Number: 2025941421

Set in Linotype Granjon font family typeface
Printed in the United States of America on acid-free paper.

Published by Stockcero, Inc.
3785 N.W. 82nd Avenue
Doral, FL 33166
USA
stockcero@stockcero.com

www.stockcero.com

Emilia Pardo Bazán

Memorias de un Solterón

Adán y Eva
(Ciclo)

1896

edición crítica
Susan Walter

Indice

Segunda parte

INTRODUCCIÓN

BIOGRAFÍA BREVE DE PARDO BAZÁN

Emilia Pardo Bazán (1851-1921) fue la escritora más destacada de su época, reconocida por la amplitud de su producción literaria y su firme compromiso intelectual. Nacida en A Coruña, Galicia, en una familia noble y acomodada, fue hija única y desde pequeña manifestó mucho interés en escribir y desarrollar su intelecto; a los quince años publicó sus primeros poemas en una revista gallega. El acceso a una vasta biblioteca familiar, sumado al apoyo constante de sus padres –en particular, de su padre, quien desde el inicio confió en sus capacidades intelectuales– fueron factores decisivos en su formación.

Pardo Bazán dominaba varias lenguas, entre ellas el italiano, el francés, el inglés, el español y el gallego, aunque optó por no publicar en esta última. Fue una viajera incansable y aprovechó sus estancias en el extranjero para ampliar su perspectiva literaria y cultural. En distintas etapas de su vida viajó por Europa, a veces como corresponsal para revistas de prestigio, como fue el caso de su viaje a Roma, y más tarde para informar al público español sobre la Exposición Universal en París. Su labor como mediadora cultural de la literatura europea dentro de España fue fundamental para difundir estos conocimientos al público español. Algunas de sus obras más importantes en este ámbito son *La cuestión palpitante* (1883), *La Revolución y la novela en Rusia (1887)*, y *La literatura francesa moderna* (1910).

La obra literaria de Pardo Bazán fue muy variada –publicó cuentos cortos, novelas, libros de viaje, obras de teatro, ensayos, libros de cocina, obras de hagiografía y poesía. Es, sin embargo, más conocida por sus obras novelescas. De sus veintidós novelas, destacan por su influencia las que experimentan con el naturalismo –*La tribuna* (1883), *Los Pazos de Ulloa* (1886) y *La madre naturaleza* (1887)– así como las que examinan con agudeza la situación social de la mujer española de su tiempo –*Insolación* (1889), *Memorias de un solterón* (1896), y *Dulce Dueño* (1911).

Su obra cuentística también fue muy prolífica –publicó más de seiscientos cuentos a lo largo de su vida. Generalmente publicaba los cuentos primero en revistas y periódicos españoles, y más adelante los recopilaba en colecciones tales como *Cuentos de Marineda* (1892), *Cuentos de amor* (1898) y *Cuentos de la patria* (1902).

Pardo Bazán también publicó centenares de ensayos sobre temas tan diversos como las costumbres sociales, la crítica literaria, los viajes, la política y la moda, contribuyendo regularmente a muchas revistas y periódicos españoles y extranjeros –incluidos unos medios en Cuba y Argentina. Entre 1891 y 1893 dirigió, publicó y escribió todos los artículos y cuentos de su propia revista, *Nuevo Teatro Crítico*. Más adelante, fundó la colección «Biblioteca de la mujer» (1892), donde publicó textos claves del pensamiento feminista europeo, como la traducción de la obra de John Stuart Mill *La esclavitud femenina*. Las últimas obras de la serie fueron dos libros de cocina que publicó entre 1913-1917.

A lo largo de su carrera, Pardo Bazán luchó por obtener el reconocimiento que merecía. Hizo campaña sin éxito para conseguir una silla en la Real Academia de la Lengua Española en más de una ocasión[1]. Aunque nunca recibió esta distinción tan merecida, un reconocimiento que ella valoraba mucho llegó en 1916 cuando fue nombrada profesora en la Universidad Central de Madrid, donde enseñó cursos sobre la Literatura Europea. Desgraciadamente muchos alumnos boicotearon sus clases y solo unos pocos llegaron a asistirlas por el estigma que existía para una profesora universitaria en esta época.

MEMORIAS DE UN SOLTERÓN

La novela retrata las relaciones personales entre varios jóvenes que viven en Marineda, un nombre ficticio para su ciudad natal de A Coruña, Galicia a finales del siglo XIX. Los jóvenes son el inconformista Mauro Pareja, su amiga la rebelde Feíta Neira con sus admirables aspiraciones intelectuales y su amigo Primo Cova, el cotillo de

---

[1]   La primera mujer que fue elegida a una silla en la Real Academia Española fue Carmen Conde en 1978.

la ciudad. A pesar de su apellido, Mauro Pareja rechaza, por principio, el matrimonio burgués, pero su postura se irá modificando a lo largo del relato. La narrativa presenta —desde la voz y la perspectiva de Mauro— las intrigas, idilios y relaciones personales entre estos y otros personajes de la novela, como los miembros de la familia Neira, el gobernador Luis Mejía y el adinerado comerciante Baltasar Sobrado. A través de su trama, la novela ofrece un análisis de las relaciones hombre-mujer en la sociedad de la época; los temas principales de la novela —que desarrollaremos más adelante— son la evaluación critica del matrimonio burgués, la figura de *El ángel del hogar*, el doble estándar moral, y el peso de la reputación en la sociedad de la época o, en otras palabras, el qué dirán. Fundamentalmente, la obra critica las normas sociales que limitan el desarrollo pleno de la mujer a finales del siglo XIX.

La novela —decimotercera en la producción novelística de Pardo Bazán— no es de las más estudiadas ni conocidas de la autora, pero por su temática y valores intrínsecos literarios merece ser mejor considerada. *Memorias* se publicó durante la década de 1890 —una época en la producción literaria de Pardo Bazán en la cual se acentuó el compromiso de la autora con la revisión crítica de los prejuicios sociales que limitaban la libertad y la proyección de las mujeres españolas.

RECEPCIÓN DE LA OBRA

Memorias de un solterón fue publicada por primera vez en formato de novela por entregas en la revista *La España Moderna*, entre enero y mayo de 1896. Este modo de publicación seriada era muy popular en la época, tanto en España como en otros países.

La recepción de la novela fue tibia cuando se publicó. La única reseña de la novela salió en la popular *La España Moderna* unos meses después de la publicación de la novela, en la misma revista en que la obra se publicó inicialmente como novela por entregas. La reseña, publicada por el editor literario de la publicación, Eduardo Gómez de Baquero, es a la vez perspicaz y favorable. Destaca la tensión interna de la obra, señalando cómo la rebelde y atrevida Feíta desafía el estatus quo a la vez que enfatiza las limitaciones impuestas a las mujeres en una sociedad sumamente patriarcal y tradicional.

Durante la vida de Emilia Pardo Bazán, *Memorias de un solterón* volvió a editarse dos veces más, en el volumen XIV de sus *Obras completas,* publicado en 1896, y reeditado en 1911. Sin embargo, tanto esta novela como la primera novela de la serie Adán y Eva, *Doña Milagros,* tuvieron una circulación internacional más notable –se publicaron traducciones en Inglaterra, Alemania, Italia y Francia («Introducción» Ayala 21-22). La crítica María Ángeles Ayala ha propuesto que el mayor interés por la novela en el extranjero se puede atribuir a una mayor sensibilidad social respecto a la cuestión femenina en esos países, así como la existencia de movimientos feministas más arraigados, que ofrecían un ambiente más receptivo a las ideas progresistas propuestas en la novela. En contraste, el panorama español de finales del siglo XIX se caracterizaba por la ausencia de un movimiento feminista consolidado. Aunque había individuos que defendían los derechos de las mujeres –una de las más destacadas siendo la propia Pardo Bazán– no estaban respaldados por un movimiento colectivo estructurado. No sería sino hasta la segunda década del siglo XX que comenzaría a formarse en España un movimiento feminista organizado. Así, la poca resonancia crítica de *Memorias de un solterón* puede entenderse, al menos en parte, como reflejo del panorama más limitado del pensamiento feminista en su contexto nacional durante esta época.

LOS PERSONAJES DE NOVELAS ANTERIORES DE PARDO BAZÁN

Memorias de un solterón es una novela que se puede leer de manera independiente y tiene completo sentido. No obstante, a quienes quieran indagar en el mundo novelístico de la autora, les complacerá saber que algunos de los personajes de la novela aparecen en otras novelas de Pardo Bazán. De hecho, era una práctica común entre los autores realistas del siglo XIX retratar a los mismos personajes en más de una obra, estableciendo así universos narrativos interconectados. En las letras españolas, el gran escritor realista Benito Pérez Galdós es especialmente reconocido por emplear esta técnica. Emilia Pardo Bazán también utiliza este recurso en su narrativa. Si se desea entender en toda su complejidad el universo narrativo que ofrece Pardo Bazán en su novelística, se debe tener en cuenta esta red de conexiones intertextuales y conocer la evolución de esos personajes que se provienen de novelas anteriores de la autora.

La rebelde Feíta Neira, así como sus hermanas y su padre, Benicio, ya habían aparecido como personajes principales en la novela *Doña Milagos* (1894), la novela que junto con *Memorias de un solterón* constituye «El Ciclo de Adán y Eva». En esta primera novela se presenta la difícil situación de la familia Neira tras la muerte de Ildara, esposa de Benicio y la madre de Feíta y sus hermanos. Ildara fallece al dar a luz a dos hijas mellizas. Benicio Neira, su viudo, queda a cargo de esta numerosa familia en una situación económica precaria. El personaje que da nombre a la novela, Doña Milagros, es una vecina que, tras adoptar a las mellizas, se muda a Cataluña con su esposo militar y las niñas al final del relato. Es en esta novela donde se establecen las personalidades, dinámicas familiares y hábitos de varios personajes que reaparecen en *Memorias de un solterón,* incluidos Feíta y sus hermanas, su padre Benicio, y también el comerciante Baltasar Sobrado.

Baltasar Sobrado había aparecido anteriormente en una novela temprana de Pardo Bazán, *La tribuna* (1883). Ambientada en el contexto de la Revolución Gloriosa de 1868, la novela se centra en Amparo, una joven trabajadora de una fábrica de tabacos, en quien se despierta una conciencia social de las injusticias que sufren la clase obrera, y hace su parte para informar a sus compañeras analfabetas para que entiendan mejor el ambiente político de su entorno (el sexenio democrático, 1868-1874). La trama también cuenta cómo Amparo es seducida por el apuesto y rico Baltasar Sobrado. A pesar de prometerle matrimonio, y dejarla embarazada, Sobrado no cumple su palabra, rompe todo vínculo con ella y al final de la novela se compromete con una joven burguesa de sus mismos círculos sociales. El hijo ilegítimo de Baltasar y Amparo, Ramón, nace al final de la novela *La tribuna*. En *Memorias de un solterón*, Ramón Sobrado, ya crecido, tendrá un papel relevante en la progresión vital del padre que decidió ignorarlo.

Por recapitular, a pesar de todas estas relaciones entre novelas, *Memorias de un solterón* se puede leer como un texto independiente. Sin embargo, conocer el argumento de las novelas anteriores puede ayudar a entender la progresión de los personajes y también el alcance de la reflexión social que ofrece la autora.

CONTEXTO HISTÓRICO

La primera mitad del siglo XIX en España es conocida por ser un período de mucha inestabilidad política y económica. La segunda mitad, sin embargo, se caracteriza por un notable desarrollo económico, y más estabilidad política y social. De todos modos, antes de la época más estable, estalló una revolución burguesa (la Gloriosa) en 1868. En 1869, se escribió una nueva Constitución que otorgó nuevas libertades a los ciudadanos, incluyendo el matrimonio civil y la libertad de religión. Las Cortes eligieron a un aristócrata italiano, Amadeo de Savoy, para ocupar el trono en 1870 pero su reino fue muy corto, solo hasta principios de 1873, cuando Amadeo abdicó por falta de apoyo popular. Finalmente, durante un breve período España se convirtió en República pero duró poco debido al alto nivel de inestabilidad política con cambios constantes en el gobierno, y finalmente se acabó por un pronunciamiento militar en 1974. Poco después se restauró la monarquía borbónica con Alfonso XII, hijo de Isabel II.

Memorias de un solterón (1896) tiene lugar durante la primera parte de la Restauración borbónica (1874-1931), un período extendido de mucha estabilidad política. Esta etapa se consolidó gracias al sistema de alternancia regular en el poder entre los dos partidos políticos principales —el liberal de Sagasta y el conservador de Cánovas— conocido como *el bipartidismo* o *el turno pacífico*. Durante las dos últimas décadas del siglo XIX el país se modernizó y hubo más prosperidad económica que en épocas anteriores. Sin embargo, seguía habiendo mucha corrupción, fraude electoral en el gobierno y caciquismo en las provincias. Además, muchos grupos políticos quedaron fuera del sistema del *turno pacífico*, como el recién formado Partido Socialista (1879), nuevos partidos nacionalistas de Cataluña y el País Vasco, los anarquistas y los carlistas.

La Constitución de 1876 estableció que el gobierno era una monarquía parlamentaria en que el poder se compartía entre las Cortes y la Corona y reconoció también el catolicismo como religión oficial del país, creando así un Estado cuasi democrático, aunque débil y bastante corrupto. Los dos monarcas que gobernaron durante esta época eran Alfonso XII (1874-1885), y, después de su muerte, su viuda María Cristina de Habsburgo (1885-1902) actuó como regenta (1885-1902) hasta la mayoría de edad de su hijo, Alfonso XIII. Según algunos historiadores, el comportamiento ejemplar de ambos monarcas contribuyó al prestigio de la Corona, debilitando la popularidad de la ideología republicana durante esta época.

En la novela, el personaje Ramón Sobrado, a quien el narrador se refiere como «el socialista», representa una nueva tendencia política durante este período en España –el socialismo. A finales del siglo XIX, surgieron movimientos socialistas y anarquistas que buscaban mejorar las condiciones de vida de los trabajadores. En 1879 se fundó el Partido Socialista Obrero Español (PSOE) bajo el liderazgo de Pablo Iglesias y, en 1888, el sindicato asociado Unión General de Trabajadores (UGT). Activos principalmente en las zonas industrializadas del norte de España y en Madrid, defendían los derechos de los obreros a través de la participación política y reformas sociales. No lograron elegir candidatos a las Cortes durante un tiempo, pero poco a poco cobraron más fuerza y formaban parte del marco legal del estado español. Los anarquistas, por otro lado, usaban otras tácticas más violentas y rechazaban el poder del Estado y el parlamentarismo –ellos buscaban una Revolución completa en vez de unos cambios sociales y laborales más atenuados. Las zonas en que había más actividad anarquista eran Cataluña y Andalucía, con participación principalmente de los obreros y campesinos más pobres.

Otro hecho clave que define la última década del siglo XIX es el levantamiento popular en Cuba que finalmente conduce a la Guerra de Cuba de 1898, conflicto que supuso la pérdida de las últimas colonias –Cuba, Puerto Rico y Filipinas– frente a los Estados Unidos. Esta gran derrota naval marca el inicio de una época de mucha introspección y análisis en España, en que varios escritores e intelectuales estudian el pasado y el presente de España para entender cómo dejó de ser un poder imperial y cómo puede definirse en el futuro. A esta generación de pensadores se les nombra de *La generación de 98*.

Desde el punto de vista económico, conviene destacar que la Revolución Industrial, que transformó profundamente las economías de países como Inglaterra y Alemania, tuvo un impacto limitado en España durante el siglo XIX. Entre los factores que dificultaron su implantación se encuentran: una clase burguesa pequeña, las deficientes infraestructuras de comunicación, las pocas materias primas y la falta de capital español. No obstante, existen excepciones relevantes, como la industria textil de Cataluña, la industria de metales en el País Vasco y la minería en Asturias. A pesar de estos focos de industrialización, el sector más grande de la economía española del siglo XIX era la agricultura.

Merece la pena observar que la novela *Memorias de un solterón* raramente hace referencias a datos y hechos históricos, o a conflictos partidistas (más allá del epíteto calificador de Ramón Sobrado), la autora presenta la dinámica y los diálogos entre los personajes, centra su atención en cuestiones de género y en los roles sociales de hombres y mujeres de la época, sin tratar de extrapolar el debate o plantearlo en su contexto político.

LA EDUCACIÓN FEMENINA, EL KRAUSISMO Y LA INSTITUCIÓN LIBRE DE ENSEÑANZA

En el siglo XIX, la educación femenina en España estaba profundamente marcada por ideales tradicionales que relegaban a la mujer al ámbito doméstico. Las niñas de la burguesía y la aristocracia solían recibir una instrucción muy general en materias como religión, música, dibujo, quizás algún idioma y nociones básicas de lectura, escritura y aritmética. El objetivo principal era prepararlas para ser esposas virtuosas y madres ejemplares, no para una vida profesional. Por su parte, las jóvenes de clase obrera tenían apenas acceso a la educación formal dada la necesidad de que trabajaran para poder contribuir a la economía familiar.

En las últimas décadas del siglo comenzaron a surgir corrientes reformistas que impulsaron una visión más progresista de la educación. Una de las más influyentes fue el krausismo, una filosofía pedagógica y moral originada en Alemania que defendía la educación integral del individuo, el pensamiento crítico y la importancia de la ciencia; en el contexto español, esta perspectiva científica era esencial para combatir un buen número de supersticiones arraigadas en el catolicismo, comunes durante esta época. Fundada en 1876 por el krausista Francisco Giner de los Ríos (un gran mentor de Pardo Bazán), la Institución Libre de Enseñanza promovió activamente la educación laica, científica y humanista. Los krausistas, bajo el liderazgo de Fernando de Castro, también fundaron la Asociación para la Enseñanza de la Mujer en 1870. Ambas organizaciones introdujeron metodologías provenientes de los vecinos europeos que adaptaban a las circunstancias culturales y sociales de España (Vázquez Ramil) «

Además del movimiento reformista de los krausistas, algunas figuras como Concepción Arenal y Emilia Pardo Bazán abogaron por la ampliación de los horizontes educativos de las mujeres. «Un ensayo clave de Pardo Bazán que explica en detalle el estado de la cuestión en cuanto la educación femenina y masculina a la vez que propone algunas reformas es «La educación del hombre y la mujer». El texto se originó como ponencia leída en el Congreso Pedagógico de 1892, y más tarde se publicó en el número 22 de la *Nuevo Teatro Crítico*. Hoy en día la versión más fácil de acceder es la de *La mujer española y otros escritos* editado por Gómez Ferrer. Al final del siglo XIX los congresos pedagógicos desempeñaron un papel clave en el debate y la modernización de la educación en España, incluyendo la educación femenina.

Temas principales de la novela

El ángel del hogar

Un tema central de la novela son las expectativas sociales del comportamiento femenino. El modelo prescriptivo que regía lo que se esperaba de la mujer burguesa durante este período histórico era *El ángel del hogar*. Desde los primeros capítulos de la novela, el lector conoce a Feíta, una mujer muy independiente que rechaza casi todas las normas sociales que limitan los movimientos y actividades de las mujeres de su clase. Por otro lado, sus hermanas parecen respetar las expectativas sociales de comportamiento del *ángel* y se dedican principalmente a vestirse bien, estar guapas e intentar cazar a un buen marido.

En España, el término aparece por primera vez en el título de un manual de conducta escrito por María del Pilar Sinués de Marco, *El ángel del hogar*, publicado en 1859. Este texto describe cómo una mujer debe comportarse para alcanzar el ideal de ángel doméstico.

Según el paradigma del *ángel del hogar,* una mujer debía aspirar a formar un buen matrimonio, tener hijos, ser una devota católica, siempre guardar su virtud y dedicarse al cuidado de su familia. No obstante, conviene recordar que muchas mujeres de clase media no se encargaban directamente de las tareas domésticas porque generalmente contaban con personal doméstico que hacía esas tareas.

A lo largo del siglo XIX, se publicaron numerosos manuales de conducta con el propósito de instruir a mujeres y niñas sobre los comportamientos esperados en sus vidas cotidianas. Además, muchas revistas femeninas que se comercializaban durante este período ayudaron a la proliferación de este ideal. Algunas de las más populares fueron *La Violeta, La Mujer, El Correo de la moda, La Ilustración de la mujer, Flores y perlas, El Ángel del hogar y La Madre de familia.* Muchos de los colaboradores de estas revistas, así como sus editoras, también eran novelistas que escribían ficción doméstica.

En el imaginario colectivo de la época, la sociedad estaba dividida en dos espacios claramente diferenciadas: la esfera pública, masculina, conectada a la economía de libre mercado, la política y el incipiente capitalismo; y la esfera doméstica, femenina, asociada al deber familiar, la espiritualidad y el altruismo. Bridget Aldaraca analiza la ideología del *ángel del hogar* y cómo enfatiza la importancia de la separación entre las dos esferas. Según esta visión, las mujeres eran confinadas al ámbito del hogar por el temor a que su participación en la esfera pública las manchara de alguna forma. El razonamiento era que la autopromoción y la competencia económica que habían surgido recientemente en la esfera pública, con el auge de la economía industrial y el capitalismo, hicieran a los hombres menos morales. Así, el hogar, con la esposa como ángel doméstico, llena la necesidad de un espacio espiritual completamente puro en el que los hombres puedan refugiarse (Aldaraca 57). En la novela vemos que Feíta quiere independizarse de su familia, y no respeta esta división de espacios sociales. Cuando empieza a dar clases particulares en Marineda camina sola por varias zonas de la ciudad, causando escándalo en sus círculos sociales burgueses.

En los manuales de conducta de la época las descripciones del papel de la mujer como guardiana virtuosa de la familia están llenas de lenguaje espiritual –por ejemplo, hablan de cómo ella debería cumplir su «misión» como esposa y madre. A menudo se la presenta como la «sacerdotisa», «santa» o «ángel» de su «santuario». Un ejemplo claro de esta retórica aparece en el texto «La misión de la mujer» de Ángela Grassi, donde se proclama: «¡Cuán santa es la misión de la mujer! ¡Misión desprovista de Gloria, es verdad, pero fecunda en suaves y castas emociones!» (55). Esta exaltación simbólica concede a la mujer un lugar de relevancia moral dentro del hogar y, hasta cierto punto, en la sociedad. Sin embargo, esta idealización también hace que la mujer deja de ser un individuo concreto para convertirse en arquetipo (Aldaraca 60). Para una exploración más completa del *ángel del hogar,* consultar Aldaraca, Jagoe (*Ambiguous*) y Nalbone.

EL DOBLE ESTÁNDAR MORAL

Un aspecto central de la identidad de un ángel era su virtud, su inocencia y, en el caso de las mujeres solteras, su castidad. El honor de una familia estaba ligado a estas cualidades en sus esposas, hijas y hermanas. De hecho, incluso una simple sospecha de una conducta inapropiada por parte de una joven antes de casarse podía manchar para siempre su reputación y la de su familia. Para proteger la virtud de una mujer más allá de toda duda, se asumía que una mujer burguesa no debía quedarse nunca a solas con un hombre que no fuera pariente. Por eso vemos a Mauro tan nervioso en varias escenas de la novela, especialmente cuando Feíta anda sola por Marineda o cuando entra sola a la biblioteca de su casa.

En contraste, la sexualidad masculina se percibía de forma muy diferente. En muchos sectores se aceptaba, e incluso se esperaba, que los hombres tuvieran relaciones sexuales fuera del matrimonio. Emilia Pardo Bazán critica esta doble moral en cuentos como «La novia fiel» (1894) y «La culpable» (1893) y también en *Memorias de un solterón* a través de las distintas experiencias de las hermanas Neira y de los hombres de Marineda, como Baltasar Sobrado, Luis Mejía y León Cabello.

LAS CLASES SOCIALES

En el contexto de la época, solemos hablar de las clases sociales usando estos términos: La aristocracia, la burguesía y el proletariado/la clase obrera. En la novela, la mayoría de los personajes pertenece a la burguesía, es decir, una clase acomodada. Aunque la familia Neira tiene sangre noble o aristocrática, su estilo de vida es claramente burgués. Para entender mejor cómo vivían y cuáles eran las expectativas sociales para las mujeres de diferentes clases en esta época, conviene consultar el ensayo «La mujer española» (1890) de Pardo Bazán, originalmente publicado en inglés en la revista londinense *Fortnightly Review* en 1889. Más tarde aparece en una serie de artículos en *La España Moderna* entre mayo y agosto de 1890, y la versión editada más fácil de acceder ahora es la que editó Gómez Ferrer. «

Con la llegada del capitalismo a España en el siglo XIX, se abrió la posibilidad (aunque poco frecuente) de ascender socialmente, cosa que antes era más difícil en una sociedad organizada tradicionalmente en estamentos. Dentro de la burguesía había diferencias económicas notables, algunos burgueses estaban en el peldaño más bajo y apenas podían cubrir sus gastos –como es el caso del músico León Cabello– y otros vivían de una forma muy lujosa –como el personaje Baltasar Sobrado, con sus varios negocios. Un fenómeno común era vivir de las rentas: muchas familias burguesas y aristocráticas obtenían sus ingresos del alquiler de propiedades urbanas y rurales. Este es el caso de Baltasar Sobrado y de la familia Neira, que tiene propiedades en la ciudad de Marineda y en el campo.

Ramón Sobrado y su madre Amparo son los únicos personajes de clase obrera que aparecen en *Memorias*, además de algún criado con un papel muy limitado. La vivienda de esta familia no es descrita en la novela, pero sí lo es el café que Ramón frecuenta, un lugar sórdido y oscuro, con un suelo pegajoso y malos olores. El protagonista-narrador Mauro describe el café en el capítulo XVII, y la descripción sirve para contrastar este ámbito donde se mueve la clase obrera con los lugares cómodos e incluso lujosos donde tiene lugar la mayoría de la novela –en el club de *La Pecera,* la casa de la familia Neira o la casa de Mauro. La reacción de Mauro enfatiza este contraste: (sentía) «repugnancia profunda a aquel lugar innoble, vivo deseo de abandonarlo, y una especia de náusea» (final del cap. XVII).

El matrimonio burgués

Desde los primeros capítulos de la novela, Mauro Pareja expresa abiertamente su rechazo por la concepción del matrimonio burgués en esta época. El título mismo de la obra —*Memorias de un solterón*— hace referencia a su decisión de no casarse. En la España de finales del siglo XIX, el matrimonio burgués se concebía como una alianza estratégica para mejorar el estatus social y asegurar la estabilidad económica de ambas partes. Los matrimonios se caracterizaban por una estructura patriarcal en la que el hombre proveía sostén económico, mientras que las mujeres quedaban confinada a la esfera doméstica, encargadas de administrar la casa y defender el honor familiar.

Según las leyes de la época el hombre era la autoridad de la familia, y la mujer quedaba en una posición subordinada, prácticamente como una dependiente. Estas uniones, concertadas o influenciadas por consideraciones familiares, regularmente implicaban el intercambio de dotes, que no sólo servía como incentivo financiero para el novio, sino que también reflejaba el estatus económico de la familia de la novia. Así, el matrimonio burgués se entendía como un negocio entre familias, donde el amor o la conexión emocional tenían un papel secundario frente a los intereses materiales y sociales.

El honor y la virtud femenina; el cotilleo y «el qué dirán»

El concepto de «el qué dirán» se refiere a la preocupación general de los individuos por respetar las normas sociales y mantener una imagen social aceptable y digna. Por ejemplo, «qué dirán los vecinos» o «qué dirán nuestras amistades» si no hacemos tal o cual cosa. La preocupación por el qué dirán va directamente ligada al histórico concepto del honor personal y familiar, un tema muy frecuente en la literatura española del siglo de oro, y también en la literatura del siglo XIX.

El comportamiento de la mujer, que debe restringirse a un margen de acción muy estrecho y codificado, es un elemento fundamental de la honra personal y familiar. Las mujeres españolas de la época —como sucede hoy día en algunas sociedades tradicionales del mundo— no podían moverse con libertad por sus ciudades y pueblos,

ni relacionarse con hombres que no fueran miembros de su familia.
No ceñirse a esta expectativa social era exponerse a las habladurías,
con el consiguiente daño para su reputación.

En la novela, el personaje que mejor representa esta presión social
es Primo Cova, conocido por dedicar mucho tiempo a las habladurías,
siempre listo para informarle a su amigo Mauro de los últimos coti-
lleos. Por cierto, en la novela hay varios acontecimientos centrales de
los cuales Mauro es informado por Cova. Cuando, en el capítulo XII,
Feíta empieza a moverse más libremente por Marineda y aparece en
la casa de Mauro para consultar libros en la biblioteca, Mauro se es-
candaliza y teme que Primo, que llega pocos minutos después de
Feíta, podría llevar las noticias de sus actividades a sus círculos sociales
en Marineda, perjudicando su honor, y el de toda su familia. Para indagar más sobre este tema y la dinámica que crea en la novela,
consulte el ensayo de Ragan citado en la bibliografía.

ESTA EDICIÓN

Existen tres versiones de esta novela que se publicaron en vida de
la autora. La primera se publicó como una novela por entregas en *La
España Moderna* entre enero y mayo de 1896; la segunda se publicó en
el tomo XVI de las *Obras completas* de la autora también en 1896 y, finalmente, la tercera se publicó cuando la autora reeditó el tomo XVI
de sus *Obras completas* en 1911. No hay diferencias sustanciales entre
una edición y otra —la mayoría de las modificaciones son de elementos
léxicos y de cambios de sintaxis. Ayala caracteriza las variaciones de
una edición a otra de esta forma: «como si la autora, si a ella se
debiesen las correcciones como suponemos, buscase una mayor precisión en la expresión, en el matriz semántico revelador»
(Introducción 73). La presente edición se basa en la segunda versión
de la novela —la que se publicó en el tomo XVI de las *Obras completas*
de la autora en 1896. «Otra edición importante es la del editorial Cátedra, editada por María Ángeles Ayala en 2004.

Como sucede con todas las ediciones de StockCero, esta edición
está pensada para estudiantes de español, y también lectores comunes
que quieren entender mejor el contexto en que la obra fue publicada.
«Dado que la prosa de Pardo Bazán es compleja, haciendo uso de bas-

tante vocabulario erudito y anticuado, y también galleguismos, las varias notas a pie de página que definen palabras difíciles y explican referencias históricas y literarias son esenciales para que el lector moderno pueda entender a fondo la novela. «Asimismo, la introducción provee información esencial sobre la autora, el contexto sociohistórico y los temas principales de la novela para orientar a los lectores que no tienen mucho conocimiento del siglo XIX en España.

CONCLUSIONES

Aunque *Memorias de un solterón* no sea una de las novelas más conocidas de Pardo Bazán, ni la más lograda en términos artísticos, su importancia radica en los temas de relevancia que plantea en cuanto la situación de la mujer y las relaciones de pareja en la clase media urbana. A través de un narrador masculino la novela entabla una crítica sofisticada del matrimonio burgués, revelando las muchas limitaciones que esta institución tenía tanto para el hombre como para la mujer. Que sea la voz de un hombre respetable como Mauro Pareja la que plantea esta crítica es un elemento clave en la narración, y uno que seguramente ayudó a que la recepción de la obra fuera más favorable en su época. «

A través de la construcción de «una mujer nueva» que rechaza el modelo burgués de *el ángel del hogar* en el personaje de Feíta Neira, la novela también cuestiona los papeles de género tradicionales, ligando el rechazo del matrimonio burgués por Mauro con los papeles prescriptivos de género de la época, en que la mujer no tiene agencia, y el hombre tiene que ser el único sustento económico en la familia. Los estudiosos de la obra de Pardo Bazán ven rasgos de la propia autora en el personaje de Fe Neira, que sobresale por sus inquietudes intelectuales y sus ganas de entender más a fondo el mundo que le rodea. «

Finalmente, *Memorias de un solterón* critica la hipocresía de un doble estándar moral que permite y espera del hombre aventuras de todo tipo mientras obliga a la mujer a respetar el modelo del ángel, definido por el recato y la virtud. «La novela logra interrogar las normas sociales de comportamiento femenino y masculino, señalando que el doble estándar moral no solo es injusto, sino que también perjudica la formación de matrimonios estables. «La única pareja estable que se consolida al final de la novela está compuesta por dos individuos que rechazan el modelo prescriptivo para su género. «.

BIBLIOGRAFÍA

Acosta, Eva. *Emilia Pardo Bazán: La luz en la batalla*. Barcelona: Lumen, 2007.

Aldaraca, Bridget. *El ángel del hogar: Galdós and the Ideology of Domesticity in Spain*. University of North Carolina Press, 1991.

Ayala, María de los Ángeles. Introducción. *Memorias de un solterón*. De Emilia Pardo Bazán. Cátedra, 2004. 11-82.

_____. «Resonancias y ecos literarias en las novelas de 'Ciclo de Adán y Eva'.» *Emilia Pardo Bazán y el estado de la cuestión*. Real Academia Galega, 2005. 221-231.

Bauer, Beth Wietelmann. «Narrative Cross-Dressing: Emilia Pardo Bazán in *Memorias de un solterón*.» *Hispania* 77.1 (1994): 23-30.

Bieder, Maryellen. «Capitulation: Marriage, not Freedom. A Study of Emilia Pardo Bazán's *Memorias de un solterón* and Galdós' *Tristana*.» *Symposium* 30.2 (Summer 1976): 93-109.

Botrel, Jean-François. «Narrativa y lecturas del pueblo en España del siglo XIX» *Cuadernos hispanoamericanos* (June 1993): 69-91.

Bravo-Villasante, Carmen. *Vida y obra de Emilia Pardo Bazán*. Revista de Occidente, 1962.

Bretz, Mary Lee. «Text and Intertext in Emilia Pardo Bazán's *Memorias de un solterón*.» *Symposium* 43.2 (1989): 83-93.

Burdiel, Isabel. *Emilia Pardo Bazán*. Taurus, 2019.

Charnon-Deutsch, Lou. *Narratives of Desire: Nineteenth-Century Spanish Fiction by Women*. Penn State UP, 1994.

Cruz, Jesús. *The Rise of Middle-Class Culture in Nineteenth-Century Spain*. Louisiana State UP, 2011.

Erwin, Zachary. «Fantasies of Masculinity in Emilia Pardo Bazán's *Memorias de un solterón*.» «*Revista de estudios hispánicos*. 46.3 (2012): 547-68.

Gómez Ferrer, Guadalupe (ed.). "Introducción." *La mujer española*. De Emilia Paro Bazán. Cátedra, 1999. 9-70.

Grassi, Ángela. «La misión de la mujer.» *La mujer en los discursos de género*: *Textos y contextos en el siglo XIX*. Eds. Jagoe, Blanco y Enríquez de Salamanca. Icaria Editorial, 1998. 55-57.

Harpring, Mark. «Homoeroticism and Gender Role Confusion in Pardo Bazán's *Memorias de un solterón*. » *Hispanic Research Journal* 7.3 (2006): 195-210.

Jagoe, Catherine. *Ambiguous Angels*: *Gender in the Novels of Galdós*. University of California Press, 1994.

_____. Alda Blanco y Cristina Enríquez de Salamanca (eds.). *La mujer en los discursos de género*: *Textos y contextos en el siglo XIX*. Icaria Editorial, 1998.

Johnson, Roberta. «Issues and Arguments in Twentieth-Century Spanish Feminist Theory.» «*Anales de la literatura española contemporánea* 30.1-2 (2005), pp. 243-272.

Nalbone, Lisa. «The Legal, Medical and Social Contexts of the *Angel in the House*. » «*MLA Approaches to Teaching the Writings of Emilia Pardo Bazán*. Eds. Versteeg and Walter. MLA, 2017. 49-57.

Pardo Bazán, Emilia. *La mujer española y otros escritos*. Ed. Guadalupe Gómez-Ferrer. Cátedra, 1999.

_____. *Obras completas*. Fundación José Antonio de Castro, 1999-2005, 12 vols.

_____. *El áncora y otras novelas cortas*. Ed. María Luisa Pérez Bernardo. Stockcero, 2016.

_____. *La tribuna*. Ed. Víctor Fuentes. Stockcero, 2024.

_____. *Dulce dueño*. Eds. Nuria Godón y Carmen Pereira Muro. Stockcero, 2024.

Pérez, Janet. «Subversion of the Victorian Values and Ideal Types: Pardo Bazán and the *Ángel del Hogar*.» *Hispanófila* 113 (1995): 31-43.

Phillips, William D. y Carla Rahn Phillips. *A Concise History of Spain*. Cambridge UP, 2010.

Ragan, Robin. «Gossip, Gender and Genre in *Memorias de un solterón* de Emilia Pardo Bazán.» *Romance Languages Annual* 7 (1995): 597-603.

Rosario Vélez, Jorge. «Belleza, intelectualidad, y nuevo matrimonio en *Memorias de un solterón* de Emilia Pardo Bazán. » *Hispanófila* 146 (2006): 11-24.

Soria, Mar. *Geographies of Urban Female Labor and Nationhood in Spanish Culture, 1880-1975*. University of Nebraska Press. 2020.

Tsuchiya, Akiko. *Marginal Subjects: Gender and Deviance in Nineteenth-Century Spain*. Toronto UP, 2011.

Vázquez Ramil, Raquel. «La Institución Libre de Enseñanza y su aportación a la educación de la mujer española.» publicado el 10 de abril 2006. «http://www.ciudad-demujeres.com/articulos/La-Institucion-Libre-de-Ensenanza

Versteeg, Margot and Susan Walter, Eds. *MLA Approaches to Teaching the Writings of Emilia Pardo Bazán*. MLA, 2017.

Walter, Susan. *From the Outside Looking In: Narrative Frames and Narrative Spaces in the Short Stories of Emilia Pardo Bazán*. Juan de la Cuesta Press, 2010.

_____. «After the Apple: Female Sexuality in the Writings of Emilia Pardo Bazán.» *Decimonónica* 9.2 (Summer 2012): 88-105.

MEMORIAS DE UN SOLTERÓN

– I –

A mí me han puesto de mote el *Abad*2. En esta Marineda tienen buena sombra para motes3, pero en el mío no cabe duda que estuvieron desacertados. ¿Qué intentan significar con eso de *Abad*? ¿Que soy regalón, amigo de mis comodidades, un poquito epicúreo? Pues no creo que estas aficiones las hayan demostrado los abades solamente. Además, sospecho que el apodo envuelve una censura, queriendo expresar que vivo esclavo de los goces menos espirituales y atendiendo únicamente a mi cuerpo. Para vindicarme ante la posteridad, referiré, sin quitar punto ni coma, lo que soy y cómo vivo, y daré a la vez la clave de mi filosofía peculiar y de mis ideas.

Yo friso en los treinta y cinco años, edad en que, si no se han perdido enteramente las ilusiones, al menos los huesos empiezan a ponerse durillos, y vemos con desconsoladora claridad la verdadera fisonomía de las cosas. —En lo físico soy alto, membrudo, apersonado, de tez clara y color mate, con barba castaña siempre recortada en punta, buenos ojos, y anuncios apremiantes de calvicie que me hacen la frente ancha y majestuosa. En resumen, mi tipo es más francés que español, lo cual justifican algunas gotas de sangre gala4 que vienen por el lado materno. —He formado costumbre de vestir con esmero y según los decretos de la moda; mas no por eso se crea que soy de los que andan cazando la última forma de solapa5, o se hacen frac colorado si ven en un periódico que lo usan los gomosos de Londres. Así y todo, mi indumentaria6 suele llamar la atención en Marineda, y se charló bastante de unos botines blancos míos. Lo atribuyo a que en las personas de amplias proporciones y que se ven de lejos, es más aparente cualquier novedad. Mis botines blancos tenían las dimensiones de una servilleta.

---

2   *Abad*: sacerdote.
3   *Motes*: apodos o sobrenombres
4   *Gala*: de origen francés
5   *Solapa*: Parte de una prenda de vestir.
6   *Indumentaria*: Vestimenta; ropa.

No crean, señores, que me acicalo[7] por afeminación. Es que practico (sin fe, pero con fervor) el culto de mi propia persona, y creo que esta persona, para mí archiestimable, merece no andar envuelta en talegos o en prendas, ¿Voy a vestirme como un cesante[8]? Mil veces no. Me atrae todo lo que es *confort*, bien estar, pulcritud, decoro. Como que de estas condiciones externas pende y se deriva, en muchos casos, la paz del espíritu y la armonía del carácter.

Soy solterón, y lo soy con deliberado propósito y casi diría que por convicción religiosa. Ya explanaré detenidamente mis teorías sobre tan delicado punto.

Libre de familia, vivo, no en una fonda[9], donde me tratarían a puntapiés, me entregarían la ropa sin botones y no me barrerían el cuarto, sino en una casa de huéspedes muy especial que he descubierto, y donde me agazapé mientras no arreglo la *garçonnière*[10] con que sueño, y a la cual me llevaré probablemente, en calidad de ama de llaves, a mi patrona actual, la mismísima doña Consolación Fontán y Guripe, a quien por ahorrar saliva llamo doña Consola. En España, la peor casa de huéspedes es siempre preferible a un *hotel*; pero la mía merece el dictado de la perla del género. Fue doña Consola, en sus juventudes, doncella de confianza de una notable mujer marinedina[11], la ilustre viuda del guerrillero Esteva, a quien Isabel II[12] hizo merced del título de duquesa de la Piedad. En la larga emigración de la dama, que pasó a Inglaterra acompañando a su esposo perseguido por liberal, doña Consola no se apartó de ella, y mientras hincaba el diente al *negro pan* consabido, aprendió muchas cosas que se ignoran por aquí: a asar bien, a servir un té en punto, a preparar las tostadas del desayuno como un ángel (si los ángeles se dedicasen a tales menesteres[13]); a tener la ropa blanca lo mismo que un monte de nieve; a cultivar las virtudes del orden, de la puntualidad, de la formalidad, del aseo... Fue doña Consola uno de esos criados en

---

7   *Acicalar*: Prepararse; adornarse.

8   *Cesante*: destituido.

9   *Fonda*: albergue o pensión.

10   *Garçonnière*: Palabra francesa que significa apartamento de un hombre soltero.

11   *Marinedina*: Una mujer de Marineda, una ciudad ficticia que aparece en varios textos de Pardo Bazán. Marineda es un pseudónimo literario para A Coruña, Galicia, la ciudad natal de la autora.

12   *Isabel II*: La reina de España de 1843–1868, conocida por sus intentos de modernizar el país, con limitado éxito.

13   *Menesteres*: deberes; tareas.

quienes la veneración y el cariño hacia un amo insigne trascienden misteriosamente a lo físico, y causan un parecido singular, más aún que en las facciones, en los movimientos, en la voz, en el gesto. Doña Consola tiene el rostro moreno, severo, algo bigotudo, de la duquesa; lleva, como ella, el pelo gris en bandós lisos; habla con reposado énfasis y frase escogida; usa por casa, en invierno, guantes de lana verde o negra, y siempre se la ve muy derecha, muy puritana, con cuello blanco planchado y delantal14 de seda a cuadritos, honrando su pecho la cadena de oro del reloj legado por su ama. Ha aprendido también en aquellos tiempos memorables a respetar al modo sajón15 la libertad del individuo, a no meterse en vidas ajenas, y a no fiscalizar a los huéspedes so pretexto de quererles como a hijos. Este tipo digno y serio es inconfundible con el de nuestras clásicas *patronas*.

Como asistió a la duquesa con abnegación, sin acostarse en treinta noches, nadie extrañó que quedase asegurada su suerte, y que además, la duquesa dispusiese en su favor de todos sus muebles y ropas, con lo cual pudo montar la casa de pupilos. Estos muebles son ricos, de poco gusto y anticuados. Corresponden a la última época del Imperio: mi cama, de caoba, tiene sus rosetas pseudo egipcias, y el sofá y sillería están forrados con bonitas sedas, de un verde pálido rameado de malva. Sobre la mesa dorada, redonda, de acanaladas patitas, campea un soberbio reloj con asunto mitológico, de bronce y mármol, pero que rige, pues le honra una mecánica nada menos que de French. Deliciosas miniaturas de la familia Real penden de la pared, entreveradas con ridículos trabajos de conchas, cuadros matizados de pluma y pelo, y un retrato al óleo, muy duro y mal engestado, de la duquesa. Vese asimismo un ejemplar de caligrafía barroca y enrevesada, (ofrenda de algún protegido o admirador), puesto en un marco de grandes pretensiones. Descifrado, no sin trabajo, dice así textualmente: «La gloria, con su fulgente aureola, enaltece vuestra sien. En el panteón de la inmortalidad os tejen los querubes dos purísimas guirnaldas. Ved, su lema: *Beneficencia y Patriotismo*. Vuestro evangélico y digno título simboliza elocuentemente vuestra alma, y en el Elíseo de los justos, donde mora vuestro esposo, un sinnúmero os bendice. Al adalid de la libertad, el cielo plugo concederle una heroína». El texto que traslado, figúreselo el lector con el aditamento de infinitos rabos de cometa, nebulosas de

---

14   *Delantal*: Prenda que se pone encima de la ropa para protegerla de manchas.
15   *Sajón*: inglés.

rayas, espirales, cohetes, sombras y arabescos: cuanto pudo discurrir el calígrafo, echando el resto sobre todo en las palabras que expresan algún concepto grandioso, las cuales llevan mayúscula: vr. gr., Inmortalidad, Gloria, Libertad y Patria. —No eran, sin embargo, los cuadros ni los muebles la mejor parte del legado de la duquesa. Constituíala una biblioteca, excepcional por lo escogida, que la heroína no había reunido, sino que a su vez le había legado un amigo y compañero de emigración, bibliófilo eminente, de la raza vivaz de los Salvas y los Gallardos[16]. Era la tal biblioteca, en poder de doña Consola, tocino en casa del judío[17], y algunas veces se le había ocurrido enajenarla, gestionando que la adquiriese la provincia. Sólo que con valer mucho aquella espléndida colección de libros raros, no valía en venta todo lo que imaginaba doña Consola, y como la excelente pupilera no se resolvía a deshacerse de ella, yo la usufructuaba[18] con deleite.

A pesar de que los recuerdos de la heroína no carecen de atractivo, no acaban de convencerme estas antiguallas patriótico–progresistas, que huelen a milicia nacional desde una legua, y voy poco a poco vistiendo las paredes con los cachivaches de moda, porcelanitas, acuarelas, *manchas* de paisaje encerradas en marco inmenso, fotografías, grabados, estatuillas en repisas, pedazos de tela vieja bordada, un yatagán, dos floretes, un relieve en bronce... Cuando me decida a arreglar mi nido (nido sin cría, por supuesto, ni más pájara que doña Consola, que es pájara disecada), entonces haré primores, y mi salita y mi despacho serán la envidia de todos los solteros marinedinos[19].

¡Sin pájara, sin cría! ¡Y qué bien, qué sosegado! —No te figures, lector, que en lo que voy a decir se contienen las verdaderas, las íntimas razones que me alejan del estado matrimonial; son las más superficiales, y ya llegaremos al análisis de las otras; pero ¿has admitido tú alguna vez el absurdo sofisma de que para vivir con tranquilidad, y hasta con un poco de poesía doméstica, sea preciso casarse? ¿Has transigido con la vulgaridad de que las moradas de los solteros tengan que parecer una leonera o una zahúrda[20]? Digan lo que digan,

---

16   Los *Salvas* y *Gallardos*: son apellidos.
17   *Tocino en casa de judío*: Una expresión idiomática que se refiere a recursos disponibles, pero desaprovechados —como la carne de cerdo en casa de un judío, que no se va a comer porque lo prohíbe la religión.
18   *Usufructuar*: Aprovechar; utilizar.
19   *Marinedinos*: ciudadanos de la ciudad de Marineda.
20   *Leonera o zahúrda*: un lugar desordenado.

y aunque Pereda21, de quien soy lector constante, haya declamado contra el *buey suelto*, nunca poseemos un interior más pacífico y más estéticamente arreglado para recrear en su serenidad el alma, que cuando podemos hacerlo todo a nuestra imagen, y no según las exigencias siempre algo prosaicas de la vida de familia. Yo no soy como aquel *Gedeón*, el héroe de Pereda, un vicioso burdo22 y sin miaja23 de pesquis24, a que no sabía ponerse de acuerdo consigo mismo, y que, por incapacidad, necesitaba con urgencia mujer, como los chicos niñera. Ninguna persona de mediano criterio tropezará en los inconvenientes en que tropezaba aquel zanguango25.

Los defensores sistemáticos del matrimonio me dan la razón en este particular sin querer, cuando llaman *egoístas* a los que como yo piensan. Nos cortan sayos26, porque atendemos a nuestro propio bien y labramos como la abeja el panal de nuestra apacible vida, sin preocuparnos de la ajena y desoyendo el mandato de Dios al hombre, por lo cual, en vez de abejas, deberíamos llamarnos zánganos.

Aun suponiendo, señores, que fuese labor... muy laboriosa la de engendrar un hijo cada once meses, siempre el producir humanidad sería lo contrario de destilar miel. Rejalgar27 es lo que generalmente destila el padre de una familia numerosa, y a rejalgar sabe la existencia condenada si al venir a ella no traemos condiciones que nos la hagan llevadera al menos. Yo de mí sé decir que, dadas las agonías y estrecheces y sonrojos y miserias con que se vive en ciertas casas, hiel28 y vinagre debe de ser la cotidiana bebida. El maltusianismo29 es el *a, b, c*, es la doctrina más trillada en los que sobre el matrimonio filosofamos; convengo en ello; pero también sé que estas razones no se han hecho vulgares sino a fuerza de ser evidentes.

Sólo la gente superficial e irreflexiva condena el egoísmo, cuando

---

21 *José de Pereda* (1833–1906): un conocido escritor realista de esta misma época en España. «Aquí se hace referencia a una novela muy conocida de él *El buey suelto* (1884) que estudia la vida de un soltero que vive en una zona rural.

22 *Burdo*: inculto.

23 *Miaja*: pizca.

24 *Pesquis*: perspicacia; ingenio.

25 *Zanguago*: bruto.

26 *Cortar sayos*: hablar de alguien en su ausencia; chismear.

27 *Rejalgar*: mineral de color rojo que es muy venenoso.

28 *Hiel*: amargura; disgusto; pena.

29 *Maltusianismo*: Aquí se hace referencia a las ideas de Thomas Robert Malthus (1766–1834), un economista inglés que escribió *An essay on the principle of population (1798)* en que expone que el crecimiento de la población siempre tenderá a superar el suministro de alimentos. (https://www.britannica.com/money/Malthusianism).

habría que erigirle altares como a numen tutelar30: La pasión y el altruismo son los que casi siempre nos ponen en el caso de molestar, dañar y herir al prójimo: el egoísmo nunca. Consejero prudente sentado a nuestra cabecera y consagrado a reprimir nuestros caprichos sentimentales, nuestros arrechuchos, nuestras vehemencias, él es quien nos manda no alterar la paz del hogar ajeno, no meter la hoz en la mies del vecino, no revolver el cotarro, no buscar quimera31, rehuir la acción y evitar el interés y la lucha, fuente de todo dolor. Rara vez nos aconsejará el egoísmo acciones malas, pues como inteligente y discreto sabe que en la fosa que cavamos nos rompemos las piernas. ¡Oh guía seguro y honrado, oh buen Mentor, oh incomparable egoísmo! Téngate, yo en mi compañía por siempre jamás amén.

Soy capaz de probar con argumentos firmes y sólidos que más amo yo a la esposa que no torno y a los hijos que no tengo, que todos los casados y padres de familia del mundo a sus hijos y esposas. Porque amo a esa tierna compañera, no quiero verla convertida en ama de llaves, en sirviente o en nodriza fatigada y malhumorada; porque idolatro a esos niños encantadores, a esos ángeles rubillos, no quiero procrearlos, no pudiendo untarles con manteca y miel las tortitas que han de merendar. ¡Querubines de mi corazón! No temáis, no, que os juegue la mala pasada de traeros a este mundo...

No me salgan a mí por el registro de la modestia y el arreglo en el hogar. Hoy nadie puede pasarlo modestamente; es decir, nadie que sea *burgués*; y hasta a los mismos *proletarios* se les imponen necesidades y refinamientos que antes desconocían. El rasero ha pasado, yo visto como el millonario y como el magnate; mis hijas tendrían que gastar iguales trapos que las de la marquesa de Veniales o las de ese podrido de dinero, Chucho Díaz. No hay clases, como dijo el otro. No hay más que apetitos, vanistorios y exigencias. Nuestras instituciones democráticas han amenguado la fuerza social de la nobleza de sangre, pero han duplicado la del dinero. ¿Cómo quieren Vds. que sustente principios rígidos de honor y de altivez32 un padre de familia?

¡Engendrar hijos y no poder satisfacer, no digo ya sus necesidades,

---

30   *Numen tutelar*: espíritu protector. En las casas romanas era típico tener un altar con un dios o diosa que protegía a la familia.
31   *Quimera*: fantasía.
32   *Altivez*: vanidad.

sino sus antojos[33]! En el padre comprendo y llego a excusar no sólo el delito, sino el crimen. Ahí si que cabe decir que el fin justifica los medios. Vean Vds. por qué entiendo que la paternidad es incompatible con el cumplimiento de la ley moral, pues nadie es capaz de afirmar que resistirá a ciertas tentaciones si es amante padre y esposo, y siente pesar sobre sus hombros la responsabilidad más abrumadora[34], la del sustento y el bienestar de seres que trajimos a la existencia sin que ellos lo solicitasen. Por eso un observador atento de este agitado mar que llamamos la sociedad y las costumbres, podrá anotar en su cartera que a fines del siglo XIX han coincidido dos fenómenos morales: una exaltación casi morbosa de los sentimientos de familia, y un ansia de riquezas y de goces desenfrenada, que ocasiona la corrupción política y administrativa y la lucha más rabiosa por una migaja de pan.

Gracias sean dadas a mi numen, al santo egoísmo, yo no necesito pelearme con nadie por el mendrugo. Mi profesión de arquitecto, que ejerzo sosegadamente, a sus horas, y mi humilde patrimonio, me bastan para vivir con desahogo y para disfrutar de ciertas gratas superfluidades. No me hace falta intrigar, ni disputar a un compañero, por esos medios que calificaría de indignos si la paternidad no los cohonestase, el encargo lucrativo, la apetecida comisión, la cátedra de la Escuela de Bellas Artes o la dirección del edificio público. Así conservo mi ecuanimidad, y miro desde la orilla las batallas navales en una palangana que se riñen en Marineda por presas siempre mezquinas, pero que para algunas familias representan el pan.

Repito que no es esto sólo lo que me ha determinado a conservarme doncello[35], y que no faltan otras consideraciones de un orden más elevado o por lo menos más alambicado[36] y sutil. Mientras llegamos a tal capítulo, oigan y envidien el pasar de este empedernido[37] solterón.

---

33   *Antojos*: caprichos; extravagancias.
34   *Abrumadora*: fatigosa; pesada.
35   *Doncello*: Un caso de un novismo de Pardo Bazán, en que crea la palabra masculina de su forma femenina conocida—«doncella» –que significa mujer joven, generalmente virgen.
36   *Alambicado*: refinado.
37   *Empedernido*: Insensible; implacable.

– II –

En verano dejo las ociosas plumas a la metálica voz del French, cuando lanza ocho estridentes notas en la soñolienta atmósfera de la sala, contigua al dormitorio. Me lavo a escape, me visto de *negligé* y corro a la playa del Rial a tomar un baño. Salgo del chapuzón regenerado, con la sangre fresca, dispuesto a resistir bien el calor del día. Desde el baño hago rumbo al Casino[38] de la Amistad, muy próximo a mi casa (vivo en la calle Mayor, el corazón de Marineda), y me arrellano[39] en una butaca, a leer la prensa de la corte, a abrir y gulusmear[40] *Ilustraciones y Revistas*. La de *Ambos Mundos*, decadente y todo, sigue siendo mi predilecta; devoro sus novelas interesándome mucho en la ficción; tampoco me desagradan los reposados y agudos estudios críticos de Lemaître y Brunetière[41], ni ciertos artículos de carácter biográfico: con los administrativos, económicos y científicos no me atrevo nunca de puro respeto que me infunden. No descuido el movimiento literario ameno, el que no fatiga el cerebro ni lo atolla en indigestas e insolubles cuestiones: leo a unos autores porque me divierten y estimulan (como Gyp), a otros porque me causan grata fiebre, (como Bourget), y a otros, (como Prevost), porque me tocan en el corazón. A las doce o doce y media vuelvo a mi domicilio, termino las operaciones de aseo, me pongo a gusto, en batín, y salgo al comedor. No me tengan Vds. por glotón; al contrario: en las horas de la mañana soy excesivamente sobrio, y guardo extraño régimen. Lo que me sirve con sus secas manos doña Consola, es buenamente ancha bandeja donde campea un tazón, no chinesco sino de nítida loza británica, rebosando de hirviente chocolate; un vidrio de agua cristalina y pura; un blanco azucarillo; unas rebanadas de dorado pan, y una limpia y bien planchada servilleta... Ni más ni menos.

---

38 *Casino*: un club donde se reúnen los hombres a socializar con otros hombres de su círculo social, leer la prensa, fumar.
39 *Arrellanarse*: descansar.
40 *Gulusmear*: curiosear.
41 *Lemaître y Brunetière*: críticos literarios franceses de la época.

¿Me dices, ¡oh lector abogado de la santa coyunda!, que es triste eso de sentarse a la mesa solo? ¡Bah! Lo de la soledad es según se entienda. No me falta compañía. La ex doncella de la heroína se encarga a veces de distraerme contándome las proezas y glorias de su ama, y cómo en aquella casa se vieron reunidos a la mesa el Gobernador, el Capitán general, el señor de Picavia y D. Salustiano Olózaga. «Si el general Espartero viene a Marineda —acostumbra añadir la buena mujer— a la mesa le tenemos seguro». Ni es la compañía de doña Consola mi único solaz[42]. Poseo un amigo, un repolludo gato, negro, lucio, manso, con redondas pupilas de esmeralda, que al sentirme entrar acude enarcando el lomo, entiesando el rabo y fregándose contra las paredes. Llégase a mi asiento y se pone a hacer carretilla, alargando delicadamente una pata de terciopelo, a fin de avisarme de su presencia. Yo le arrojo bolitas de pan, y él juguetea con los proyectiles. Sus brincos, zapatetas y zarpazos me divierten, como me divertirían las gracias de un rapazuelo[43].

Raro es también que a la hora del chocolate no parezca algún conocido a traerme la chismografía de la ciudad: quién se casa, quién se muere, quien está tronado, a quién destinaron a Filipinas[44]... Yo confieso que soy aficionado, no precisamente a arrancar a tiras el pellejo, pero sí a llevar un alta y baja de observación de las vidas ajenas, que ofrece sorpresas más entretenidas que novela alguna. Así, mientras chupo un excelente *Henry Clay*,[45] traído en dechura de la Habana por un capitán de barco, me entero de cuanto ocurre en Marineda. Mi mejor *reporter* es el festivo maldiciente[46] de la Pecera[47], Primo Cova (el que ha sentado y defendido la teoría de que la murmuración es el pan del espíritu).

Volviendo al Henry Clay, afirmo que es uno de los más exquisitos goces que debo a mi soltería. ¿Conocen Vds. algún hombre casado que a los ojos de su mujer tenga derecho a invertir peseta y media o

---

42   *Solaz*: distracción.

43   *Rapazuelo*: niño pequeño.

44   Las islas Filipinas eran colonia de España en esta época, pero después de la derrota de España en la Guerra de Cuba (1898) pasan a estar bajo el dominio de Estados Unidos.

45   *Henry Clay*: una marca de puros (tabaco).

46   *Maldiciente*: chismoso.

47   «La Pecera» es un club social localizado en el centro de Marineda donde se reúnen los hombres para charlar, fumar y leer la prensa. El mote del club social hace referencia a las grandes ventanas que rodean el local desde donde sus socios observan a las personas que pasan por la calle. Este club social aparece en varias novelas y cuentos de Pardo Bazán.

dos pesetas en un puro? Apenas prendiese la cerilla, saldría, mi dulce compañera con que los niños necesitan esto, y que ella carece de lo otro, y que es no tener vergüenza ni corazón derrochar[48] en humo y vicios el pan de la casa.

Después del chocolate, al trabajo, a recorrer mis obras o a levantar mis planitos. Si no hay que hacer y me encuentro exento de servicio, me voy a nuestra querida sociedad de la Pecera, me reclino en la mecedora mejor situada, ¡y que se me escape una rata ya! Como tan bien informado, sorprendo y descifro en la cara de los transeúntes el por qué pasan y qué objeto les guía. El cristal de mi Pecera es un microscopio. Cuando cruza Antoñita Marqués, muy remilgada[49] y andando a saltitos, ya sé que detrás ha de venir Demetrio Llana; cuando Baltasar Sobrado atraviesa la calle aprisa, con la quijada en el pecho y las manos en los bolsillos, ya sé que busca el medio de deslizarse por la apartada callejuela donde vive quien él y el diablo saben... Sin poder remediarlo me río de la pobre humanidad, de su eterna ilusión, de la fidelidad con que reproduce, a distancia de años, gestos, actitudes y errores, que sin embargo afecta conocer y despreciar... Cuido, eso sí, de no reír en alto, porque no es de hombres prevenidos el decir *en esta piedra no tropezaré...*

Si hace bueno (caso en Marineda no muy frecuente), voy a dar mi paseíto largo por los alrededores del pueblo. De dos o tres años acá noto propensión a engordar, y, por higiene, me he recetado ejercicio en píldoras de excursiones que entre ida y vuelta no suelen pasar de seis u ocho kilómetros. A eso de las cuatro, como con robusto apetito, avivado por el movimiento. Doña Consola me presenta golosinas y piperetes[50], consultándome y estudiando mis gustos y antojos; y aun cuando no está muy fuerte en primores a la francesa, su esmero[51] en elegir la flor del mercado, su tino para espumar los puestos, así los de las legumbres y hortalizas que cría este privilegiado suelo como los de los suculentos mariscos de esta costa, y la limpieza y seguridad con que los condimenta, bastan para hacer de mis comidas verdaderos festines. Los cuatro o seis platos británicos en que doña Consola es maestra, realzan[52] de vez en cuando con un saborcillo exótico mis *menus* castizos[53] y regionales.

---

48   *Derrochar*: malgastar.
49   *Remilgada*: arreglada.
50   *Piperetes*: un tipo de golosina; caramelo.
51   *Esmero*: cuidado.
52   *Realzar*: engrandecer.

Procuro tenerme a raya y no entregarme sin tino a la satisfaccioncilla sensual de la gula, resistiendo las asechanzas de la fresca langosta, de la sabrosa *cachucha* y del chorizo reventón y gorduroso. Paréceme que un hombre algo culto debe levantarse de la mesa *cortés consigo mismo*, no ahíto ni pesado, y no soy de los que a un hartazgo le llaman placer. Sin desconocer que la naturaleza tiene sus leyes imperiosas y ha puesto goces en el cumplimiento de todas ellas, prefiero a las expansiones de la materia las del espíritu. Además, temo contraer las enfermedades que son reato y castigo del comer brutal y desordenado.

La noche es para mí lo más grato de la jornada. Si hay compañía de teatro, me abono a mi butaquita, la misma siempre... (a no ser en ciertas ocasiones excepcionales). Si falta este matadero de horas y alivio de las noches largas del invierno, entonces me recojo a mi madriguera casi temprano –a las diez–. El gato me aguarda apelotonado, haciendo un valle profundo en mi edredón de seda roja, y al llegar yo entreabre sus verdes ojazos y carraspea voluptuosamente, cual si murmurase: «Somos un par de filósofos, Mauro amigo. ¡Cáspita si entendemos la aguja de marear!». Doña Consola ha cuidado de abrir el embozo de mi cama, de tener reluciente como el oro el velón alemán de aceite de oliva, de que esté a la cabecera mi tisana[54] contra los romadizos[55] incipientes –una parte de té por dos de leche, y una cucharada de coñac añejo–, y de cerrar bien ventanas y puertas. Allá fuera se escucha el lloroso gotear del aguacero, el silbo fúnebre del viento, la sorda y perenne amenaza del Océano, y, a cosa de las once, el pitido del tren descendente, que entre ventiscas y lluvias viene de Madrid... ¡Ah –pienso yo al deshacer el lazo de mi corbata–, quién fuese marino y a estas horas cruzase el golfo de Gascuña, o se acercase a los peligrosos escollos de la boca de la ría, donde tantos buques ingleses han encontrado el fin de sus viajes! ¡Quién, extraviado por el ansia de lucro, se viese ahora juguete de las olas irritadas, o patease, para calentar sus helados pies, en alguna solitaria estación de ferrocarril! –Mientras me desnudo metódicamente, dejando mi ropa en buen orden sobre la silla (soy enemigo del desbarajuste y de los cuartos leoneras), evoco escenas azarosas y trágicas, y fantaseo naufragios, vuelcos, choques, puentes que se hunden arrastrando al abismo sartas

---

53   *Castizos*: tradicionales.
54   *Tisana*: bebida caliente.
55   *Romadizo*: Catarro; resfriado.

de vagones, asesinatos en los departamentos, locomotoras atolladas en la nieve, viajeros muertos de hambre, y otros dramas no menos lastimosos, a que no está expuesto quien no se mueve de su amada casita... El gato, inquieto mientras no tomo la resolución de despachar mi bebistrajo y acostarme, guiña los párpados y rezonga suavemente, mirándome de reojo, como si desaprobase mi morosidad[56]... Al cabo el French, siempre vigilante, da la media, y me deslizo entre sábanas de verdadera holanda[57], herencia de la duquesa de la Piedad. El gato gruñe de contento, se enrosca mejor, y gravita sobre mis pies. —Yo extiendo la mano y tomo de un estantillo, colgado sobre la mesa de noche, la novela nueva de Daudet, de Galdós, de Tolstoy, de Bourget, o de autores menos afamados pero dignos de lectura; el último poema de Campoamor, el más reciente drama de Ibsen, las novísimas picardigüelas de Armand Silvestre... y ya me tienen Vds. lejos del mundo real, en grato coloquio con damas espiritadas y neuróticas, con maniáticos donosos[58], con tipos castizos arrancados de la inagotable cantera de nuestra raza, con *horizontales* sandungueras[59], con iluminados místicos, con príncipes agricultores y teofilántropos, con damas parisienses vestidas por Worth y que exhalan perfumes de gardenia y de verbena blanca, con heroínas emancipadas y que huyen de su hogar batiendo las puertas, con caballeros de trusa y garzota... en fin, con una cohorte de seres extraños, fantásticos, pero de vida más intensa y ardiente que la de los hombres y mujeres de carne y hueso que recorren las calles de Marineda. Ya estoy donde quiero y como quiero: en el tocador de la hermosa, en la taberna innoble, en los barrios bajos, en el taller del artista, en el aristocrático club, en el camarín feudal, en el jardín frondoso y sombrío que ilumina el rayo de la luna, al borde del estanque[60] donde relumbran entre el césped los verdes gusanillos de luz... Ya me traslado a todas partes, llevándome de la mano hombres ilustres, que al narrar la sensación la duplican, y que al mirar un objeto nos lo hacen ver cual si jamás lo hubiésemos visto antes. Tantos goces debo a esta afición a las letras, que reservo, como parte más escogida y delicada de mi ser intelectual, para la intimidad conmigo mismo, guardándome bien de cultivarla en público, porque

---

56   *Morosidad*: lentitud.
57   *Holanda*: un tipo de algodón.
58   *Donosos*: chistosos; bromistas.
59   *Sandungueras*: graciosas.
60   *Estanque*: laguna.

tengo suficiente discreción para comprender que no soy capaz de producir obras maestras de arte, a no ser que tal se juzgue el arreglo de mi vivir, que es realmente un *capolavoro*61. Crean Vds. que esto de combinar bien la vida no carece de mérito. Las nueve décimas partes de los hombres se la estropean por falta de tino62. Raro será el que acierte a acostarse una sola noche como yo me acuesto sin faltar una,

> libre de amor, de celo,
> de odio, de esperanza, de recelo63...

---

61   *Capolavoro*: obra maestra (en italiano).
62   *Tino*: acierto.
63   Estos versos son de un poema "Vida retirada" de Fray Luis de León (1527–1591), un importante poeta y humanista del Renacimiento español.

– III –

No: caigo en la cuenta de que la cita anterior no expresa bien el estado de mi ánimo, y da de mí una idea falsa, exagerando demasiado mi interior tranquilidad. Por ella propenderá quien lea estas confesiones a suponer que navego en una balsa de aceite, y que soy de corcho o de pasta flora, es decir, insensible a las ilusiones y espejismos que atraen a la humanidad y la atraerán siempre, encaminándola a su perdición. Si así fuese; si el empecatado64 *genio de la especie* no me hiciese cosquillas, incitándome a sacrificar en sus aras la ventura de mi individuo, entonces no tendría yo gran mérito; mi condición sería la de la piedra, que se está, ¡miren qué gracia!, donde la ponen.

No señor; yo quiero que no ignoren los venideros siglos que soy de Dios, que tengo mi alma en mi almario,65 y que no sólo la tengo, sino que algunas veces me lanza por sendas peligrosas, empujándome a precipicios que, gracias a la reflexión y a la fuerza de voluntad, he conseguido evitar hasta hoy, y donde espero no caer nunca. Para defenderme de estos abismos tengo mi táctica especial, que voy a descubrir, recomendándola a los solterones futuros, si es que poseen mi misma índole, pues en medicinas del alma se requiere identidad de sujeto psíquico, y ya se sabe que el alma ajena es una selva obscura. Viniendo a mi caso especial, diré que si soy el mayor enemigo de la realidad del matrimonio, adolezco en cambio de una afición vehemente a los sueños o fantasmagorías66 que le preceden, a esa dulce escaramuza en que poco a poco el albedrío y el corazón de una preciosa niña van acudiendo, como pájaros bien domesticados y amaestrados, a posarse en nuestro hombro o a refugiarse cerca de nuestro corazón. Ese período de cortejo fino que prepara la petición de la blanca mano de una señorita, es lo único bueno (en mi sentir) del matrimonio; una serie de emociones gratas y tiernas, una seducción casta que os entrega

---

64 *Empecatado*: inquieto; revoltoso.
65 *Almario*: guardarropa.
66 *Fantasmagorías*: Fantasías; ensueños.

poco a poco, y sin detrimento de su pureza, a una mujer. Tiene la frescura ideal de la primavera, el encanto de los primeros días de un Abril florido. Así como infaliblemente sabemos que después de las bendiciones no habrá más que breves horas de embriaguez física, no siempre mutua, y luego una eternidad de indiferencia y prosa — cuando no de discordias y regaños— antes de las bendiciones todo es poesía, gracia, harmonía, tierna sumisión o coqueterías halagüeñas67 y picantes, que no comprometen nuestra honra viril, pues la coquetería, que halaga68 y divierte al soltero, al casado le volvería tarumba. Mi carácter dado a las impresiones benignas y suaves; mi propensión imaginativa, me hacen encontrar deliciosos esos amoríos a flor de agua, caprichosos, risueños, ligeros, en que si la ruptura cuesta lágrimas, son lágrimas que se secan pronto y no abrasan las pupilas.

Así es que ya he tenido lo menos diez o doce novias, elegidas con esmero entre lo más granado69 y lucido de la baraja de las marinedinas beldades. No con todas ha adquirido mi mariposeo el mismo grado de intensidad; con algunas se limitó a paseítos calle arriba y calle abajo, miradas en el teatro y a cada vuelta en el paseo del Ensache, asomadura cuando yo pasaba, y conversaciones breves en los *asaltos* al Casino de la Amistad y a la Pecera: con otras me corrí algo más, y hubo cartitas echadas por hilos, gran ventaneo y palique70 cuando no pasa nadie por la calle, acompañamientos por los alrededores si *ella* salía con una amiga complaciente, abonos71 enteros de teatro en que no mirábamos para el escenario, sino que se nos pasaba toda la función en una pura seña y un puro guiño… Lo que no hubo jamás, ni por asomos, en ninguna de mis novelitas cortas y del más calificado idealismo, fue conato o intención mía de convertir en repugnante seducción el hechicero idilio soso. Puedo jurar ahora mismo, delante del más respetable tribunal, que a las distinguidas señoritas a quienes me comía con los ojos72 no las toqué ni con la punta de un dedo. Ni creo (hágase justicia) que ellas lo consentirían, ni yo aspiraba a cosa semejante. Lo único que buscaba era la dulce fiebre del sueño

---

67　*Halagüeñas*: agradables.
68　*Halagar*: agradar; satisfacer.
69　*Granado*: ilustre.
70　*Palique*: conversaciones.
71　*Abonos*: entradas para varias obras de teatro, típicamente son entradas para cada obra a lo largo de una temporada.
72　*«Comer con los ojos»*: (expr. Col.) mirar a alguien fijamente.

amoroso, lo más bonito, la irisada sobrehaz[73] del amor, y no su amargo y turbio sedimento. Mientras duraba uno de esos idilios, yo no necesitaba leer novelas, ni poesías; bastante tenía para soñar a mi modo con la lectura de aquellas cartitas tan monas, tan sencillas, tan parecidas entre sí, que muchas veces al descifrarlas creía no haber cambiado de novia jamás. Y, en efecto, todas mis novias eran para mí en cierto modo una misma: eran la Mujer, de la cual no pueden privarse enteramente nuestro cuerpo ni nuestro espíritu, cualquiera que sea la resolución que nos anime y el benéfico egoísmo que nos preste sus infalibles lentes de oro...

Nadie es capaz de comprender los placeres especiales de este amoroso juego de cañas. Al pronto la señorita muestra el contento propio de toda hembra cuando se ve requerida: la encontramos en paseo y se pone como la grana, o se queda pálida y grave (esto depende del temperamento); aparenta hablar alto y reír con sus amigas, y en realidad tiene las energías de su ser reconcentradas en una ansiedad secreta y profunda. Luego ya corresponde a nuestro mirar con otro intenso y largo. Llega un día de baile... y desde nuestro rincón la vemos azorada, inquieta, nerviosa, hasta que nos aproximamos. Al acercarnos parece que se transforma: es como si la devolviesen la libertad y la luz: se le ilumina la cara, se pone mucho más linda, y nos recibe con tal afán, que bajo su corpiño de gasa adivinamos el corazón cómo se alborota... La sacamos a bailar, y gozamos con delicado sibaritismo de su azoramiento[74], de sus inocentes ardides de defensa, que se parecen a los dragones de cartón con que intentan aterrar al enemigo los guerreros chinos; respiramos su aromado aliento, oímos de cerca su timbrada voz juvenil, detallamos su hermosura a distancia en que ya los artificios de tocador poco encubren... y escuchamos, con sensación embriagadora[75], interrumpidas palabras, que nos prueban que lo mejor de aquella monísima criatura —la voluntad y el espíritu— ya han sido nuestros.

¿Dicen Vds. que es jugar con fuego? ¡Vaya una noticia! Ya lo sé; como que tengo de ello larga experiencia! En eso, en el fuego con que se juega, está el intríngulis del atractivo y del gusto. ¿No habéis visto

---

73 *Irisada sobrehaz*: coloreada apariencia.
74 *Azoramiento*: confusión.
75 *Embriagadora*: seductora.

en los circos76, juglares que entretienen al público arrojándose de una a otra mano estopas77 ardiendo, y las voltean y las hacen girar y las recogen con las narices y con la boca, y nunca se les chamusca el pelo ni se les produce una quemadura en ninguna parte? Pues así jugaba yo con la viva llama, pero sin peligro: siempre supe desviarme a tiempo, hurtar el cuerpo y no dejar prender la chispa.

El verdadero inconveniente de mis idilios no consiste, a mi ver, en el riesgo de que puedan formalizarse y parar en la Iglesia (riesgo que yo me jacto de saber evitar), sino en otra cosa bien distinta: en la detestable opinión que, a pesar de su inocencia, van granjeándome estas historias entre mis convecinos, los de Marineda de Cantabria. A cada desengaño que recibe una señorita persuadida de que voy a pedirla en matrimonio, la prevención contra mí crece y se afirma, y siento subir la marea78 de la pública reprobación, que me presenta como un odioso raptor de corazones inocentes, me acusa de sembrar la desolación en los hogares y envenenar79 la existencia de tanta interesante víctima, cortando para siempre su porvenir, sus ilusiones, descalabrando80 su antes intacta reputación, y faltando de propósito a todas las leyes de la caballerosidad y la hidalguía. Y no crean Vds. que estas voces y estas censuras proceden sólo de las señoritas chasqueadas y burladas, ni de sus padres o parientes. No: la población entera va tomando parte en el somatén. Todo Marineda me anatematiza81. Diríase que he lastimado y herido eso que se llama *espíritu de cuerpo*, el punto de honra de la colectividad, que, a no dudarlo, se compone de casados y casadas, o de gentes que aspiran a serlo. Mi refractarismo conyugal es una ofensa a los que viven metidos hasta el cuello en las agitadas y salobres olas de la vida doméstica. La colectividad no me perdona mi individualismo, y el espíritu positivo de la gente provinciana no comprende mis solaces82 imaginativos *alrededor del matrimonio...* sin entrar nunca en él.

¿No es cierto, señores, que mi pueblo peca de injusto y de poco re-

---

76   *Circos*: anfiteatros.
77   *Estopas*: antorchas.
78   *Subir la marea*: cuando el agua del mar sube en la arena durante determinadas horas del día.
79   *Envenenar*: corromper.
80   *Descalabrar*: lastimar.
81   *Anatematizar*: criticar.
82   *Solaces*: distracciones.

flexivo al excomulgarme83 por actos en el fondo tan inofensivos y tan
defendibles? ¿No sería peor, es decir, no sería realmente malo, que
yo asaltase, a guisa de ladrón nocturno, la paz y la dicha del hogar y
anduviese, como Ramiro Doval, deseando y requiriendo a la mujer
del prójimo, derramando afrenta sobre honrados nombres y llevando
el dolor y la discordia al seno de las familias? Jamás he comprendido
la felicidad de la pasión ilícita, ni el gusto de andar siempre mirando
hacia atrás en la calle, a ver si nos amaga el bastonazo de un marido,
o de pasarnos las mejores horas del día acechando84 en un portal,
tendido bajo un sofá o acurrucado en un cuarto de baúles, temblando
que nos sorprenda allí el que tiene derecho para soltarnos un puntapié
o descerrajarnos85 un tiro. Pero no porque yo deteste estas peripecias
ridículas y peligrosas, sobre todo en provincia, se ha de quitar mérito
a mi respeto nimio86 del cercado ajeno87. Tampoco me gusta eso de
pervertir, verbigracia, a una bonita costurera, y ponerla un piso, y ser
responsable de su caída en el fango88. No, a mí déjenme de responsabilidades: nadie debe ser el primero a quitar piedra por donde se des-
plome la casa. La consideración con que miro el recato89 de las «hijas
del pueblo»90 también hay que reconocer que es una virtud. Y sobre
todo, importa considerar lo delicado de mi proceder con las mismas
señoritas a quienes la gente supone mis víctimas. De mis labios no sale
jamás palabra indiscreta que pueda comprometerlas91: jamás mi conducta se aparta de los límites del más estricto respeto, y nunca de mí
recelan92 nada que las pueda doler o humillar. Soy con ellas galante,
sincero, puntual, y cuando sale la conversación de *casaca*93, mis pa-

---

83   *Excomulgarme*: expresión que se suele usar en contextos religiosos, significa apartar o
      echar a alguien de una comunidad.
84   *Acechar*: vigilar; estar pendiente de lo que pasa.
85   *Descerrajarnos*: disparar.
86   *Nimio*: detallado.
87   *Cercado ajeno*: propiedad de otro.
88   *Fango*: barro; suciedad. «Esta frase hace referencia a una costumbre bastante común en
      esta época para hombres de clase burguesa o aristocrática. «Con cierta frecuencia los
      hombres tenían una amante de clase trabajadora (como una costurera) a quien mante-
      nían alquilándola un piso y dándole dinero cada mes para que pudiera sobrevivir.
      Como se ha comentado en la introducción, el doble estándar moral permitía este tipo
      de arreglo para el hombre, mientras la mujer de clase burguesa o aristocrática tenía que
      ser virtuosa y evitar cualquier situación en que su honra se pudiera cuestionar.
89   *Recato*: la modestia.
90   *Las hijas del pueblo*: las mujeres jóvenes de clase trabajadora.
91   *Comprometerlas*: deshonrarlas.
92   *Recelar*: sospechar.
93   *Casaca*: de chaqueta larga, como una que el novio usaría en una boda. Esta frase hace

labras se dirigen a cortar esa esperanza de raíz, o al menos a hacerla remotísima. Si tronamos[94], a la primera indicación restituyo, con dolor de mi alma, epistolario, prendas capilares, sección de herboristería o botánica (flores secas) y las ilustraciones al texto, o sean las fotografías. En todas partes hago el panegírico[95] de mis supuestas *abandonadas*; en todas partes niego rotundamente nuestras relaciones, y en mí encontrarían mis parejas de lo que puedo llamar el *vals amoroso*, (si quisiesen aceptar tan pequeña compensación) un amigo a prueba, que de veras se complacería en servirlas.

---

referencia a un compromiso de matrimonio, algo que Mauro enfatiza que no le interesa para nada.
94   *Tronar*: estallar; terminar la relación.
95   *Panegírico*: exaltación o glorificación.

– IV –

A pesar de mi buen comportamiento, que, o mucho me engaño o es todo lo correcto que se puede desear ni imaginar, repito que la marejada crece y sube, y voy a verme en la precisión de renunciar a este dulce y (para mí) aventurado juego imaginativo, porque temo que un día se pongan de acuerdo mis conciudadanos para *lincharme*. Lo más curioso es, ya lo he dicho, que los principales caudillos de la cruzada contra mí no son precisamente mis víctimas, mis Didos y Ariadnas[96], ni siquiera sus padres y parentela, sino una colección de buenas señoras que no tienen con ellas conexión de ninguna especie, que si me conocen no han cruzado conmigo tres palabras, y andan por ahí creándome una reputación siniestra, de malvado, de seductor mefistofélico[97], de verdugo[98] en frío de los corazones, con otros mil disparates que llegan a mis oídos ¡vaya si llegan! y unas veces me dan coraje y otras risa.

No saben esas señoras abogadas del matrimonio que, al armar tal gresca[99], perjudican a la causa a que creen ser útiles. Porque si yo doy en aislarme, en renunciar de una vez a mis idílicos sueños, en declararme oficialmente solterón, ya no queda ni leve resquicio[100] por donde mi resolución heroica y sabia pueda quebrantarse nunca. En *el juego con fuego*, alguna probabilidad existe de quemarse las alas, porque hombres somos, y a las tentaciones y fragilidades humanas estamos sujetos...

Tan sujetos estamos, que mientras mis *víctimas*[101] creen que me

---

96 *Didos y Ariadnas*: referencias a dos heroínas abandonadas por sus respectivos amantes en la literatura clásica latina.

97 *Mefistofélico*: hace referencia al personaje del diablo Mefistófeles en la famosa obra de teatro *Faust* (1808) del autor alemán Johann Wolfgang von Goethe.

98 *Verdugo*: persona que lleva a cabo las penas de muerte; persona muy cruel.

99 *Gresca*: disputa; discusión.

100 *Resquicio*: espacio; hueco; posibilidad.

101 *Víctimas*: usa este término de forma irónica. «Mauro está convencido de que siempre se ha portado bien con sus novias, de forma honrada, pero aquí utiliza el término «víctimas» para referirse a la percepción de la sociedad marinedina.

dedico a celebrar la victoria y a gozar secretamente pensando en sus torturas, en sus lagrimitas y en sus inapetencias y retiros momentáneos, yo, a solas, entre mi gato vivo y los pájaros disecados de la heroína, me entrego a nostalgias que nadie sospecha. Tengo horas en que comprendo que mi supuesto egoísmo no es sino abnegación heroica, por lo que me cuesta perseverar en él y romper los lazos que nos tiende ese maldito *genio de la especie*, esa naturaleza que, según dice un gran poeta italiano, no se cuida del *bien*, sino únicamente del *ser*, y envía al universo gérmenes que luego han de convertirse en criaturas, sin dársele un ardite[102] de que tengan o no tengan cama, ropa, abono al teatro e impermeable para cuando llueve. Con toda formalidad aseguro a Vds. que yo también soy juguete de la naturaleza, y nunca despierto de uno de mis graciosos sueños de dicha[103] con una muchacha encantadora, sin sentir que a la vez se rompe algo de mí mismo, alguna fibrita de un rincón delicado que no enseño para que no se me burlen, pero que allí está, sensible, sangriento. Siempre que ocurren tales rupturas noto la misma impresión, que es una especie de íntimo desconsuelo, una convicción cruel de que se me acaba irremediablemente la juventud. Porque otra clase de relaciones con otra clase de mujeres, son de cualquier edad si hay bolsa repleta; pero el idilio *prematrimonial*, parece que sólo corresponde a la edad hermosa que voy dejando atrás ¡ay de mí! Mis frustrados idilios[104] representan para mí la juventud, y me son doblemente caros.

En los días de mi *abandono*, en vez de reírme cínicamente del poco o mucho disgusto que sufre la *abandonada*, lo que hago es pensar en ella a todas horas, y, sin poderlo remediar, representármela como un modelo de virtudes, hechizos y condiciones admirables, incluso una benéfica esterilidad, gracias a la cual se orillarían[105] muchos inconvenientes del matrimonio. Claro está que mi razón me dice «tente», pues los inconvenientes del matrimonio no son accidentales sino esencialísimos; pero váyale V. con eso a la exaltada fantasía. Para curarme empleo todos los medios que recomiendan Ovidio[106] y Feijóo[107]; me

---

102   *Ardite*: cosa insignificante; algo de muy poco valor.
103   *Dicha*: gusto; deleite.
104   *Idilios*: romances; noviazgos.
105   *Orillar*: solucionar; resolver.
106   *Ovidio*: Publio Ovidio Nasón (43 a.C. –17 d.c.) poeta romano que escribió poesía principalmente sobre mitos clásicos.
107   *Benito Jerónimo Feijoo*: (1676–1764) monje benedictino, pensador y escritor de la época ilustrada en España. Muchos consideran su ensayo *Defensa de mujeres* (1726) la primera

represento a mi compañera de idilio en los momentos menos poéticos y bonitos de su existencia, consagrada a las faenas más vulgares e ingratas, en las horas de descuido en el tocado; me empeño en figurármela tal cual será después de cuatro o seis años de matrimonio, con sus encantos marchitos, el nácar convertido en hueso rancio, las rosas en algo seco como la *camomilla officinalis*... y nada, siempre la veo en el palco del teatro, derecha, empolvadita y mona, o en la ventana, sofocada, gentil, con la risa en los rojos labios.

Y no obstante, ni desmaya mi fortaleza ni mi corazón se encoge y vacila, porque las largas reflexiones y meditaciones sobre el problema del matrimonio me prestan valor, y me siento por turno casto Josef[108] y fugitivo Eneas[109]. No han salido todavía a relucir las razones más graves y hondas por las cuales evito esa forma irrevocable de unión entre los sexos que se llama matrimonio. Las que aduje al comienzo de estas Memorias son de pura conveniencia, de una conveniencia llana, positiva, un tanto material y prosaica; pero bajo ideas que a cualquiera se le ocurren, me precio yo (a fuer de refinado hijo de mi siglo y de lector apasionadísimo de esos grandes novelistas extranjeros que tan bien escrutan los pliegues y reconditeces del alma), de esconder otros móviles altos, quintaesenciados y sublimes, habiendo descubierto, para abstenerme del gran compromiso y de la irremediable falta, razones que no se le ocurrirían al vulgo[110], y que tampoco el vulgo es capaz de comprender bien.

He formado allá en mi interior cierto concepto del matrimonio y de la parte alícuota de amor que en él entra. Se me figura a mí que la dignidad, el legítimo amor propio, el orgullo más natural en el varón, salen mal librados, mortificados, hasta sacrificados duramente cuando se determina al casorio. Me es insoportable el pensamiento de que la mujer a quien yo pudiese llevar al ara[111], fuese a ella conmigo... buenamente porque no iba con otro. No hay comparación más exacta de la que cabe establecer entre la situación de la mujer ante un baile y ante el altar de Himeneo[112].

---

obra feminista de España.

108 *Josef*: el padre de Jesús, que según la historia bíblica no tuvo relaciones con María para engendrar a Jesús.

109 *Eneas*: personaje de la *Ilíada* de Homero que se escapa de Troya después de la guerra y más tarde se convierte en rey.

110 *Vulgo*: la gente de clase baja; el pueblo; las masas.

111 *Ara*: al altar. Se hace referencia al altar de una iglesia durante una boda.

112 *Himeneo*: el dios de las ceremonias matrimoniales en la mitología griega.

Al anuncio de un baile, la mujer joven, linda, en la flor de su edad y de su esperanza, no sabe pensar sino en la atractiva y bulliciosa fiesta, y de antemano, tal vez con una quincena de anticipación, prepara sus atavíos, estudiando la mejor y más hábil manera de hacer valer y realzar sus encantos. Discurre qué color la favorece más; elige la tela que mejor se adapte a su talle y a sus formas; encarga el calzado de raso que oprima el mono piececín, previene el abanico, limpia el broche de oro, y mientras duran estos preparativos, una dulce calentura la exalta, una agitación invencible la estremece, sus noches están pobladas de dorados sueños, su imaginación acaricia mil brillantes quimeras[113]. Es que ve en lontananza al hombre cuyo amor desearía; es que aquel tipo que cifra su ideal, aquel tipo que la haría feliz, quizás ha de aparecerse entre la multitud que al deseado baile concurra. Tal vez —esto es lo más verosímil, esto es lo que la malicia y la experiencia enseñan— ya el tipo ideal lo ha encarnado la muchacha en un hombre, que halaga su corazón, que es su elegido —porque quién duda que ellas también eligen, ¡pero en silencio!— y a ese hombre cree la niña que el baile la dará ocasión de verle de cerca, de hablarle, de bailar con él, siendo esto lo único que se necesitaba para que él descubra el mismo interés y el mismo pensamiento que ella alimenta escondido en lo más hondo del alma, como un pájaro a quien se encierra en la obscuridad a fin de que no cante.

Llega por fin la memorable noche, y la virgen (¡qué bien suena este púdico sustantivo!) de pie ante el espejo, vestidas ya sus mejores galas, artísticamente encrespado el hermoso cabello, descubierta la garganta y el nacimiento del intacto seno blanco como las azucenas, se mira y se encuentra tan linda, tan gallarda, que no duda de la victoria. ¿Cómo va el hombre preferido a resistir? Sería ciego, sería un estúpido, sería una piedra berroqueña, si al aparecer ella, triunfante en su gracia y en su elegancia sencilla, a todo su talante no la rindiese el albedrío. Sí: de aquel baile —es infalible— ha de salir la declaración, ha de quedar anudada la cintita de seda que junte pronto dos cabezas para siempre con la bendita estola.

Pisa la joven el umbral de la sala de baile. El cuerpo no la pesa una onza; la alfombra le acaricia los pies de un modo halagüeño. En un ángulo del salón acaba de divisar al *héroe*, al escogido. Allí está, más guapo, más compuesto que los otros días, con ese airecillo

---

113   *Quimeras*: ilusiones; fantasías.

conquistador que a ella la sorbe el seso[114]. ¡Ay! La mira: la dedica una ojeada larga, expresiva, inquisitorial. ¡Dios! ¿Si irá a acercarse, a sacarla para el vals próximo? Ella, sentada al lado de su madre, ruborosa, sonriente, adelantando los pies bien calzados de raso, espera, espera... Él vuelve la cabeza hacia otra parte, mira a otra señorita que acaba de entrar... precisamente a Natalia, ¡a la necia de Natalia!... La mira, sí... y no sólo la mira, sino que se destaca del grupo, se aproxima a ella, la dirige la palabra... Suena la música, Natalia deja su silla, y sale a bailar con *él*, ¡con el que la otra prefiere, adora, sueña!

La joven de mi cuento, como si la pinchasen dos docenas de agujas, se retuerce en su banqueta. Siente impulsos de gritar, de llorar, de morder, de arañar, de tirarse del pelo; y no puede sino roerse por dentro el alma. Daría ella la vida y hasta la divina gloria por disponer en aquel instante de la iniciativa masculina, y poder abofetear a su rival, requebrando a la vez con ardientes palabras al ser querido. Pero una valla[115] invisible, más fuerte que un muro de diamante, la clava en la banqueta, la ata las manitas, la inmoviliza el rostro. ¡Su decoro! ¡El miedo a ponerse en ridículo! No, no haya temor de que se levante la pobre muchacha. Aunque la aspen, allí se estará. Un suplicio diferente, pero también grande, se añade al otro: la tortura del amor propio lastimado. ¿De qué la ha servido tanto emperifollarse[116], de qué, vamos a ver, si nadie repara en ella, si no la *sacan*? Y disimulando la tempestad con forzada sonrisa, y mordiéndose los labios mientras hace la mueca de la jovialidad, hinca los ojos ansiosos en el grupo de hombres disponibles que han venido al baile. Supongamos que entonces...

Yo, yo mismo, que no puedo leer en el corazón de la muchacha, y que no he sabido desgarrar el velo de su disimulo[117], la miro desde lejos, y la encuentro linda, así excitada, deseosa de bailar, según creo. La tentación me subyuga: me acerco, la invito, la *saco*. Ella acepta, radiante. Su sonrisa y su gozo —que no es sino la satisfacción del amor propio herido— me enajenan; creo que el júbilo de la chica se debe a *mi* presencia, y como la muchacha me agrada, al rodear con mi brazo su cintura, en esa terrible y peligrosa familiaridad que autoriza el

---

114   *Seso*: el cerebro.
115   *Valla*: barrera; cerca.
116   *Emperifollarse*: arreglarse; ponerse guapa.
117   *Disimulo*: diplomacia.

baile, me siento trastornado, y sin saber lo que hago empiezo a deslizar mi declaración. Ella me escucha, sin dejar de sonreír, roja, confusa, palpitante... Yo ignoro que lo que palpita en ella es la vanidad, y lo que sonríe, la pueril alegría del cazador que, deseoso de tumbar una buena pieza, cobra al menos un pajarillo... Soy la *conquista*, y celebra su triunfo, su desquite[118] instantáneo. Y mientras ella me halaga pensando en el *otro*, tal vez la que el *otro* lleva en sus brazos piensa en mí, y acepta al otro con resignación, obedeciendo a la fatal pasividad del sexo... Las pobrecillas, ¡qué diablo! no pueden...

Y si de aquel baile sale una boda... la situación será la misma. La elegida por mí vendrá a mi casa, mientras su deseo entra por la ventana del vecino; se apoyará en mi brazo, mientras otro brazo sería el que la hiciese estremecerse[119] de júbilo; dará a luz mis hijos según la carne, que serán, según el espíritu, los hijos de otro, del soñado, del anhelado... Y me será fiel, materialmente, porque al *otro* —el que ella hubiese adorado—, no se le ocurre extender la mano y apoderarse de lo que le pertenece en virtud de las leyes del corazón. Y yo tampoco sabré nada, y atribuiré ciertas frialdades al modo de ser de mi esposa, y hasta quizá —¡necio[120]!— me felicitaré de su condición tranquila...

¿Comprendes ahora, lector delicado, lector psicólogo, poeta lector, por qué, aparte de todo *egoísmo*, me infunde horror, dentro de la sociedad actual, la santa coyunda? ¿Comprendes por qué antes moriría que dar cima[121] al idilio?

---

118   *Desquite*: rescate.
119   *Estremecerse*: temblar.
120   *Necio*: idiota.
121   *Cima*: culminación.

– V –

He leído que los romanos, para quitar a sus hijos el vicio de la borrachera, hartaban[122] de vino a un ilota, y así, completamente beodo[123] se lo enseñaban, demostrándoles experimentalmente la fealdad y abyección a que se expone el que se deja dominar por sus pasiones desenfrenadas. Con un fin análogo (no lo tomen Vds. a mala parte) di yo este año en cultivar esmeradamente[124] la amistad de mi convecino y ya antiguo amigo D. Benicio Neira, el caso más caracterizado del *pater familias* que entre mis relaciones conozco. Su vista, su lastimoso ejemplo, me parece que bastan para curar de tentaciones conyugales al más dejado de la mano de Dios, y creo que contribuirán a sacarme bien del difícil período que atravieso, antes de llegar al puerto de la calma definitiva.

Este D. Benicio Neira es un propietario de la provincia de Lugo, de buen linaje, dueño de una mediana hacienda, suficiente para que él *solo* se diese una vida de archipámpano, como la que se da un servidor de Vds., o mejor todavía. Pero mi hombre, a la edad de veintitrés o veinticuatro, no tuvo labor de más prisa que casarse, y desde entonces pesan sobre él mil y una calamidades, y su vida es un prolongado purgatorio, aunque a ratos lo niega y se alaba de haber encontrado fruiciones[125] especiales en su terrible misión paternal.

Tuvo D. Benicio una esposa... Si consultan Vds. a las nueve décimas partes de los doctores que hablan de estas cuestiones de matrimonio lo mismo que hablarían de plantar espárragos, la mujer le *salió buena* a D. Benicio. Y en efecto: ella ni se la pegaba a su esposo[126] (¡Dios nos libre! quizá no encontraría cómplice), ni derrochó la renta, ni fue amiga de lujos antes bien pecó de tacaña, según he oído por ahí. Pero también cuentan que traía a su marido en un puño[127]; que le

---

122   *Hartar*: llenar; saturar.
123   *Beodo*: borracho; ebrio.
124   *Esmeradamente*: cuidadosamente.
125   *Fruiciones*: gustos; satisfacciones.
126   «*Pegársela al esposo*»: (expr. Idiom.) engañar a la pareja.
127   «*Traer en un puño*»: (expr. Idiom.) controlar.

armaba broncas fenomenales, de puertas adentro, por celos, por avaricia, por manías que la entraban, y que don Benicio no se atrevía ni
a respirar, hasta que poco a poco fue convirtiéndose en un sumiso, en
un calzonazos[128], y se demostró una vez más que el matrimonio es incompatible con la dignidad del hombre.

Además, la infernal señora tenía el vicio de parir[129], y parió hasta
los últimos instantes de su vida, dejándole al esposo una tribu, en la
cual dominó el elemento femenino: de doce vástagos[130] que le *viven* al
pobre, once son hembras. Por no perder la costumbre, poco antes de
su muerte la señora de Neira obsequió[131] al esposo con unas robustas
mellizas, lo cual pica en historia. Gracias que de estas mellizas se hizo
cargo una señora andaluza, aquella famosa doña Milagros, la de la
historia trágica —y como hijas suyas las tiene y cuida allá en Barcelona
el matrimonio Llanes, lo cual me parece una ganga para D. Benicio.[132]

Lo que le resta de prole basta para que el desdichado[133] sufra continuos ahogos y miserias, sin saber cómo hacer frente, no al día de
mañana, sino al de hoy, con sus exigencias de tienda y mercado. Si D.
Benicio no fuese al mismo tiempo una persona tan regular, tan digna
(lo es, no cabe duda), su amistad rayaría en peligrosa, pues suele verse
con el agua al cuello[134], y en esos casos se pierde la vergüenza. Pero
hagámosle plena justicia: D. Benicio es incapaz de *sablazo*[135]. Como
en el Casino (él no va a la Pecera, que considera centro de gente joven)
suelen tomarle de guasa[136], y yo le defiendo y saco la cara por él y le
espanto los chuscos[137] bobos, el infeliz me quiere, y me ha elegido para
paño de lágrimas[138].

—Mire V., D. Mauro —suele decirme— estoy tan acostumbrado a

---

128   *Calzonazos*: una persona débil, con poco carácter que se deja llevar por la voluntad de
      otros.
129   *Parir*: dar a luz; tener hijos.
130   *Vástagos*: hijos.
131   *Obsequiar*: dar; entregar.
132   Esta frase hace referencia a la trama de la novela anterior a ésta, *Doña Milagros*. Una
      parte importante de la historia es cómo la vecina de la familia Neira, Doña Milagros, se
      encarga de criar a las mellizas después de la muerte de su madre, Ildara Neira, la esposa
      de Benicio.
133   *Desdichado*: infeliz (hace referencia a Don Benicio).
134   *«Con el agua al cuello»*: (expr. idiom.) hace referencia a una persona que tiene una situa-
      ción económica precaria.
135   *Sablazo*: petición de ayuda.
136   *Tomarle de guasa*: burlarse de él; tomarle el pelo.
137   *Chuscos*: bromistas; graciosos.
138   *Paño de lágrimas*: alivio.

confiarle a V. mis penas, que si no lo hago, reviento139. El espíritu necesita expansión, y como V. es discreto y formal, se le puede contar todo. ¡Ay, D. Mauro; V. es el hombre feliz! V. ha resuelto el problema. Porque los desprevenidos y los cándidos hemos entrado en el mundo como actores, y V., que la entiende, se ha parapetado detrás de un cristalito semejante al de la Pecera, para aislarse bien y ver desde el burladero140 cómo a los demás nos corren, nos pican, nos banderillean y nos rematan... Sus amigos no debían llamarle en chanza el *Abad*, sino el *Espectador*. Para V., la perra vida141 es un espectáculo.

—Puede que tenga V. razón, D. Benicio –le contesto yo–. En efecto; procuro tomar este mundo como una comedia142, y lo es, créame V.; o mejor dicho una farsa, un fandango sucio. Sin embargo, tenga V. por cierto que, si asistimos a la ópera, todos volvemos a casa tarareando143; y en la mojiganga144 del vivir, a todos se nos ocurre salir a las tablas145 a echar nuestra relación... aunque sepamos que a la vuelta está la silba146.

—Dichoso quien se reprime presintiendo los patatazos147 –suspiró Neira encogiéndose resignadamente de hombros–. Para mí, cada salida... un chiflido.

—¿Cambiaría V. su suerte si pudiese?

—Pues ahí tiene V. lo extraño: se me figura que no la cambiaría. Es cierto que he sufrido y sufro muchas penas, como que tengo diez o doce corazones donde sentirlas; pero también tengo otros tantos para gozar y deleitarme en esa cosa inefable y rara, en esa prolongación de nosotros mismos que se llama la paternidad. ¡Ah, sí! He experimentado placeres que V. no puede sospechar siquiera. En cuanto a dolores... ¡Mire V. que ver estrellado en la calle a mi mayorcito, a una criatura que era un pasmo de talento! ¡Ahora sería, lo menos, ministro! ¡Aquel muertecito lo veo yo siempre apenas cierro los ojos... aquel muertecito llama por mí...!

---

139 *Reventar*: explotar; estallar.
140 *Burladero*: lugar protegido dentro de la plaza de toros desde el que se puede observar al toro sin peligro. «La frase continúa con una metáfora taurina donde se equipara el sufrimiento del toro en la plaza con el de los padres de familia en su vida cotidiana.
141 *La perra vida*: la vida difícil.
142 *Una comedia*: una obra de teatro cómica.
143 *Tararear*: cantar.
144 *Mojiganga*: fiesta; farsa.
145 *Tablas*: el escenario (donde están los actores en una obra de teatro).
146 *La silba*: escándalo.
147 *Patatazos*: dificultades.

—Nada, que tiene V. vocación de mártir.

—De padre, que es igual –respondió melancólicamente el corazón de manteca[148].

—En cambio, posee V. unas hijas superiores.

—Favor que V. las dispensa –respondió él babeándose, con el rostro dilatado y tal expresión de dicha, que entendí que no mentía al asegurar que la paternidad, en medio de sus calvarios, proporcionan goces generosos que no comprendemos los que vivimos acorazados[149] en nuestra prudente abstención.

—Pero –añadió el padre– calcule V. los desvelos que cuestan tantas hijas en edad de establecerse... y los que dan las que ya se establecieron, que es la más negra. ¿No parece increíble que teniendo yo siete chicas conmigo, no me pueda habituar a la ausencia de Clara, de mi Clara, sabiendo como sé que es dichosa con sus tocas de benedictina? ¡Mi Clara! ¡Tan parecida la pobre a mi difunta Ilduara; tan seria, tan decente, tan formal, tan persona como era mi Clarita! Nada; ella comprendió que una señorita, o se casa con arreglo a su clase... o no se casa, y decidió tomar el velo[150], conservando su dignidad, su posición, su señorío... lo que ha recibido en la cuna. Las Benedictinas de Compostela son muy damas, no crea V.... Ellas ni guisan, ni barren, ni se dedican a otros menesteres bajos: tienen sus legas servidoras. Rezar en el coro y preparar esas mermeladas exquisitas que hacen chuparse los dedos... son las ocupaciones de las Benedictinas. Clara, con su tacto y su buen juicio, se ha creado tal atmósfera en el convento, que si llega a faltar la madre abadesa, que es una anciana de más de ochenta años, creen todos que la reemplazará mi hija.

Y D. Benicio sonrió con la misma complacencia babosa e infantil que había demostrado antes al escuchar que yo llamaba a sus otras hijas *superiores*.

—¿Y cómo le va a Tula en su nuevo estado? –pregunté sabiendo que esta era la pena que más le gustaba comunicar y explayar a D. Benicio.

—¡No me hable V.! –respondió próximo a hacer pucheros[151]–. ¡Esa tontuela es la que nos ha matado a todos! A no verlo, jamás hu-

---

148   *De manteca*: tierno; cariñoso.
149   *Acorazados*: fortificados; protegidos.
150   «*Tomar el velo*»: (expr. Idiom.) hacerse monja.
151   «*Hacer pucheros*»: (expr. Idiom.) llorar desconsoladamente.

biese creído posible en lo humano que mi Gertrudis, la mayor, la que había heredado de mi esposa un bien entendido orgullo y una extraordinaria rigidez de carácter, y había sido amamantada en los más austeros principios y en las doctrinas más rigurosas, fuese a caer así, ¿... y con quién? V. no lo ignora... A mí me repugna pronunciarlo.

—Es el hijo de aquel barbero Redondo, ¿verdad?

—Sí, ese infeliz... por no llamarle otra cosa más dura... Un pintorcejo de puertas y ventanas, un artesano, un hombre sin educación y sin principios, que trata a zapatazos[152] a mi hija... ¡Ah! ¡Qué castigo tan cruel y tan largo para un momentáneo error!

—El más castigado creo que habrá sido su bolsillo de V.

—¡Figúrese! –gimió el padre–. A cada apuro (y los apuros son diarios), se acude a mí. Para arrimar el puchero a la lumbre tengo que suministrar los garbanzos y la verdura. El marido de mi hija, a pretexto de que casó con una señorita, se ha tumbado a la bartola[153], desdeñando[154] el trabajo manual. Dice que debo brujulearle[155] un destino, ¡yo, que jamás me he mezclado en política! Y los tiempos, cada día peores; los impuestos subiendo, los frutos bajando, los ingleses sin comprarnos ganado, porque creen que tiene la *glosopeda*[156]... Todo mal, todo desastroso... ¿Sabe V. lo que se me ocurre con suma frecuencia? Que mi yerno me enseñe a pintar puertas y ventanas; me dedico a eso, y le dejó a él que dirija mi hacienda y tape con ella los agujeros que tapo yo.

Y el pobre se quedaba con los ojos fijos en el suelo, mirándose a las puntas de las botas. Su estado de ánimo verdaderamente infundía compasión. Porque yo sabía que, a pesar de la gran confianza que depositaba en mí, no me contaba ni la mitad de las tribulaciones, de los secretillos de familia. ¿Cómo había de hablarme, por ejemplo, de las manías de aquella seductora histérica María Ramona, *Argos* divina, que tiempos atrás era la más exaltada mística y no sabía salir de la iglesia ni desviarse de la reja del confesionario, y ahora, habiendo pasado de extremo a extremo con la volubilidad propia de su desequilibrado temperamento, no pensaba sino en ventaneo, carteo, romanzas, dúos y aporreaduras de piano? ¿Cómo hablarle de la de-

---

152 *Tratar a zapatazos*: a golpes.
153 «*Tumbarse a la bartola*»: (expr. Idiom.) vivir cómodamente, sin hacer ningún esfuerzo.
154 *Desdeñar*: menospreciar; esquivar.
155 *Brujulear*: marcar.
156 *Glosopeda*: enfermedad infecciosa.

rrochadora[157] Rosa, que en trapos[158] y moños se gastaba lo que no tenía ni había de tener nunca, mientras su padre iba hipotecando la mitad de sus rentas al implacable Baltasar Sobrado, que le prestaba primero sobre los lugares de Cardobre, y después sobre otros no menos saneados y productivos? ¿Cómo recordarle su mayor contrariedad, la ineptitud para el estudio del único hijo varón que tenía la familia, aquel Froilancito tan inútil, al cual ni a pescozones se le convencía de que abriese un libro? ¿Cómo insinuarle nada acerca de la extravagante *Feíta*, otra insensata de diferente temple que *Argos*, –una de esas calamidades domésticas que es imposible clasificar?

Lo cierto es que Neira, después de arrancar del pecho un lastimado suspiro, exhaló estas quejas tristes:

—Lo que yo quisiera haber sido, si el destino de los hombres se pudiese escoger, sería fraile[159]. Profunda tranquilidad debe de gozarse en el claustro, y cuando pienso que con dominar una pizca mis pasiones hubiese vivido tan libre de angustias, me conceptúo un bolo...

—Se puede ser casi fraile en el siglo, D. Benicio. Míreme V. a mí.

—No crea V. que lamento principalmente mis propios disgustos. Conozco que el eje de mis sentimientos está fuera de mí: yo *siento* y *sufro* por ellas, por el porvenir que las aguarda si no encuentran marido, por la estrechez[160] que han de padecer[161] cuando yo falte... ¡o quién sabe si antes!

—No hay que acongojarse[162]. Acaso encuentren el día menos pensado una excelente proporción. Por ahí dicen con gran insistencia que a Baltasar Sobrado le marea Rosa. Ya ve V. que eso resolvería en gran parte el problema.

D. Benicio, al oír esto, se puso blanco de emoción. Sin duda él había pensado mil veces en la contingencia de que cayese el millonario yerno, pero como se piensa en que nos caiga el premio mayor de la lotería cuando ni hemos jugado siquiera. Y con un acento que redobló mi lástima, pronunció esta frase expresiva:

—¡San Antonio glorioso

---

157   *Derrochadora*: gastadora.
158   *Trapos*: ropa.
159   *Fraile*: monje; religioso de la Iglesia Católica.
160   *Estrechez*: pobreza; miseria.
161   *Padecer*: sufrir.
162   *Acongojarse*: atormentarse.

– VI –

Por entonces daba yo desenlace a uno de aquellos consabidos idilios prematrimoniales cuyas emociones describí, y encontrándome libre otra vez, alegre y melancólico juntamente, como el ave que ha logrado evadirse de una jaula linda y bien surtida de lechuga apetitosa, me dejé inducir a frecuentar la tertulia de absoluta confianza que formaban las hijas de D. Benicio y dos o tres amiguitas, reforzadas con media docena de amigos, entre los cuales se contaban Baltasar Sobrado y León Cabello, el *virtuoso* marinedino, como solía llamarle Primo Cova. La tertulia[163] era entre anodina[164] y familiar; había mucha labor de gancho, excesivo aporreamiento de piano, y algún tortoleo[165] en los rincones; todos sabíamos que Baltasar Sobrado, «ponía los puntos»[166] a Rosa; pero lo hacía con tan diestra maña y tal estrategia de cotorrón experto, que era difícil predecir si se dejaría coger en las blandas redes conyugales.

Yo también estaba a salvo, pues nunca se me había ocurrido *dedicarme* a ninguna de las niñas de Neira, creo que por respeto o conmiseración hacia su padre, al cual me pesaría mucho de ocasionar la más mínima desazón[167]. Era este un sentimiento puro, altruista, que yo cultivaba para tener el derecho de afirmar que mi alma no está desecada por el egoísmo. Lejos de atraerme a la tertulia de Neira los tortuosos y maquiavélicos planes que sin duda llevaban allí a Sobrado, me condujo el interés por el estudio de las miserias de la paternidad, y la sospecha de que algún drama fértil en peripecias y en lances hondos iba a representarse en aquel hogar tranquilo en la superficie, pero interiormente trabajado por las pasiones y los anhelos de varias mujeres jóvenes, bellas y sedientas de vivir.

---

163 *Tertulia*: una reunión de amigos o conocidos para socializarse; o, en algunos casos, para hablar de un tema específico—como el arte, la literatura o la política.

164 *Anodina*: superficial; trivial.

165 *Tortoleo*: conversaciones románticas.

166 «Poner los puntos»: (expr. Idiom.) dirigir la mira o la intención a un fin que se desea (RAE).

167 *Desazón*: disgusto.

Tal vez sabía yo más que el mismo Neira de lo que allí latía y se agitaba. Sabíalo, no sólo por las indiscreciones de Primo Cova, por dichos de la gente, por antecedentes históricos, sino por detalles, pormenores y hechos que sorprendía mi ojeada investigadora de desapasionado curioso. Lo que no observaba el ciego padre, me saltaba a mí a la vista, y declaro que mi honrado propósito era enterarle, si se terciaba la ocasión, cuando me pareciese llegado el momento de que interviniendo la autoridad se evitase tal vez una gran desventura, algún irreparable bochorno. Al entrar en aquella casa como antojadizo y frío *espectador*, podía también (y esto calmaba en alto grado los escrúpulos de mi conciencia) ser útil al excelente D. Benicio, salvarle de peligros que yo presentía y él era muy capaz de no sospechar si quiera. Lo demostraba la benditez con que se había dejado engañar por la hipocritona aquella de Tula, que bajo su capa de soberbia y desdén, bajo sus alardes de rigidez y sus asquillos púdicos, encubría unas ganas rabiosas de encontrar marido, a cualquier precio y de cualquier clase o género que fuese, y el propósito firme de agarrarse a lo primero que saliera, cómo lo efectuó en las barbas del confiado padre.

Por esa especie de fuero que lleva consigo el derecho de primogenitura, la hija que empuñaba hoy la batuta en casa de D. Benicio era María Rosa, pues de las dos mayores, Tula ya estaba casada y vivía con su calamidad de marido en una casa humildísima del barrio del Faro, y Clara, la segunda, paseaba sus majestuosos hábitos por el claustro de las Benedictinas de Compostela. Rosa, pues, había asumido el gobierno de la casa[168], y cierto que no pudo caer en peores manos tan delicada misión. Era Rosa una de esas mujeres fatales y vitandas, de quienes se dijo con expresiva frase que son como el toro, que acuden más al trapo que al hombre. Sólo al ver las locuras que los varones cometen por una hembra se comprenden las que son capaces de cometer las hembras por un pedazo de tela bonita: pasión infinitamente más violenta y terrible que la afición amorosa, aun cuando parezca que de ella nace y se origina, y que a no mediar el deseo de agradarnos a nosotros, no se compondría la mujer: pero yo he llegado a creer que esta es una de las muchas infundadas fatuidades masculinas, y que la mujer no se compone por nosotros, sino más bien por el gusto de componerse y emperifollarse, por el arte puro; y quizá, caso de impulsarla un móvil interesado, la impulse antes que el ansia

---

168   *Gobierno de la casa*: el manejo de las cuentas familiares y de los sirvientes.

de conquistarnos, el deseo de lucir, de brillar entre las amigas, de eclipsar a las otras mujeres y que estas rabien de envidia y de vanidad mortificada...

A no dudarlo, Rosa era un *caso* de estos, caso de estudio, invasión total de la enfermedad trapera[169]. Altísima fiebre la abrasaba al ponerse en contacto con cintas y moños[170]. Su vida no tenía más clave ni más norma que el tocado y el vestido. Si volviésemos al estado paradisíaco, a la cándida desnudez de la aurora del mundo, Rosa, con su blanca mano, ensartaría[171] las primeras conchas para el primer collar bárbaro, o tejería la primera guirnalda[172] de silvestres flores.

Hay que decir que Rosa era una belleza soberana[173]. A la edad de veinticinco años que contaba cuando yo me metí a observador y fisgón en casa de las Neiras, Rosa podía arrostrar la comparación con las más celebradas hermosuras. No tenía tipo marcado: ni era rubia, ni pelinegra, sino de abundoso pelo castaño con reflejos dorados, y garzos ojos que se oscurecían o irradiaban espléndidamente según la cantidad de luz que recogían: su magnífica tez tampoco podía clasificarse entre las blancas ni entre las morenas, pues en ella se combinaban varios tonos finos y ricos, mezcla suave y maravillosa de sonrosados, de carmines, de nácares y de ágatas lustrosas y tersas. Tampoco la distinguía especialmente la estatura, que no pasaba de mediana, verdadera estatura femenil, pues la mujer demasiado alta parece que sobrepuja a su sexo. Las líneas del cuerpo de Rosa delataban una morbidez exquisita, tan distante de la obesidad como de la delgadez; una plenitud de carnes que no atentaba en lo más mínimo a la gracia y a la agilidad de los movimientos, a la esbeltez del talle, a la delicadeza de pies y manos, a la longitud de la tornátil garganta. Si hubiese que poner algún defecto a Rosa (pues no existe belleza intachable), sería que su rostro, tan lindo, tan bien coloreado y modelado por la naturaleza, expresaba poco; era un rostro vacío. Se diría que lo vano y fútil de las preocupaciones de tocador, únicas que en el cerebro se aposentaban[174], imprimía huella en la faz, y que Rosa, en ciertos momentos, sobre todo cuando no la animaba el reír o no resplandecía

---

169 *Enfermedad trapera*: hace referencia a una obsesión con la ropa y los complementos.
170 *Moños*: adornos.
171 *Ensartar*: enfilar; enhebrar.
172 *Guirnalda*: corona; tiara.
173 *Soberano*: insuperable.
174 *Aposentar*: ocupar.

en su cara la vanidad satisfecha, se parecía a las perfectas muñecas de cera que se ven en los escaparates de las peluquerías exhibiendo el último peinado o el más reciente adorno de plumas y flores artificiales.

En Marineda se criticaba acerbamente el «lujo asiático» que había dado en gastar la hija de D. Benicio Neira. Las devotas amigas de saber vidas ajenas, como Zoe Martínez Orante y Regaladita Sanz, se hacían lenguas[175] del derroche[176], boato[177] y locuras de aquella muchacha. «Nunca lleva dos veces seguidas el mismo traje», suspiraban levantando los ojos al cielo. «Ahí está –añadían– Remedios Veniales, que ha tenido la curiosidad de contarle los trajes a Rosa Neira, y ¿cuántos dirá V. que resultan? Resultan quince, ¡quince!, todos de seda o de raso; y a proporción los abrigos, los *gorros* (aún hay en Marineda quien llama así a los sombreros), los guantes, los abanicos, el calzado y todo lo demás... Me consta (aquí bajaban la voz las noticieras) que compró en *La Ciudad de Londres* –¿no sabe V.? ¿esa tienda que dicen que facilitó para ella los fondos Sobrado?– unos encajes anchísimos, soberbios, para enaguas y peinadores. Nada, igual que una novia... ¡Cómo está el mundo, hija! Pasman las cosas que se ven... ¿Y de dónde saldrán esas misas?[178] Al padre parece que ya sólo le falta por hipotecar las narices...».

Aunque es fama que los hombres no entienden de trapos, he creído siempre que eso es como lo de las casas desordenadas que, en opinión del vulgo, deben tener los solteros; y me confirmo en que no es privativo del sexo femenino entender de trapos, cuando noto que los árbitros de la moda son los señores modistos[179]. Declaro, pues, y vengan cuchufletas[180], que entiendo de trapos, y sé muy bien cuándo, cómo y por qué va bien ataviada una señora. Pues con la autoridad que me presta mi explícita y valerosa declaración, digo que Rosa, la pobrecilla, después de tantos esfuerzos, de consagrar exclusivamente su vida y sus escasos recursos a deslumbrar a Marineda y atraerse las censuras de todas las personas sensatas... iba mal, rematadamente mal; para alguien entendido y exigente en achaques[181] de gusto, tan mal, que era un dolor.

---

175 *Hacerse lenguas*: hablar muy bien de un tema.
176 *Derroche*: gasto; despilfarro.
177 *Boato*: lujo.
178 *¿De dónde saldrán esas misas?*: Expresión idiomática que significa «*¿quién pagará estos gastos?*». La expresión se origina en la práctica católica de pagar para que se haga una misa en nombre de un familiar difunto.
179 *Modistos*: diseñadores; sastres.
180 *Cuchufletas*: bromas; burlas.

Los quince vestidos contados por Remedios Veniales en realidad no pasaban de seis; pero la maña de Rosa consistía precisamente en disfrazarlos con tal arte, que nadie pudiese decir al verlos: «Mascarita, te conozco». Aquellos pichoncitos caseros mudaban la pluma cada semana. El negro, de seda brochada, emulaba a Proteo, según las transformaciones que sufría, ya por medio de lazos amarillos, ya de plegados verdes, ya de encajes blancos, ya de flecos de azabache; el cuerpo unas veces lucía escote[182] cuadrado, otras una pañoleta, cuándo unas hombreras anchas, cuándo unas mangas de color pegadas la víspera. No le iban en zaga las metamorfosis del blanco, con el cual logró Rosa chasquearme[183] a mí, pues los visos y cubiertas que recibía el traje lo hacían parecer enteramente distinto, inédito. ¡Qué diré de cierta casaquita de veludillo azul, ora guarnecida con densa piel, a la usanza rusa, ora velada por vaporosas gasas[184] que remedaban nubes sobre un celaje puro!

Yo sabía perfectamente que tan laboriosas combinaciones harían sonreír de lástima a una verdadera *lionne*[185], de las que encargan sus trajes por cajas y docenas, y desdeñan la ciencia humilde y práctica de *aprovechar las sobras*[186].

Yo comprendía que el supuesto «lujo asiático», el «boato» de la chica de Neira, era en realidad penuria, y que con aquellos cuatro pinguitos, en Madrid, Rosa no pasaría de ser una de las bellas cursis en quienes nadie repara, y que desfilan por la ancha y soleada acera de la calle de Alcalá, o por las avenidas de Recoletos[187], oyendo piropos, a caza de un marido serio que las saque de penas. Mas, como decía el gracioso pedante moratiniano[188], todo es relativo en este mundo; y para Marineda, y sobre todo para la menguada renta de D. Benicio, el teje maneje[189] de trapeteo[190] en que andaba Rosa era excesivo y alar-

---

181 *Achaques*: afecciones.
182 *Escote*: busto.
183 *Chasquear*: burlar.
184 *Gasas*: telas elegantes que suelen ser semitransparentes.
185 *Lionne*: una mujer que vive exclusivamente para la moda.
186 *Aprovechar las sobras*: en esta época la ropa se hacía a mano, entonces se podía gastar menos en telas y otros artículos si se utilizaba lo que quedaba de hacer otra prenda.
187 *Recoletos*: el paseo de Recoletos es una zona elegante y cara de Madrid.
188 *Moratiniano*: hace referencia al escritor Leandro Fernández de Moratín (1760–1828), un importante dramaturgo que criticaba la falta de calidad de mucho teatro que se hacía a finales del siglo XVIII y siglo XIX.
189 *Teje maneje*: (expr. idiom.) enredo poco claro para conseguir algo.
190 *Trapeteo*: dedicación a crear muchas prendas de ropa.

mante. Aquellas pobreterías –no me cabía duda– desequilibraban el presupuesto como lo podrían desequilibrar, si fuese mayor, los cajones llegados de París y las facturas del joyero y del peluquero de fama. La economía y el lujo son palabras que carecen de significación si no se consideran relacionadas con condiciones individuales y sociales. Aparte de que Rosa, en realidad, gastaba demasiado –pues esas vueltas y revueltas a un pingo[191], que al fin pingo se queda, nunca dejan de costar algunas pesetillas, y donde hay pocas todo abre surco, en Rosa concurría una circunstancia que hacía más visible y escandaloso lo que daban en llamar su lujo: y era su belleza misma, su belleza triunfadora y resplandeciente.

En Rosa el más insignificante trapito causaba alboroto porque se veía de cien leguas. Los colores en ella parecían más vivos, los adornos más caprichosos y ricos, las flores más lozanas, la seda más crujiente, más atrevidos y provocadores los *esprits* y plumas de los tocados. Mientras las hijas del archimillonario Chucho Díaz, encargando a Madrid y a París la ropa, no lograban que nadie fijase en ellas los ojos, y parecían vestidas siempre con un mismo traje usado y de medio color, en Rosa las telitas peseteras y las puntillas de a real adquirían un aire de opulencia, majeza y frescura que les centuplicaban el mérito y el precio. Rosa ponía la moda en Marineda, y como a toda reina social, se la criticaba y se la imitaba a destajo.

Lo más singular es que D. Benicio, en medio de la gran confianza que conmigo tenía y que iba en aumento, lejos de quejarse del excesivo gasto de Rosa, alababa su economía, arreglo y habilidad.

—Es extraordinario –solía murmurar muy babosillo– cómo se las bandea esa muchacha. De un cuarto hace veinte. Oirá V. decir por ahí que derrocha, que tira el dinero. No, no, si ya sé que se murmura. ¡Infamias y picardías de la gente envidiosa, cuya maldad conozco! La pobre Rosa hace milagros. Aparece así... decentita... hasta elegante... en ella todo resulta... Claro; como que la figura la acompaña. Si fuese una cucaracha, una feróstica[192], de poco la serviría adornarse; porque aunque la mona se vista de seda... Lo que yo le aseguro a V. es que el ramo de trajes de Rosa no lo noto en mi presupuesto. Creo que con doscientos reales al año se las compone la chica. Vamos, que no he visto otra de más disposición.

---

191 *Pingo*: vestido.
192 *Feróstica*: Una persona muy fea.

– VII –

Que no decía verdad el apasionado padre, era para mí un hecho indiscutible; y sin embargo, me costaba trabajo suponer que tuviese el propósito de mentir; su aire de sinceridad y de candor era inequívoco. ¿Si le engañaría la muchacha, sisando[193] en todo lo demás para cargar las sisas a la partida de perifollos[194]? Con poco que yo asistiese a la tertulia se me figuraba que sabría a qué atenerme sobre este punto. El instinto de curiosidad, dominante en los célibes[195] que carecen[196] de asuntos propios y de verdaderos cuidados, era el móvil poderoso que me atraía a la reunión de las Neiras. La casualidad hizo que yo penetrase en ella en el momento más oportuno para satisfacer mis aficiones de espectador.

Solicitaron mi atención, más aún que la bella, coqueta y despilfarradora Rosa, otras dos hijas de D. Benicio, que ofrecían verdaderas singularidades en su manera de ser: *Argos divina* y *Feíta*. Las demás eran muy niñas aún, excepto Constanza, que siempre realizó el tipo de la más clásica insignificancia y pasividad: callada, sosa[197], sin voluntad propia, una de esas personas cuya presencia en la habitación llega a olvidársenos por completo, y con las cuales no contamos para adoptar resolución alguna, pues estamos ciertos de que se prestarán a cuanto los demás determinen, por no tomarse el trabajo de emitir opinión propia. La nulidad[198] del carácter reflejábase en las facciones de Constanza, de una regularidad agradable, pero amortiguadas por la falta de expresión, incoloras, por decirlo así, como el agua.

En cambio ¡qué fuerza expresiva, qué viveza sentimental campeaba en el pálido rostro de Argos, a la cual llamaban así en memoria

---

193   *Sisar*: quitar; rebajar.
194   *Perifollos*: adornos.
195   *Célibes*: solteros.
196   *Carecer*: faltar.
197   *Soso*: inexpresivo.
198   *La nulidad*: falta.

de la venerada efigie199 de *Nuestra Señora de los ojos grandes*! Su hermosura, romántica y seria, había llegado al apogeo, como también estaba en la plenitud su voz, aquella sorprendente voz de *mezzo soprano*, cuyas apasionadas inflexiones delataban un alma toda fuego. Yo era antiguo admirador (por supuesto secreto y platónico) de Argos Neira. Repito que jamás había querido iniciar idilio alguno, aun de los míos inocentes y diáfanos como el aire, con las hijas de D. Benicio, no sólo por la estimación que me infundía su padre, sino porque Argos, la que me atraía, también me inspiraba terror: no estaba seguro de nada con Argos, que me parecía mujer de distinto temple que las demás señoritas de Marineda, y se me figuraba (tal vez sin fundamento, por lo menos hasta entonces) una *tenoria*200. Con las otras marinedinas tenía yo la absoluta seguridad de que, al terminarse el idilio, no representaríamos ningún drama; pero con Argos... veía en lontananza201 escenas espeluznantes202, lances203 cuyo solo pensamiento me hacía estremecer. Y, fatuidad aparte, tampoco esperaba que Argos se prestase al idilio. Había sido siempre Argos caprichosa y rara en sus gustos: tan rara, al decir de las lenguas desolladoras, que no sé si debe darse entero crédito a la historia de sus antojos y aberraciones. Durante aquel período suyo de exaltado misticismo, en que sólo cantaba Gozos de novena, se refirieron horrores de su entusiasmo por cierto Padre Incienso, jesuita austero y elocuente, el cual, por más señas, no la podía sufrir, y se vio en el caso (continúa la versión más auténtica) de salir de Marineda, esquivando204 el peligro, cortando de raíz el escándalo y salvando su honra de sacerdote, puesta en grave riesgo por la indiscreta muchacha. Y el remedio fue radical, pues no sólo se curó Argos de la afición malhadada205, sino hasta del pseudobeaterío (quizás ambas cosas no eran sino una). Acabáronse los rezos y las mortificaciones; desapareció el hábito de jerga, con su corazón de plata en las mangas, símbolo visible de la enfermedad cardíaca que afligía a tan extraña devota; el negro cabello, antes descuidado y des-

---

199   *Efigie*: figura.

200   *Tenoria*: seductora; rompecorazones. La forma más habitual de esta palabra es 'tenorio', que hace referencia a una obra maestra del Romanticismo español, *Don Juan Tenorio*, cuyo protagonista epónimo conquista a muchísimas mujeres.

201   *Lontananza*: distancia.

202   *Espeluznante*: terrible, espantoso.

203   *Lances*: sucesos; eventos.

204   *Esquivar*: evadir.

205   *Malhadado*: desafortunado.

greñado, apareció peinado con gusto y arte, y el rostro cambió, adquiriendo una expresión indefinible. La hermosa escultura religiosa se convirtió en estatua profana. Si por medio de una comparación tomada del arte quisiese yo significar qué expresión había adquirido la cabeza de Argos, recordaría las testas del grupo de Carpeaux, la famosa ronda de bailarinas que decora la portada de la Ópera, en París. ¡Cuán distinta era la Argos de hoy de la que solía ir, con el velito muy bajo, a las primeras luces del alba, a la solitaria iglesia de San Efrén, a pegar a las losas frías sus ardorosos[206] labios![207]

Si mis observaciones no fallaban, el actual quebradero de cabeza de Argos debía de ser... Me encocora[208] estamparlo, porque mientras el Padre Incienso, bajo su sotana, tenía para mí y para todos los que le conocieron aspecto varonil, en cambio el musiquete, el famoso León Cabello, declaro que me producía el efecto, no ya de una madamita, sino de una vejezuela, de alguna de esas acartonadas profesoras británicas, mixto de bacalao y cecina, lo más contrario a toda idea de amoroso engreimiento. Era el *virtuoso* (mote que le había puesto Primo Cova), un pobre muchacho, de padres desconocidos, que recogió por caridad una tendera de zarazas de la calle del Repeso; susurrábase que podía ser fruto de un temprano desliz de la hija de la tendera, hoy muy bien casada con el ricachón fabricante D. Simón Cardador Blanco. Lo indudable es que la tendera profesaba gran cariño al arrapiezo, el cual fue uno de esos chiquitines fenomenales, cabezudos, inaguantables, con *genio artístico* mientras aún les flota la camisilla por la abertura del calzón. A los siete años mi Leoncito recorría las casas de Marineda tocando fantasías y nocturnos, y cosechando besos y cartuchos de caramelos de rosa y rosquillas *de ginete*. A los doce, la prensa marinedina armó una trifulca para conseguir, trabuco al pecho, que la Diputación provincial pensionase en la corte al prodigio, a fin de que «completase sus estudios en el divino arte». Si la Diputación no pensionaba a Leoncito, eclipsaríanse para siempre las glorias de Cantabria y quedaría demostrado que la patria cántabra, en vez de acoger amorosa a sus hijos ilustres, de brindarles el calor de su materno seno, los corona de espinas y los deja morir de abandono

---

206 *Ardoroso*: apasionado.
207 El párrafo describe los sucesos en la novela anterior a ésta, *Doña Milagros*, en que Argos está locamente enamorada de un joven cura jesuita, Padre Incienso, y su amor se manifiesta como obsesión religiosa.
208 *Encocorar*: molestar.

y de *inanición moral*, a las orillas del Océano amargo y salobre. Renunciando a averiguar por qué había de ser precisamente a orillas del Océano, y no en su cama, donde sucumbiese Leoncito por falta de pensión, ello es que el fatídico cuadro tan de mano maestra trazado por la bien cortada pluma del revistero[209] local Amador Milflores debió de hacer impresión en el ánimo de los padres de provincia, toda vez que pensionaron al niño fenomenal, de quien se refería que dedicaba a tundir el piano *diez y seis* horas diarias. Y allá marchó el Leoncito con rumbo a la corte, bien acompañado de redobles de bombo... que no se sabe si llegarían a traspasar los puertos.

En las vacaciones volvía contando maravillas de los grandes maestros del arte musical: Caballero, Barbieri, Chapí, Bretón, Monasterio, le adoraban, le pronosticaban el porvenir más risueño y brillante. Había tocado, arrebatando, en el salón Romero. La infanta Isabel, convidada expresamente para que admirase tan portentosas disposiciones y no pudiendo asistir aquella noche por sus quehaceres, se desquitó llamando a Palacio al melodioso León, y en sus habitaciones particulares le escuchó, le aplaudió, le colmó de elogios y le regaló un alfiler de corbata que representaba una lira de oro con tres rubíes. El periódico semanal *El Contrapunto* había publicado el retrato de Cabello, encuadrado por ramitos de laurel; y la gorda tendera[210], la presunta abuela, a punto de asfixiarse de gozo y orgullo, puso al retrato un marco de listón dorado anchísimo, sobre fondo de *peluche* granate.

Terminó Cabello sus estudios musicales y se vino a Marineda, donde le recibieron con nuevas ovaciones y largos artículos encomiásticos. Sin embargo, a la miel se mezclaban algunas gotas de hiel[211]. La tendera estaba, ¡quién lo duda!, contentísima y ufanísima del chico; pero su fondo de buen sentido, su hábito de ganarse con el sudor de su frente el pan, la obligaron a inquirir si tanta algarabía de notas, tanto martirio a las teclas, tanto zapateo en el pedal, tanto viaje y tantísima trapisonda, no habían de redituar[212] algo, algo que se cifrase en ingresos, en moneda contante y sonante, en medios de vivir, de comer, de pagar al zapatero y al sastre[213]. Allí estaba el fenómeno, el niño de

209   *Revistero*: periodista.
210   *Tendera*: vendedora.
211   *Hiel*: disgusto; amargura.
212   *Redituar*: producir beneficio.
213   *Sastre*: señor que se dedica a hacer ropa.

la bola: pero el tal nene, mezcla, según Amador Milflores, de Orfeo y de Anfión, tragaba[214], rompía botas... compraba papelotes de música, tenía un vertical... y todito a cuenta de la tendera gorda. ¿Cómo era que en Madrid no había descubierto una mina de oro? ¿Cómo no podía aquella gloria regional, nacional, europea (de tal le calificaban, no parándose en barras, los diarios), hacerse, con su asombroso genio artístico, una rentita de cinco o seis mil duros al año lo menos? La tendera tuvo un instante de escepticismo amargo, en que lamentó no haber dedicado al chico a medir zarazas...

Entonces León Cabello, en lid con la maldita fatalidad de no haber un Banco donde se admitan como valores los trinos y las escalas cromáticas, empezó a pensar en la faena[215] de las lecciones. Subiría pisos, se dedicaría a enseñar a los chicos los rudimentos del solfeo, ya que no había otro porvenir para el que *El Contrapunto* coronara de laurel. ¡Ingrata patria, ingrato suelo cantábrico! Antes de aceptar la prosaica solución de buscar discípulos, el Leoncito dio un concierto en el Teatro, que la prensa campaneó desde un mes antes. Concurrió bastante gente, porque el mismo Cabello repartió, con cartas de su puño, los palcos y las butacas. La gente bostezó y aplaudió a rabiar. Halagado por esta primera caricia de la suerte, quiso repetir el golpe al siguiente mes; pero era abusar de las bolsas; el teatro apareció completamente vacío, y Cabello desarrolló sus interminables *concertstucken* sin más auditorio que los acomodadores. Tuvo que pagar el alumbrado, la orquesta, el local, y perdió lo ganado en el primero. Entonces apretó en lo de las lecciones, y emprendió[216] una labor encarnizada, furiosa, para imponer su candidatura a «lo principal» del pueblo. Estalló guerra a muerte entre el *virtuoso* y los demás profesores a domicilio de Marineda, D. Sotero el organista, las dos Bemolitas, el director de orquesta del Coliseo... Trabajos subterráneos con la prensa produjeron en el lenguaje de este cambio singular: Leoncito cayó de su pedestal, y fue objeto de chistes punzantes y de caricaturas groseras en el órgano[217] satírico *El Brujo*, donde sacaron a relucir su nacimiento, e hicieron alusiones mal veladas[218] a su madre y a toda su historia... No me sorprendió, por cierto, el espectáculo, en

---

214 *Tragar*: comer.
215 *Faena*: labor; ocupación.
216 *Emprender*: comenzar; iniciar.
217 *Órgano*: revista.
218 *Velado*: disimulado.

Marineda frecuente, pues cuando los intereses se ponen en juego, no hay tigres ni panteras comparables en su furor a los marinedinos. Creo haber dicho ya que estas pugnas alrededor de unas míseras pesetas me son tan repulsivas, que sólo por eso no me casaría nunca, temeroso de que el amor paternal me impulsase a patullar francamente en el lodazal[219] de la codicia[220].

En tan poco halagüeña situación me tienen Vds. ahora a Leoncito Cabello, la antigua esperanza de la madre Cantabria, que le ve sin pena y sin rubor encaramarse a los cuartos pisos y repetir cada media hora, en voz enronquecida por la fatiga y el aburrimiento:

—Do re, do re, do re fa sóool... sostenido... Más sentimiento ahí... Pero ¡cuándo empezaremos, Aurorita, a matizar ese pasaje!

Físicamente, el *virtuoso* parece una de las chistosas caricaturas alemanas en que se ridiculiza a los secuaces[221] de la escuela de Wagner[222]. Lleva la melena crecida, para tapar unas insolentes orejas, y su cara imberbe, fruncida, ya pergaminosa, a pesar de los pocos años, muestra amarilleces de fruto conservado en espíritu de vino. La boca es sutil, larga, sinuosa; los ojos, azules y fríos, sólo resplandecen al halago del elogio y al estímulo de la vanidad. Tiene la frente bombeada, el cráneo montuoso y puntiagudo, las manos prolongadas, ágiles, flexibles por el constante teclear. Viste de negro, y usa corbatas de color chillón, donde se ostenta la lira de S. A., con los tres rubíes. Y a pesar de esta facha rarísima, creo, y creen muchos conmigo, que el musiquete no le parece saco de paja[223] a Argos...

---

219 *Lodazal*: lugar sucio y bajo; barrizal.
220 *Codicia*: envidia.
221 *Secuaces*: partidarios; seguidores.
222 *Wagner*: Wilhelm Richard Wagner (1813-1883), el gran compositor alemán de óperas. Era uno de los músicos más apreciados por Pardo Bazán.
223 *«No parecerle saco de paja»*: no parecerle feo.

– VIII –

No; positivamente, no le parecía saco de paja a la ex devota el engarzador de arpegios. Había en aquel *flirt*, basado en la comunidad de gustos artísticos, algo de vago, ensoñador[224] y baboso, muy diferente de la vehemencia y la exaltación que se habían notado en los primeros entusiasmos de Argos divina. Sin duda la muchacha poseía todas las cuerdas de esa gran lira que se llama el amor, y gustaba de coleccionar —en vez de trapos y cintajos, como su hermana—, impresiones y recuerdos.

El León penetró en casa de Neira por la puerta de la pedagogía musical: le llamó don Benicio, por recomendación de Sobrado, para dar lecciones de canto y piano a dos de sus hijas, Argos y Feíta. Esta última, al mes escaso, se rebeló, y dijo que no la daba la gana de perder tiempo, que se cansaba de aquel ejercicio bobo y que no pensaba ganarse la vida como León Cabello, haciendo competencia a las Bemolitas; Argos, en cambio, tal gusto le tomó al aprendizaje, que no se apartaba del piano en todo el día. La tertulia se resintió[225] de la manía filarmónica de la muchacha. Cuando no *estudiaban*, de música hablaban el *virtuoso* y ella. Todo era revolver sonatas, elegir *caprichos* y rebuscar melodías. Una pieza brillante a cuatro manos llegó a ser para nosotros verdadera obsesión. Cada vez que yo veía girar despaciosamente el taburete, subiendo o bajando para que en él se acomodase el artista, me entraba un desasosiego nervioso... Por fortuna allí no era de rigor escuchar en silencio: se podía charlar, se podía no hacer caso del chaparrón de notas. Tal vez el profesor y la discípula preferían que no se les concediese extremada atención. No aspiraban a la gloria de embelesarnos; harto embelesados andaban ellos.

Últimamente habían descubierto un filón, las melodías aldeanas, preciosas canciones del país cántabro, tan mimosas, tan llenas de nostalgia dulce. Argos las cantaba con gracia hechicera, acompañándola

---

224   *Ensoñador*: idealista, soñador.
225   *Resentirse*: disgustarse.

con suma delicadeza el *virtuoso*. Con esa parte del programa me reconciliaba yo, y hasta la oía llena de placer, pues a pesar de mi naturaleza poco elegíaca, las tales canciones, embalsamadas por la menta y el saúco de los ribazos cántabros, me infiltraban en el alma una serena melancolía, una especie de dolor grato, que se bebía a sorbos y no embriagaba de pena... Pero estas cosquillas románticas desaparecían así que tomaba asiento a mi lado y me dirigía la palabra la más extraordinaria y ridícula criatura que se ha visto en el mundo, o sea Feíta, el séptimo retoño226 de D. Benicio Neira.

¿Cómo te haría yo comprender bien, oh sesudo227 y morigerado228 lector, lo que era la tal Feíta, en lo físico, en lo moral, en lo intelectual? Cien pliegos229 de papel no bastan para retratar a este curioso personaje. Su exterioridad es lo más fácil de sorprender al vuelo, pues no necesita, el lápiz esmerarse para no alterar líneas de belleza. Feíta (diminutivo algo injurioso de *Fe*), no es linda, aunque, tampoco repulsiva ni desagradable. Su cara, más que de doncella, de rapaz despabilado y travieso, ofrece rasgos picantes y originales, nariz de atrevida forma, frente despejada, donde se arremolina el pelo diseñando cinco puntas que caracterizan mucho la fisonomía. Sobre el labio superior hay indicios de bozo: no puede llamarse una dedada, sino a lo sumo leve sombra, que con el tiempo obscurecerá. Sus ojos son chicos, verdes, de límpido matiz, descarados, directos en el mirar, ojos que preguntan, que apremian, que escudriñan, ojos del entendimiento, en los cuales no se descubre ni el menor asomo de coquetería, reserva o ternura femenil. El cuerpo de Feíta es suelto, ágil, de formas escuetas y de un dibujo muy sobrio, recogido y púdico230, a la manera de esas figuritas magras y castas sin ascetismo, que los broncistas de Florencia legaron231 a la admiración de la posteridad. Sólo que para adivinar esta que sin duda alguna es perfección y gracia del cuerpo de Feíta, hay que ser más que lince, zahorí. Yo que me perezco por las mujeres ataviadas, peripuestas y pulcras, no me puedo acostumbrar a la manera de vestirse de esta chicuela indómita232. Siempre anda

---

226   *Retoño*: hijo.
227   *Sesudo*: sensato; reflexivo.
228   *Morigerado*: moderado.
229   *Pliegos*: hojas.
230   *Púdico*: casto; no sensual.
231   *Legar*: transferir; dejar.
232   *Indómito*: rebelde.

metida en un talego o amarrada como un saco de garbanzos. Sus hermanas no la hacen caso, y ella no se cuida de sí propia, ni creo que recuerda que hay espejos en el mundo. Su pelo vive en perpetua insurrección: es el mambís más rebelde que conozco. Lo lleva corto porque no la da la gana de dejarlo crecer, ni de sujetarlo formando moño, ni de enterarse de para qué sirven la tenacilla y el alisador, y cada mechón va por su lado, unas veces crespos, otras lacios y mohínos, según la temperatura y la humedad. Los dedos de Feíta son un mapa mundi de manchas de tinta y de desolladuras y arañazos, porque el día en que a la moza la da la ventolera²³³ por revolver y arreglar la casa, la vuelve patas arriba, desclava y sacude todo, alfombra ella misma, y se empingorota²³⁴ en una escalera de treinta peldaños para lavar los vidrios. Sin embargo, los arrechuchos de laboriosidad doméstica no son en Feíta muy frecuentes. Por lo general paga tributo a otra manía, insólita y funesta en la mujer: y es su malhadada afición a leer toda clase de libros, a aprender cosas raras, a estudiar a troche y moche²³⁵, convirtiéndose en marisabidilla²³⁶, lo más odioso y antipático del mundo.

Si Feíta me interesase por algún concepto; si fuese hija o hermana mía; ¡qué pronto la convierto y la curo de esa chifladura²³⁷ inverosímil, reintegrándola en el puesto que la naturaleza señaló a la más bella mitad del género humano! Pero no soy yo el llamado a civilizar a esta salvaje sabia, y su padre, mi buen D. Benicio, carece de la energía que exige su cargo paternal. La debilidad de D. Benicio es lo único que puede explicar los derroches de Rosa, las novelerías de Argos y las inauditas excentricidades de Feíta.

Como Sobrado cuchichea con Rosa en el rincón de la galería, cerca de los heliotropos en flor, y Argos se entrega a las emociones musicales; como las otras señoritas que concurren a la tertulia, y son las del magistrado Tardejón y Mercedes Cabrera, la del ingeniero, forman su peñita y demuestran intenciones criminales, conatos de llevarme insensiblemente, si yo me dejo, camino del ara santa²³⁸... me desvío de ellas y suelo entretenerme en charlar con la extravagante,

---

233 «*Dar la ventolera*»: apetecerse; querer hacer algo.
234 *Empingorotar*: subir.
235 *Troche y moche*: constantemente.
236 *Marisabidilla*: palabra despectiva para hablar de mujeres con intereses intelectuales.
237 *Chifladura*: locura.
238 *Ara santa*: altar; es decir, a la Iglesia para casarse .

con la cual no arriesgo nada y que me hace reír de puro desquiciada y lunática que está la infeliz. Sus extrañas teorías se prestan a servir de base para mil discusiones acaloradas y chuscas, divertidísimas a veces; porque con Feíta no estamos nunca dentro de lo previsto y normal, sino que cada día saca ella un resorte nuevo.

La cabeza de esta pobre niña es «el caos e islas adyacentes» —según frase de Primo Cova, que la encuentra, como yo, muy salada[239]—. Ha leído todo cuanto cayó en sus manecitas, ávidamente, con prisa, sin discernimiento, tragando, cual los avestruces, perlas y guijarros en revuelta confusión[240]. Desde los libros de mística con que se espiritaba Argos en sus tiempos de fervor, hasta los de fisiología y medicina que tuvo la insensatez de prestarle a Feíta el filántropo Doctor Moragas; desde las novelas de Ortega y Frías que la ofreció con grandes encomios el brutazo de D. Tomás Llanes, hasta las poesías de Verlaine que la facilitó secretamente un empleado de la Biblioteca del Puerto, Feíta ha recorrido toda la escala bibliográfica, hacinando en su mollera[241] un fárrago estupendo, una capa de detritus, entre los cuales van envueltos preciosos gérmenes que podrían fructificar[242] si los cultivase con método y razón. No cabe duda que la tal Feíta sabe ya muchísimas cosas; pero su instrucción ha sido, como suele la de las personas de su sexo, confusa, precipitada, incoherente, y con lagunas y deficiencias donde debían existir ciertas nociones sin duda elementales, pero que son a guisa de[243] eslabones que enlazan entre sí la vasta serie de los conocimientos humanos. Feíta, en momentos de lucidez, lo reconoce, por más que en otros, con infantil pedantería, me llama ignorantón, a lo mejor porque no sé en qué consiste la función de una glándula o dónde radica un haz de nervios; pues en lo que está más fuerte este demontre de inaguantable chiquilla, es en ciencias enlazadas estrechamente con la medicina, gracias a los préstamos del bueno de Moragas, que es capaz, a fuer de[244] ideólogo, de fumar sobre un polvorín[245] descubierto.

---

239 *Salado*: divertido; gracioso.
240 En esta frase se hace una comparación entre la forma en que Feíta lee todo sin distinguir entre unas lecturas y otras igual que las avestruces son capaces de tragar cosas tan dispares como perlas y piedras (guijarros).
241 *Mollera*: cabeza; mente.
242 *Fructificar*: producir; desarrollarse.
243 *A guisa de*: a modo de.
244 *A fuer de*: en calidad de .
245 *Polvorín*: arsenal.

—Me hago cargo –suele exclamar Feíta– de lo mucho que ignoro. No crea V. que necesito que me lo cuente nadie. ¡Soy yo más lista! Y tenga por seguro que si no reviento he de aprenderlo todito. ¿No ve V. que a mí, como enseñar, no me han enseñado ni esto? Coser, bordar, rezar y barrer, dice mi padre que le basta a una señorita. Un día recuerdo que hasta me puse de rodillas para que me enviasen al Instituto[246], como a Froilán, y papá salió con que me hartaría de azotes si volvía a hablar de semejante cosa. No me asustan los azotes, ni mi padre es capaz de azotarnos con un hilo de seda; pero ni tenía dinero para las matrículas, ni los catedráticos me recibirían contra gusto de papá. Y cuando una es chiquilla, chiquilla... no hay coraje para nada. Hoy me arremango[247] y voy si quiero; pero hoy ya estudio yo sola, lo mismo que en el Instituto. ¡O más si se me antoja[248], hombre!

—¡Pues hizo bien su padre de V., mujer! ¡Sería una ridiculez ir allá!

—¿Y por qué había de ser una ridiculez? Pago un duro de mis ahorros por cada razón que V. me dé.

—Pero, hija mía (yo solía tratar a Feíta así, paternalmente); ¿a qué se compara V. con Froilán? ¿no ve V. que Froilán es hombre y necesita tener carrera?

—¿Froilán hombre? Froilán jumento[249] –respondía perentoriamente e imitando el habla de los negros la diabólica.

—No sea V. así. Froilán ha de concluir sus estudios y vivir de lo que gane.

—¡Ah! Pillete –replicaba ella–. ¿Conque vivir de lo que gane? Y yo, ¿me quiere V. decir de qué he de vivir cuando mi padre se vaya al otro mundo? ¿Acaso tengo mayorazgos[250] que Froilán no tiene?

—V.... V. vivirá de lo que gane su maridito.

—¡Maridito! Sí, que andan los mariditos mantenedores de sus mujeres por ahí a patadas[251]. Mire V. el de Tula, qué bien la mantiene. La da de almorzar mojicones finos, y de comer legítimas galletas. ¡Rayo[252] en los mariditos mantenedores! Además, ¿de dónde saca V.

---

246 *Instituto*: colegio de enseñanza secundaria.
247 *Arremangarse*: subirse las mangas de la camisa.
248 *Antojarse*: apetecer.
249 *Jumento*: burro.
250 *Mayorazgos*: privilegios.
251 *«A patadas»*: *(expr. idiom.)* en abundancia.
252 *Rayo*: una expression que indica rechazo.

que quiero recibir de nadie lo que puedo agenciarme yo misma? ¡Me parece cargante[253] y retecargante y hasta humillante la ocurrencia! ¡Y no sé cómo a Vds. los hombres no les revuelve el estómago eso de que han de tomarles siempre las mujeres por caballos blancos!

Este arranque de Feíta, a decir verdad, se conformaba con mis manías, con gran parte de los escrúpulos y delicadezas que me retenían en el estado de solterón; pero el gusto de contradecir y el deseo de excitar a la muchacha a que replicase con más bríos, me impulsaron a responder:

—¡Quia! Ese papel nos halaga. Así sostenemos y afirmamos nuestra soberanía; así reforzamos nuestros indiscutibles derechos sobre el corazón y la voluntad de la mujer. Nosotros trabajamos y Vds. administran y gastan... Lo más lógico. Tampoco ha de negarse que a Vds., las toca su parte de trabajo, y de trabajo constante y sagrado y meritorio. ¿Dónde me deja V. el gobierno de la casa, la crianza y cuidado de los hijos? Como sé propongan Vds. trabajar...

—¡Los hijos! –protestó ella–. Siempre parte V. del supuesto de que la mujer es infaliblemente casada. Pues no hay en Marineda pocas solteronas.

—Y solterones también: aquí me tiene V. a mí.

—¡Pero V. es solterón... por su gusto[254]!... y ellas...

Sonrió Feíta con picaresco guiñar[255] de ojos.

—Según eso, ¿V. no cree que puede haber solteronas por gusto?...

—¡Vaya si lo creo! Como que yo lo he de ser. Sí, amiguito Abad; esta joya se ha de quedar para vestir imágenes[256], aunque se me presenten *partidos*, que no se me presentarán. Y sentiré que no se me presenten, sólo por el gusto de que vean que no los admito.

—¿Tan resuelta está V.?

—Tan resuelta. En algo me he de distinguir de esas otras –y diciendo así señalaba a sus hermanas y a las demás niñas casaderas de la tertulia–. Como que no encontrará V. en Marineda (yo se lo fío), persona que le diga a V. que hace divinamente en no casarse, a excepción de esta personita. Si yo fuese hombre ¡al momento me caso! Vds. son, bien mirado, más inocentes que nosotras, porque Vds. ¿para

253   *Cargante*: insoportable; irritante.
254   *Por su gusto*: porque quiere.
255   *Guiñar*: indicar.
256   *«vestir imágenes»*: (expr. idiom.) quedarse soltero/a.

qué quieren casarse? Mejor dicho ¿hay entre Vds. ninguno que no pueda disfrutar las ventajas del matrimonio, sin arrostrar[257] sus inconvenientes?

—Por Dios, Feíta... ¡Qué cosas dice V.! Que no la oigan, al menos...

Esta plática recuerdo que la pasamos una noche de Octubre, en que la temperatura era aún tibia y hermosa, y nos habíamos refugiado en una esquina de la galería, por huir del sempiterno tecleo de Cabello y Argos y las risitas y provocaciones de las de Tardejón. Por cierto que aquella noche misma acaeció en la tertulia de las hijas de D. Benicio Neira algo que merece consignarse[258], por la cola que trajo; y fue que Baltasar Sobrado, entrando muy sopladito, de levita, a eso de las nueve y media, presentó a D. Benicio y a su familia a otro caballero más apuesto y majo, que supimos ser el nuevo Gobernador civil.

257 *Arrostar*: aguantar; sufrir.
258 *Consignarse*: señalar; registrar.

– IX –

Tres meses hacía que este había llegado a Marineda, donde se hablaba mucho de él, a pesar de que se le tachaba de retraído[259] y entonado[260]. Era uno de esos hombres a quienes el público, al negarles ya la juventud, les sigue otorgando los privilegios a ella inherentes, y encontrando muy natural que dediquen la vida a perseguir el goce, a empalmar las aventuras, a la baraja[261] y a la broma entre amigos. Para decirlo de una vez, el gobernador de Marineda, que por cierto, se llamaba nada menos que don Luis Mejía, era todo un *juerguista*, pero con ribetes y collar de romanticismo: tipo bastante común en nuestra raza meridional, tan sobrada de idealismos malsanos como falta de sencillez y seriedad verdadera; y me pareció la más insigne prueba de inadvertencia y descuido en D. Benicio que dejase penetrar a semejante gavilanazo[262] en aquel palomar[263] repleto de palomas arrulladoras y lindas. Es verdad que entraba bajo el patrocinio de Sobrado, del soñado yerno, objeto de la codicia paternal de Neira, y rodeado del prestigio que da en provincia un puesto oficial que parece entrañar responsabilidades, y obligar a quien lo ocupa a observar una conducta, si no ejemplar, cuando menos formal y discreta.

A primera vista, Mejía guardaba las apariencias y conservaba su dignidad de funcionario[264] y de personaje. Era grave al parecer, y en realidad guasón[265] y mofador de todo; hablaba con respetuoso acento de la religión, de la patria, del arte y de la mujer, cosas de que se reía allá por dentro, daba limosna fácilmente y se corría en las propinas, pero jamás se familiarizaba con los inferiores. Era de mediana estatura, delgado, airoso, y vestía casi siempre de un modo correcto y muy a lo

---

259   *Retraído*: insociable.
260   *Entonado*: pretencioso.
261   *La baraja*: las cartas (para jugar).
262   *Gavilanazo*: ave rapaz.
263   *Palomar*: lugar donde viven palomas; aquí hace referencia a la casa Neira, con sus varias hijas casaderas.
264   *Funcionario*: persona que trabaja para el estado.
265   *Guasón*: gracioso; divertido.

señor, aun cuando algunas veces le delataban ciertas osadías del traje, que indican más de lo que se cree el desorden moral de la persona: una corbata de seda roja, anudada a lo torero; las botas achuladas, que usaba por la mañanita; un sombrerillo de delicado fieltro, pero de hechura manolesca; un perfume cursi y exagerado que salía de su ropa interior... Observándole bien, hube de fijarme en cierto detalle, para mí altamente significativo: su reloj, maravilla admirada por todos los *snobs* locales que se reunían en la Pecera, y, a mi juicio, rayo de luz que iluminaba por completo la ambigua faz de aquel representante de nuestra podrida burocracia. Procedía el reloj de la más renombrada casa inglesa, y era de oro, liso, riquísimo bajo apariencias de modestia, de intachable gusto, de máquina infalible, y de tan exquisito trabajo en sus cinceladas tapas, que el heredero de un trono podría ufanarse con él. Pero examinado despacio el relojito, mirando detenidamente la tapa que cubre la esfera, podían verse cruzadas, entre los arabescos elegantes que trazó el cincel, dos iniciales, una *L* y una *R*, que no correspondían enteramente al nombre y apellido que usaba el gobernador. L, Luis, era su nombre de pila, pero ¿y el apellido?

Todos, sin querer, somos un poco polizontes y otro poco jueces, de afición y sin sueldo. Todos, cuando una ráfaga de antipatía o de sospecha cruza por nuestra alma, espiamos, instruimos proceso y lo fallamos allá en nuestro interior. Aquellas dos iniciales, que una correspondía y otra no con el nombre de *monsieur le préfet*[266], me indujeron[267] a grandes cavilaciones[268]. Me asaltó la idea de que Mejía era dos hombres: uno que el público veía y respetaba en su posición actual, otro que anteriormente se llamó de distinta manera y vivió, sabe Dios dónde y cómo, hasta que alguna tragedia o algún sainete[269] le obligó a echar piel nueva, a mudar nombre y a huir de sí propio. ¡Cuántas cavilaciones, cuánto temerario juicio a propósito de una inicial sobre la tapa de un reloj! Qué, ¿no podría el reloj ser regalo de un amigo? ¿No podría haberlo comprado de lance[270]? Sin embargo de estas posibilidades, la sospecha no se me quitaba.

Otra menudencia, notada en el mismo reloj, contribuyó a arraigar en mí la convicción de la duplicidad de Mejía. Una noche que a última

---

266   *Monsieur le préfet*: expresión francesa que significa «señor gobernador».
267   *Indujir*: provocar.
268   *Cavilaciones*: preocupaciones.
269   *Sainete*: obra teatral, frecuentemente cómica.
270   *De lance*: (expr. Idiom.) rebajado por ser de segunda mano.

hora nos encontrábamos reunidos en la Pecera algunos de los *habitués*, y en que se había bebido ponche, el gobernador, animado por las libaciones, habló de la farsa o comedia humana, sostuvo la tesis de que nadamos en un mar de mentiras, e insinuó con intencionada picardía que el mundo era como su reloj. Prestaba yo oído, incitado por mis recelos, y siguió diciendo Mejía: —«¿Vds. ven? No cabe chirimbo lo más respetable que este. Exacto, británico, la misma formalidad, la imagen de una existencia regularizada, honrada, clara, sin una nube... ¡Pero aprietan Vds.... así... un resortillo... y ¡alsa! verán lo que aparece!...».

Practicó el movimiento indicado, y levantándose una sutil tapa de oro, invisible antes y adherida a la cubierta principal, divisamos en el fondo una miniatura... de la cual, a pesar de su mérito artístico, apartarás los ojos, lector, con verdadero hastío[271], a poco de fijarlos en ella. Aquella doble faz del reloj, por fuera símbolo del orden y del decoro, por dentro santuario de la Venus libidinosa, confirmó en mí la idea de la dualidad de aquel Mejía, en quien era equívoco hasta el nombre.

Por supuesto que me guardé bien de manifestar mis aprensiones a nadie, pues entre las enseñanzas de mi santo egoísmo contaba la de no tener amigos íntimos, ni pecho abierto para persona alguna. Sabía que la mitad más uno de los disgustos que se sufren en pueblos chicos, viene por la lengua[272], y que la palabra es una peste[273], y oro el silencio. Además, el gustillo de charlar y confiarse quita el de observar, que es mucho mayor. Me prometí con Mejía un divertido espectáculo, siempre que yo tuviese la constancia de oír, ver y callar, disimulando el verdadero concepto que de él formase.

La opinión de Marineda, por entonces, no era desfavorable a Mejía. Su buena presencia, su mejor ropa, su liberalidad, le habían captado simpatías. Los de su partido le ponían en las nubes[274]. Los del bando contrario, o sea los conservadores, esperaban que aquel gobernador que olía a *brisas de violeta* fuese blando en la brega electoral. De su historia sabíase poco: se le creía cordobés[275], ahijado y hechura de cierto prohombre[276] que no gozaba fama de muy escrupuloso en elegir

---

271   *Hastío*: disgusto.
272   *La lengua*: se refiere al cotilleo o al chisme.
273   *Peste*: plaga; epidemia.
274   «*Ponerle en las nubes*»: (expr. Idiom.) tener una opinión muy positiva de alguien.
275   *Cordobés*: de la región de Córdoba en el sur de España.
276   *Prohombre*: hombre noble; eminencia.

sus paniaguados[277], y constaba que había desempeñado cargos en Puerto Rico y Filipinas, y habitado bastantes años en la corte, a la sombra y en la secretaría de su padrino. Primo Cova, en su afán de dar a todo carácter folletinesco[278], aseguraba que Mejía era hijo del prohombre y de «una encopetada[279] señora». En resumen, no se veía muy claro en el pasado de *monsieur le préfet*, pero se entreveían buenas relaciones y antecedentes no deshonrosos, y mi extrañeza al verle admitido en casa de Neira carecía de fundamento.

Conferenciando sobre este punto con D. Benicio, pocos días después de la presentación, del gobernador, díjome el bondadoso padre:

—¡Qué quiere V.! Teniendo hijas que casar, y según están las cosas hoy en día, no hay más remedio que hacer la vista gorda[280]. Ya comprendo que estas moscas vienen al panal de miel... pero ¿quién sabe si se les enredarán las patas? Mayores milagros se han visto, D. Mauro, yo con V. hablo como hablaría con un hermano, si lo tuviese. Me siento muy envejecido, muy gastado, muy achacoso, y mi sueño sería dejar casada una hija con persona de cierto viso y posición, a fin de que protegiese a las otras y metiese en costura[281] a Froilancito, que como no le da la gana de estudiar, tendrá que arrimarse al presupuesto para vivir.

—Comprendo sus móviles de V. —respondí con la sinceridad que me infunde este hombre digno de consideración y lástima—: sólo temo que pueda alguna de sus hijas sufrir una decepción...

—¡Qué se le ha de hacer! Para decepciones hemos nacido —murmuraba resignadamente el padre.

—¿O quién sabe si algo peor? Tal vez un amargo desengaño[282]... un humillante chasco[283] de esos que hunden[284] a una mujer para siempre...

Apenas hube pronunciado estas palabras, cuando me sorprendí, casi me asusté, del efecto que produjeron en D. Benicio. Su rostro

---

277   *Paniaguado*: sirviente; criado.
278   *Folletinesco*: propio de un folletín; (los folletines eran publicaciones periodísticas de esta época que típicamente eran melodramáticas y de poca calidad literaria).
279   *Encopetada*: orgullosa.
280   «*Hacer la vista gorda*»: (expr. Idiom.) consentir.
281   «*Meter en costura*»: (expr. Idiom.) controlar.
282   *Desengaño*: decepción.
283   *Chasco*: burla.
284   *Hundir*: destruir.

lacio y apacible se enrojeció violentamente, y sus ojos, que siempre rebosan indulgencia, chispearon repentino furor.

—¿Chasco humillante a mis hijas? –balbució–. He pensado en eso mil veces... y eso sí que no lo verán los nacidos... o por lo menos no lo verán quedar sin el castigo justo. Yo soy un cordero: hombre menos batallador dudo que exista bajo las estrellas. He deseado siempre que, al morir, se pudiese escribir sobre mi sepulcro, por único elogio, que a sabiendas no hice mal a nadie. Pero Dios, que me ha dado estas hijas, sin darme el carácter enérgico que se necesita para guiarlas bien, no me negará, llegado el caso, resolución para ampararlas. Es más fácil tener un arranque que constancia en el mando. El arranque sé que lo tendría. Espero –añadió serenándose– que no ha de ser necesario llegar a tales extremos. Crea V. que tiemblo sólo de pensar que pueda verme en situación tan crítica. Y tiemblo, porque... el diantre de la costumbre de ser moro de paz... Diga V., D. Mauro: ¿qué opina V? ¿Tendría yo ánimos para... para hacer una hombrada285?

Echeme a reír, por no confesar que le juzgaba absolutamente incapaz de hombrada alguna; y a fin de torcer la conversación le hablé de León Cabello y de su asiduidad286 con Argos.

—Eso salta a la vista –respondió D. Benicio– pero juzgo inofensivo al musiquín. Argos, con su imaginación volcánica, necesita experimentar algún entusiasmo, dedicarse con ímpetu a cualquier cosa... y ahora es la música lo que la trae sorbido287 el seso288. Así que se canse de piano y de cavatinas se me figura que dará despachaderas al melenudo289. ¡Es tan feo! ¿Sabe V. por qué demuestro yo esta tranquilidad? ¿Se admira de verme tan aplomado?290 Es que he consultado el asunto con Feíta. Ella me ha quitado la aprensión. Dice que no durará ni tres meses la privanza del músico.

—Feíta tiene un talento macho –respondí, deseoso de sonsacar a Neira–. ¡Y cuánto ha estudiado! Va a ser una mujer notabilísima.

—¡Calle V.! Déjeme de notabilidades... Feíta es listísima, demasiado lo sé; cuando discurre, discurre mejor que nadie... pero no está

---

285 *Hombrada*: valentía.
286 *Asiduidad*: constancia; perseverancia.
287 *Sorber*: apoderarse con ganas de algo; fascinar.
288 *Seso*: cerebro.
289 *Melenudo*: alguien con pelo largo/melena.
290 *Aplomado*: sensato.

en caja[291]. Esa sí que me dará guerra. Las otras tienen sus adoradores, como es natural que los tenga a su edad una muchacha; se despepitan[292] por galas, por diversiones, por lo que alborota a todas las chicas del mundo; están dentro de su edad, dentro de su sexo, se ajustan a las leyes de la sociedad y de la naturaleza... Feíta... con dolor lo declaro... es un monstruo, un fenómeno aflictivo y ridículo, y si Dios no lo remedia... Ha hecho cuanto cabe para salir de su esfera y del lugar que Dios la ha señalado; como si fuese un hombre, ha leído los libros más perniciosos[293]; ha desgarrado velos[294] que conviene a toda señorita respetar, y por efecto de sus disparatadas[295] lecturas y de sus atrevidos estudios, piensa, habla y quiere proceder como procedería una mujer emancipada, y temo que por ella, ¡por ella, sí, y no por las otras criaturas! vamos a ser la fábula[296] de la población. Ahora se le ha metido en la cabeza el mayor de los absurdos: pretende, fundándose en el supuesto de que las mujeres deben ganarse la vida [297]lo mismo que los hombres, dar lecciones a domicilio a los chicos, prepararlos para el bachillerato[298]... ¡qué sé yo! Delirios todo. ¡Y para esta hazaña, quiere salir sola, ir sola adonde se le antoje, volver a la hora que le acomode, disponer de lo que gane, y por este estilo! ¡Ay, D. Mauro! Si en un momento supremo seré capaz de alguna valentía, como le dije a V. antes, me falta fuerza de voluntad para sosegar[299] a diario este gallinero[300]... ¡Pobre Ilduara! ¿Por qué te perdí tan pronto? ¡Hágase V. cargo de mi situación: que Feíta se me vaya por ahí... precisamente cuando el tal gobernador, desde que entró en casa, parece que no tiene ojos sino para ella!

Acertaba D. Benicio: todas las noches que el gobernador concurría a la tertulia, buscaba la conversación y el lado de la extravagante, discutía y bromeaba con ella, y no la soltaba un minuto. Yo había advertido lo que juzgué capricho momentáneo del hombre doble, pero

---

291 *No estar en caja*: estar loco.
292 *Despepitarse*: interesarse.
293 *Pernicioso*: peligroso.
294 *Desgarrar velos*: no respetar costumbres.
295 *Disparatado*: absurdo.
296 *Fábula*: leyenda.
297 *«Ganarse la vida»*: (expr. Idiom.) ganar lo suficiente para poder cubrirse los gastos.
298 *Bachillerato*: los estudios al final de la escuela secundaria.
299 *Sosegar*: calmar; tranquilizar.
300 *Gallinero*: lugar donde se crían gallinas. En este contexto hace referencia a la casa Neira con tantas hijas.

al decírmelo el padre, me pareció que podría ser tenebroso y siniestro plan contra una virtud ya tan puesta en riesgo por las atrevidas lecturas y las genialidades[301] de la muchacha. Y sentí un interés repentino, un deseo de contribuir a salvarla, que me impulsó a decir a Neira:

—Cuente V. conmigo para seguirle la pista al galán[302]. Le tendré a V. muy sobre aviso. Y a Feíta, prohíbala V. redondamente que salga. ¡Carácter, carácter! Yo la aconsejaré. ¡No faltaba otra cosa!

---

301 *Genialidades*: ocurrencias.
302 *Galán*: señor.

– X –

Aun no bien cedí a aquel indiscreto arranque de altruismo, cuando advertí que ya me arrepentía de él, y no debieron de contribuir poco a que así sucediese las efusiones de gratitud y de confianza que provocó mi oferta en D. Benicio, el cual, yendo más allá de lo que había ido nunca en nuestras conversaciones, me confesó que no sabía lo que le pasaba, por creer que Sobrado iba inclinándose... inclinándose... atraído por la hermosura de Rosa, y tal vez por la soledad en que el mismo Sobrado vive, sin más compañía que un perrito canelo y las domésticas más o menos bravías y cerriles. Con tal motivo se explayó Neira, repitiendo una y mil veces que el encontrar yerno semejante había sido su ensueño, su ilusión, desde el punto en que entabló[303] con Baltasar relaciones de inquilino a casero.

—Ya sabe V. –decía– qué difícil es encontrar una proporción así. La sociedad se ha puesto terrible, y Vds. recelosísimos, lo que se dice escamones[304]... No, y lo comprendo, lo comprendo. Los únicos que vienen decididos son los pobretes, como ese zanguango[305] del marido de Tula (a quien tengo ahora esperanzas de que el gobernador me le coloque[306], y será sacar un ánima[307] del Purgatorio)... Esos vienen resueltos, porque peor de lo que están no han de estar aunque se casen más veces que Barba Azul[308]; pero los acomodados, los yernos de San Antonio... ¡fuego de Dios, y como se meten en la concha! A Sobrado le veo yo imitar a esos bañistas que tienen miedo a las olas y al frío del mar, y se acercan a la orilla, y apenas les toca el agua a un dedo retiran todo el cuerpo, y vuelven a adelantarse y a retroceder y así se pasan media hora

---

303 *Entablar*: empezar.
304 *Escamones*: desconfiados.
305 *Zanguango*: perezoso.
306 *Colocarle a alguien*: darle a alguien una plaza de trabajo.
307 *Ánima*: alma.
308 *Barba Azul*: Personaje literario (inspirado en una persona real) de un cuento que lleva el mismo nombre, escrito por Charles Perrault y publicado en 1697. «En la historia, Barba Azul ha matado a varias esposas anteriores suyas y ha guardado sus cadáveres en un cuarto de su castillo.

antes de resolverse al chapuzón[309]... Sobrado ha de ser de estos, duros de pelar[310]... pero creo que se va ablandando. ¿V. qué opina?

—Muy entusiasmado parece con Rosa —respondí.

—Le descubro a V. el fondo de mi conciencia... Ya sabe V. que poco tengo de codicioso... No me asusta la idea de meterme en un asilo[311], y vivir allí de limosna, comiendo mi ranchito a toque de campana[312]. Casi casi me lisonjearía[313] ese fin. Pues lo raro es que por cuenta de mis hijas noto que se me desarrolla una desatentada ambición. Esta casa tan productiva, con sus cinco pisos, sus tiendas, sus bohardillas, sería de Rosa! La quinta de la Erbeda, tan linda, con su parque, su huerto, sus fuentes, sus invernaderos, su jardín bien cuidado... sería de Rosa! Allí, entre las canastillas de pensamientos y de *colios*, jugarían... mis... mis nietos!

Y al hablar así, los ojos del padrazo se inundaron de agua.

—Es un espejismo —murmuró sofocado— pero no lo puedo apartar de la imaginación.

—Después de todo —declaré yo para alegrarle y arrullarle— ¿qué tendría de milagro? Rosa es un primor: otras, con menos encantos que ella, han conseguido grandes posiciones por su hermosura.

—¿Cree V. —interrogó D. Benicio, dejándose llevar— que Sobrado sea tan rico como dicen? Muchas veces hago la tontería de ponerme a calcular su fortuna —por si llega a ser *la fortuna de mi hija*— y ando preguntando a unos y otros...

—Pregunte V. lo menos posible, Neira —indiqué, guiado por mi recta intención—. A mí, a mí solamente debe V. hablar de esto. Yo le enteraré... Sé bastante de Sobrado. No, no dude V. que es poderoso. Tiene un mazo atroz de papel; ha comprado varias fincas, y le van a caer en las manos otras muchas, porque prestó dinero a los dueños, a réditos, y como no le paguen, se quedará con la hipoteca[314].

—¡A quien se lo cuenta V.! —suspiró D. Benicio.

—Suya es en gran parte —añadí— la refinería de petróleo que lleva el nombre de *La Industrial marinedina*, y él suministró los fondos para ese gran establecimiento de tejidos y novedades, *La Ciudad de Londres*.

---

309   *Chapuzón*: baño; meterse en el agua.
310   *«Duro de pelar»*: (expr. Col.) difícil de satisfacer.
311   *Asilo*: residencia para gente mayor.
312   *A toque de campana*: cuando lo marca el horario.
313   *Lisonjear*: aplaudir; festejar.
314   *Hipoteca*: deuda.

—Pues eso último lo niega él a carga cerrada –advirtió Neira.

—Pues es inútil que lo niegue, cuando todos estamos cansados de saberlo –afirmé yo, algo sorprendido–. Pero sea como quiera, y aunque le restásemos esos veinticinco o treinta mil duros, le queda lo suficiente para ser, después de Chucho Díaz y de D. Acisclo Arañón, nuestro primer millonario. Su mujer aportó un caudalazo[315], que él acrecentó. Guita, la tiene.

—¿Si yo le dijese a V. que me late el corazón al pasar por delante de aquellas tapias de *La Industrial*? ¡Asegurar a mi hija tal porvenir! ¡Un marido tan listo, tan apto para los negocios, para los cuales yo no he servido nunca!

—El defecto de Sobrado –dije deseoso de calmar algo la fiebre de ilusiones de Neira– es que siempre fue aficionado a las faldas, y a toda clase de faldas... V. no desconocerá esa crónica.

—¡Pch!... Sí, ¿quién lo duda? He oído.

—Sobre todo... la historia... ¿ya recordará V.?

—La historia de la cigarrera... ¡Bah! Debilidades humanas, debilidades humanas... En los pocos años deben disculparse ciertas cosillas...

—Aquello –insistí yo– fue muy mal hecho, D. Benicio. Se trataba de una real moza, una tal Amparo, a quien en la Fábrica conocían por la *Tribuna*, porque entonces, que eran republicanas la mayor parte de las cigarreras, esa pronunciaba discursos y leía periódicos y hasta tomó parte en un motín...

—¡Valiente sargentona!

—No, pero tenga V. entendido que era honrada una niña, una pobre criatura... y este Baltasar, entonces oficial de infantería, la sedujo, parece que con palabra redonda[316] de casamiento.[317]

—¡Palabra de casamiento, palabra de casamiento! ¿Y quién la mandó a la muy simple a creer en cuentos de brujas? ¿Andan los oficiales por ahí casándose con las cigarreras? –protestó D. Benicio, impaciente–. ¡Casarse! Famoso punto será la tal –prosiguió cada vez más extraviado[318] por su cariño de padre.

---

315   *Caudalazo*: mucha capital.

316   «*Palabra redonda*»: promesa.

317   Aquí se cuenta parte de la trama de la novela *La Tribuna* (1883) de Pardo Bazán en que sale el personaje de Baltasar Sobrado. (Véase la introducción a esta edición para una descripción más completa de los acontecimientos principales de esta novela).

318   *Extraviado*: alterado.

—¡Qué Neira de mi alma! –repliqué–. La muchacha era realmente intachable antes de que Baltasar la perdiese; y lo fue también después de ese desliz, porque hubo muchos galopos que quisieron recoger la herencia de Sobrado... y se encontraron con la horma de su zapato, se lo aseguro a V. Ella siguió trabajando en la Fábrica, donde hoy es maestra; no se la conoció ni por casualidad otro devaneo, y además crio y mantuvo las consecuencias de las humoradas del Baltasarito... que no ha sido nunca para echar mano a la cartera y enviar unos billetes de Banco a esa desdichada[319], a fin de su hijo pudiese alimentarse mejor y educarse con algún decoro. Amparo ha sufrido crujidas terribles de miseria, allá en los primeros tiempos, y pobre continúa, y su hijo más pobre aún, porque vive de su oficio de tipógrafo[320].

La cara de D. Benicio, mientras yo me expresaba así, supuso fosca[321].

—¿No es ese chico de la cigarrera –preguntó con cierto misterio– el que llaman por ahí el *compañero Sobrado*?

—El mismo que viste y calza.

—¿Un socialista, un loco, un charrán[322]?

—Lo que V. quiera... pero ese charrán tiene sangre de Sobrado, en eso sí que no cabe duda, y mi señor D. Baltasar, ya que no se casó con la madre, bien pudo rascarse el bolsillo[323] y asegurar el porvenir del retoño. Comprendo las pasiones y hasta las calaveradas[324], amigo mío, pero no las tacañerías. El que rompe paga, y lo demás es portarse como un sucio[325].

Mientras yo hablaba así, se obscurecía por grados la faz de D. Benicio, y una arruga cerraba su entrecejo. Sus labios se movían, como si algo bullese en ellos pugnando por salir. Al cabo, después de mirar en derredor, por si nos escuchaban, articuló estas declaraciones:

—Oiga V.... ya que viene a cuento... le voy a confiar a V.... bajo sigilo[326]... casi confesional... una cosa rara... que me está sucediendo... desde que Sobrado... ¡da señales de aficionarse a Rosa!

---

319 *Desdichada*: infortunada; infeliz.
320 *Tipógrafo*: profesional que se dedica a la tipografía.
321 *Fosca*: desagradable; insociable.
322 *Charrán*: honrado; decente.
323 «*Rascarse el bolsillo*»: (expr. Idiom.) pagar; gastar.
324 *Calaveradas*: aventuras.
325 «*Portarse como un sucio*»: portarse mal.
326 *Sigilo*: secreto.

Íbamos paseando por el muelle, siguiendo la extensa línea de malecones que orlan el paseo y la Aduana, y era esa hora del día en que empieza a faltar luz, pero todavía, de cerca, se puede leer bien y aprisa un papel. El que Neira sacó de la faltriquera de su gabán era una carta algo arrugada y nada fina, aunque escrita con letra bastante gallarda y, según pude ver después, de una ortografía correcta.

—Aquí está... –susurró bajando mucho la voz–, la primera carta que he recibido de ese *compañero*... No trae firma, pero seguro estoy de que esta y la otra no son de nadie sino de él. ¿Puede V. leer? Porque ya medio anochece.

—Leo bien –respondí. Y en efecto, por ser el carácter de letra tan modelado, la última claridad del día alcanzaba para que yo descifrase el contenido de la misiva[327], que decía así (pues para satisfacer tu curiosidad, amable lector, me lee procurado una copia):

«Sr. D. Benicio Neira: Muy señor mío: Vive V. muy engañado si se figura que D. Baltasar se casará con su hija de V., porque D. Baltasar tiene otras obligaciones que cumplir, y si no las cumple por buenas, las cumplirá por malas[328]; y acuérdese V. de que se lo jura un hombre tal día como hoy; porque antes de un año las habrá cumplido. No se figure que no firmo por miedo: tengo otras razones, pero si quiere V. saber quién soy, se lo puede preguntar al mismo Sobrado, que le dirá quién es y cómo se llama, *El ejecutor de la justicia*».

—Esta carta, por las señas, no es de ningún socialista, sino del verdugo[329] –dije echando a broma el suceso, por desimpresionar a Neira.

—Sí, sí, ríase V.... Yo también quise reírme, pero la cosa en el fondo no me hace maldita la gracia. Este maldito bastardo es un obstáculo que veo atravesarse entre las buenas intenciones de D. Baltasar y la felicidad de Rosa. La carta justifica las vacilaciones de D. Baltasar, que siempre está como aquel que no se decide a pasar el charco por no mojarse los pies. Sabe Dios cuánto tiempo hace que me hubiese pedido la mano de mi hija, si no estuviese por medio el estorbo[330]... ¿Qué opina V.?

—¿Qué dice la otra carta? porque hay otra respondí.

---

327 *Misiva*: nota; carta.
328 *«Por (las) buenas o por (las) malas»*: (expr. Idiom.) por su propia voluntad o a la fuerza.
329 *Verdugo*: persona que ejecuta las penas de muerte o castigos corporales; persona muy cruel.
330 *El estorbo*: la molestia.

—Dice casi lo mismo: en casa la tengo. Es más lacónica, y contiene una amenaza seria: me ordena que me mude de casa, si estimo la vida.

—¡Bah! No se achique[331] V., Neira, que nunca es tan fiero el león... La verdad: me cuesta trabajo creer que ese berrugo de D. Baltasar –porque es un berrugo, de eso respondo con la cabeza– esté determinado a hacer una cosa tan buena, tan sabia y tan puesta en razón como sería el pedir en matrimonio a la linda Rosa. No se sorprenda al oírme hablar así... después de conocer mis principios. Si creo que a mí el matrimonio me haría infeliz, creo que a Sobrado le vendría como anillo al dedo[332], y a su hija de V. lo mismo. Sobrado es hombre asaz amigo de las faldas, y llegado a edad muy madura, lo mejor que puede sucederle es encontrar una mujer joven, hermosa y fiel, como Rosa; y Rosa, que tiene gustos... escogidos... delicados... vamos, que es aficionada a presentarse... bien, con el decoro y el lucimiento propio de... de su esfera, emplearía divinamente los millones de D. Baltasar, les daría aire... Los dos en la gloria, y V. en éxtasis.

—Diga V., D. Mauro... Perdóneme de ante mano... sé que voy a abusar. ¿No se enfadará V.?... Ya que tan convencido está de que la boda sería una solución para todos... ayúdeme, présteme su cooperación... ¡no, no digo que haga V. nada que pueda ponerle en evidencia! Sólo le ruego que... que se entere... de quién es, de cómo vive, de qué manejos se trae ese compañero Sobrado de mil demonios... y a ver si se le podía... vamos, obligar a que... a que dejase en paz a...

—A su padre –pronuncié sonriendo.

—¡Su padre! ¡Su padre! ¡Vaya V. a saber!

—El amor paternal le hace a V. implacable, D. Benicio, y le ciega. ¿Quién duda que el padre de ese pobre tipógrafo es D. Baltasar? Eso no quita ni pone [333]a lo de la boda... Vamos a lo que V. desea de mí.

—Desearía... que tomase V. el pulso a... al tipógrafo... y también... si había ocasión propicia... que no dejase V. de... de sondear[334] a Sobrado, a ver si suelta prenda[335]...

—Eso ya es más difícil –respondí, temeroso de que el encargo de Neira me acarrease cuidados y tal vez desazones[336], y sintiendo que

---

331   *Achicar*: reducir; humillar.
332   «*Como anillo al dedo*»: (expr. col.) algo que es perfectamente adecuado u oportuno.
333   «*No quita ni pone*»: (expr. col.) no cambia.
334   *Sondear*: investigar.
335   «*Soltar prenda*»: (expr. col.) dar información.
336   *Desazones*: disgustos.

mi numen protector, el egoísmo, se interponía, embrazado su escudo de hielo[337].

—Haga V. lo que pueda y lo que quiera, que por poco que haga he de pedir a Dios por V.– respondió D. Benicio con tan sencilla gratitud, que a pesar mío sufrí la influencia de aquella amante voluntad de padre, me conmoví, y sin reflexionar exclamé:

—Le aseguro que haré todo lo que pueda. Cuente V. conmigo, y descanse, y no se asuste de anónimos ridículos.

---

[337] *Embrazado su escudo de hielo*: describe como el egoísmo del personaje le protege emocionalmente, manteniéndole frío.

– XI –

Claro que al acostarme y apelotonarme entre sábanas, al encontrarme frente a frente con mi gato; que más filósofo y cuerdo que yo, ni hace escapatorias ni se ocupa en lo que no le importa un pitoche; al contar las campanadas del French, al escuchar a lo lejos el ruido temeroso de las olas, volví sobre mí y me pesó de haber accedido tan fácilmente al ruego del afanoso padre. Bien mirado, ¿quién me mete a mí en libros de caballerías? ¿Qué me importaba que se casase o se quedase para vestir santos338; qué se me daba de que León Cabello cantase dúos del alma con Argos divina; qué tengo yo con el compañero Sobrado, y qué me duele si Feíta se va por los cerros de Úbeda339, ora llevada de la mano por la diosa Minerva, ora por el gobernador de la provincia, el del ambiguo reloj?

Lo que tranquilizaba algo mi conciencia era que en esta historia el único resorte que me impulsaba era la amistad. No estando interesado mi corazón por ninguna de las hijas de D. Benicio, y sintiendo en cambio una afición nobilísima hacia el buen padre, no entrañaba verdadero peligro mi ingerencia en los asuntos de la casa. Aquello había venido no sé cómo, rodando insensiblemente, y sin que yo me diese cuenta de que los hilos de dos o tres intriguillas340 iban reuniéndose en mis manos, y que se me habían enredado en los dedos, de tal suerte, que soltarlos me era difícil. No quería confesarme a mí propio que también me espoleaba341 la curiosidad, ese vicio de las vidas sin objeto, como lo era la mía.

Me dormí resuelto a poner en práctica un sistema mixto, o como suele decirse, a nadar y guardar la ropa342; y sin duda por efecto del escrúpulo que me había asaltado (si ya no por culpa de unas exquisitas almejas con que me tentó doña Consola), recuerdo que aquella noche

---

338   «*Quedarse para vestir santos*»: (expr. col.) quedarse soltero.
339   «*Irse por los Cerros de Úbeda*»: (expr. col.) Divagar del tema principal.
340   *Intringuillas*: forma diminutiva de 'intrigas'; es decir, complots, tramas.
341   *Espolear*: incitar, estimular.
342   «*Nadar y guardar la ropa*»: (expr. col.) proceder con mucha cautela.

no gocé del sueño dulce y reparador que acostumbraba ofrecerme su blando regazo: al contrario, tuve pesadillas. En los sobresaltos de mi agitado dormir, soñé que se me colaba dentro de la alcoba una serpiente. ¡Nada menos que una serpiente, lector compasivo! La vi rastrear por el suelo, erguir y deprimir las curvas bonitas de su largo cuerpo flexuoso, de reflejos metálicos, y avanzar así, silenciosamente, vibrando la cabeza, aunque aplastada, no exenta de cierta gracia y hasta de cierto inexplicable candor... ¡Candor una serpiente! ¡Pero si he dicho que yo soñaba! El reptil, llegando al mullido tapete colocado al pie de mi cama, se enroscó, y sobre la espiral del cuerpo enderezó el cuello y me miró fijamente. Sus ojos despedían lumbres[343] fosfóricas, su pecho blanquecino latía como si encerrase un apasionado corazón... Y dulcemente, ondulando, apoyando la cabeza en el reborde de mi cama, el maldito ofidio, el que causó en el Paraíso la pérdida de nuestro padre Adán y de toda nuestra estirpe[344] sentenciada a la concupiscencia[345] y al dolor[346], fue ascendiendo, ascendiendo, hasta llegar cerca de mi cara, extenderse sobre mi colcha de damasco rojo, y apoyar la chata frente —¿podrá decirse *frente*?— sobre mi almohada de pluma y olán finísimo... Mi angustia fue tal que desperté pegando un respingo; encendí atropelladamente un fósforo, y estuve a pique de chillar[347] porque, en efecto, dos pupilas metálicas, verdes y embrujadas, se clavaban en mí... pero eran, claro está, los ojos de mi prudente gato, acurrucado en el edredón y molestado sin duda por las vueltas que yo daba en el lecho...

Después de tan inquieta vigilia, amanecí descontento de mí mismo, azorado sin saber por qué, y, mal dispuesto a recrearme en las inocentes fruiciones de mi sosegada vida. Practiqué las operaciones del aseo sin gusto, sin la minuciosa atención que suelo otorgar a esta importante tarea, relacionada con la higiene y el bienestar del cuerpo y hasta del espíritu; hojeé distraídamente los periódicos de la mañana, y cuando acababa de enterarme de la verdadera actitud de Bismarck (que por otra parte me tenía sin cuidado), oí en el pasillo algo que me causó tal

---

343   *Lumbres*: luces.
344   *Estirpe*: raza; linaje.
345   *Concupiscencia*: deseo; avaricia.
346   Aquí la autora hace referencia a la historia de Adán y Eva de la Biblia. «En la historia bíblica del libro de Génesis, la serpiente representa a Satanás. «*Memorias de un solterón* es la segunda novela en «La serie de Adán y Eva».
347   *Chillar*: gritar.

admiración, tal sorpresa, que me hizo pegar tal brinco, que creo que ni la serpiente de mi pesadilla me impulsa a saltar con más ímpetu si se me aparece sobre la mesa escritorio... Lo que resonaba a la puerta de mi propia habitación, era ¡figúrense Vds.!, ¡la voz de Feíta! Y no velada, ni tímida, ni ahogada por la emoción, sino al contrario, sonora, aguda, bien timbrada, imperiosilla348, cubriendo enteramente la de doña Consola, con quien dialogaba y parlamentaba repitiendo:

—Pues avísele V.... Avísele en seguida... Yo entraría: pero sabe Dios si está en calzoncillos349...

Esto dijo: esta palabra inconveniente pronunció la boca de la salvaje... y yo me figuré la cara que pondría mi británica patrona, la alumna de la heroína, ¡el mismo recato350 hecho mujer! A mí también se me encendieron las orejas, me dio una vuelta repentina la sangre, y me levanté con temor pensando: «¡Pero qué es esto! ¡Qué ocurre aquí, Dios poderoso!».

Los dos golpecitos acompasados de doña Consola me avisaron de que se acercaba el enemigo... Hice por serenarme, fui a la puerta y la abrí de golpe, como el que se arroja de una ventana a la calle... Y antes de que tuviese tiempo de enterarme de nada, precipitose en la habitación, arrollando a la patrona, el torbellino351: Feíta.

—Buenos días... Qué cara tan rara me pone V.! Pero, ¿qué le sucede, hombre, qué le sucede?

—Hija mía, la sorpresa...

—¡Ah, ya... la sorpresa! Es cosa que pasma352 verme aquí... Pues va V. a verme bastantes veces... –dijo– si no me muero, o doña Consolación no me echa con cajas destempladas353...

—¡Oh asombro mayor que los anteriores! Doña Consola, que había entrado detrás de Feíta y que parecía la misma estatua de la circunspección, con su cuello blanquísimo, su vestidito angosto y sus grises bandós bien aplanchados, lejos de fruncir el ceño, sonreía... ¡Sí: una rígida sonrisa dilataba los secos pliegues de su acartonado y bigotudo rostro!

---

348 *Imperiosilla*: forma diminutive de «imperiosa»; orgullosa.
349 *Calzoncillos*: ropa interior masculina.
350 *Recato*: modestia.
351 *Torbellino*: precipitado; remolino.
352 *Pasmar*: asombrar; sorprender.
353 *«Echar con cajas destempladas»*: (expr. idiom.) despedir o echar a alguien con gran aspereza o enojo (*DRAE*).

—¿Pero viene V. con su padre? –pregunté a la muchacha.

—No señor.

—¿Sola?

—Sí señor.

—¿Qué me dice V?

—Lo que V. oye.

—Don Mauro –intervino la patrona británica, con reposado acento y aquel énfasis que gastaba para evocar recuerdos de su querida heroína– no juzgue V. de ligero a la señorita; no sea V. mal pensado, que es el defecto de los hombres, que se malician de todo. La señorita no viene a lo que V. supone.

—¡Pero si yo no supongo nada! Con esta señorita es difícil suponer; esta señorita... En fin, ¿puede saberse en qué consiste que se la vea a V. por aquí llovida del cielo354? Tome asiento, honre el sofá.

—¿Pero cómo quiere V. que me explique, si no me da lugar a estornudar siquiera con sus admiraciones? –contestó Feíta dejándose caer en el canapé Imperio, y soltando en una butaca próxima el cartapacio que debajo del brazo traía. Sólo entonces noté hasta qué punto se había exagerado en la muchacha su habitual aspecto de estudiantillo. Su pelo, más corto y revuelto que nunca, como si lo hubiese alborotado con los dedos, se escapaba del casquete o toca rusa, de piel; las líneas de su talle desaparecían bajo un chaquetón de paño, con bolsillos y solapas, prenda masculina; al cuello llevaba un pañuelo de seda arrollado y anudado al descuido; los guantes brillaban por su ausencia355, y las botas eran grandes, duras, resquebrajadas, lo más opuesto a la coquetería y al arte de agradar, ¡lo que más desilusiona en una mujer!

—¡Si en vez de hacer aspavientos como un papamoscas –continuó– me hubiese V. permitido decir de qué se trata, ya estaría enterado! He venido aquí... porque hoy ¡gran noticia! ¡es mi primer día de libertad! y he querido, por primer día, ¡darme un buen verde de cumplir mi gusto! ¡Uf! ¡Parece mentira! ¡Debo de haber crecido tres palmos! ¡Ay, Abad, o demonio! ¡Qué bueno es hacer lo que a uno se le antoja!

—Pues cada vez la entiendo a V. menos, criatura –respondí–; ¿a qué llama V. libertad.

---

354   *«Llovido del cielo»*: (expr. col.) que llega en el momento oportuno.

355   *«Brillar por su ausencia»*: (expr. col.) expresión irónica que señala que falta algo imprescindible.

—¡A salir, a andar sola... a no depender de nadie! ¿Lo oye V? ¡De nadie!

Y se puso a tararear:

Libertad, libertad sacrosanta . . . . .
nuestro numen tú siempre serás... .

mientras doña Consola, entusiasmada al escuchar la música del himno progresista, repetía por lo bajo, acariciando reminiscencias inolvidables:

podrán vernos morir en tus aras, . .
mas[356] vivir en cadenas, ¡jamás! . . .

—Vamos, le enteraré a V. de los hechos –continuó Feíta, viendo que yo exageraba mis demostraciones mudas de incredulidad y explícita desaprobación–. Ya sabe V. que meditaba hace tiempo este golpe de estado. Papá, que se lo cuenta a V. todo, no habrá dejado de contarle esto y mucho más. Pues sí, meditaba el gran acto, y lo iba retrasando... ¿por qué dirá usted?

—¿Por natural respeto a la autoridad de su padre?

—¡Quia! Por temor... a mí misma. Yo pensaba: «¿A que después de sublevarme salgo con la fantochada de que no aprovecho las *conquistas de la revolución*? ¿A que armo la gorda y luego me falta coraje para dar cima[357] a la empresa?».

—Pero ¡qué empresa ni qué alcachofas! –exclamé–. ¡Ay, Feíta! Usted está muy mala. Doña Consola, ¿querría V. preparar una taza de tila caliente? ¡Aunque... ahora que me acuerdo! no puede V. dejarnos solos.

Feíta se echó a reír con toda su alma y con toda la frescura virginal de su alegría.

—¡Sí puede dejarnos solos, hombre...! pero yo no quiero que nos deje, ni necesito infusiones... a menos que la tila sea para V. Doña Consolación, ¡no haga caso de ese farsante! Pues iba diciendo que no estaba segura de mi denuedo[358] en el momento crítico. He tenido la grata sorpresa de que soy más valiente de lo que creía; mucho más. He dado la batalla y la he ganado en toda la línea. Ah, ¿V. no sabe de qué se trata? Mi amigo, el Doctor Moragas –ese sí que es un hombre de pro, y sin repulgos[359]– me había buscado entre su clientela *dos lec-*

---

356 *Mas*: pero.
357 *Dar cima*: terminar.
358 *Denuedo*: valor; audacia.

ciones. Dos lecciones de a cinco duritos... ¡No es el Potosí[360]; pero ya iremos progresando, y con diez duros al mes... no le costarán un céntimo a mi padre mis libros ni mis botas!

—¡Y que no la vendría a V. mal un par nuevecito! –respondí, mirándola de soslayo[361].

—Sí, si, ya sé que estoy muy derrotada y muy fachosa[362] –contestó ella convirtiendo los ojos a su *toilette*–. Pero me importa un pito[363]. No me mire V., o mire para el techo. Bien; pues una de las lecciones es allá, en el barrio del Ensanche, donde Cristo dio las tres voces[364]... ¡Buena caminata! Me la soplé mientras V. estaría roncando... Me dio la vida. ¡Qué sano es andar! Me siento otra. Andar aprisa, andar solo, sin apéndices, sin rodrigones... La otra lección... ¿a que no adivina V.? Es la del chiquillo de las de Boliche...

—¿En el piso de arriba? –exclamé empezando a ver claro.

—Ajajá... Ya la he despachado también. Y como es temprano y me sobran horas y hace tiempo que suspiro por registrar la librería de la duquesa de la Piedad... me he venido junto a doña Consola, que es persona racional y ha vivido en países donde la gente no es tan boba[365] como aquí...

Sonrió doña Consola, visiblemente halagada en sus manías, y dijo con dignidad cortés: —Ya sabe esta señorita que de mí y de la librería puede disponer como guste; me complazco en servirla, porque si la señora duquesa levantase la cabeza, había de alegrarse de ver a una joven marinedina tan instruida y tan amiga de libros como lo era la señora, no despreciando a nadie... Sólo que como V. tiene la llave de los armarios de los libros, le advertí a doña Feíta que iba a pedírsela a V.... y ella quiso hacerlo en persona... porque dijo así, dice: «Vamos a revolverle el cuarto a D. Mauro: venga V., venga V., que veremos el retrato de la señora duquesa y los muebles y lo demás de su ajuar[366]...». Y por eso le hemos molestado, D. Mauro... Con que si me da V. esa llavecita...

---

359   *Repulgos*: escrúpulos.
360   *Potosí*: una mina de oro de Perú.
361   *Soslayo*: de reojo.
362   *Fachosa*: fea, de «facha» que significa «cara».
363   «*No importarle un pito*»: (expr. col.) no importarle nada.
364   «*Donde Cristo dio las tres voces*»: (expr. col). un lugar muy lejano.
365   *Boba*: tonta.
366   *Ajuar*: mobiliario.

– XII –

La sacaba yo del bolsillo, cuando sonó la campanilla, y con indecible susto oí resonar en la antesala el metal de voz de Primo Cova. ¡De Primo Cova nada menos! Se me erizó el cabello... el cabello que ya quiere empezar a emigrar... y me lancé367 del sillón. ¡Primo Cova! ¡La lengua más afilada368 de Marineda; el más implacable maldiciente; el que ni por casualidad dejaba honra sana; el que revolvía con fruición donde sospechaba que pudiese aparecer, palpitable y sangriento, el escándalo! ¡Primo Cova, entrando allí, encontrando a Feíta, enterando a toda la ciudad de que yo recibía visitas matinales de tal especie, y arrastrando por el lodo369 la buena fama370 de la muchacha, y lo que es peor, la de su padre!

No se me ocurrió sino levantarme, decir a doña Consola «Que se esconda Feíta por ahí, donde pueda» señalando al mismo tiempo a la puerta de escape que desde mi sala conducía al comedor y al cuarto de los libros... y precipitarme al pasillo, resuelto a que Cova, antes de salvar la antesala, pasase sobre mi cadáver. Sin que Cova intentase avanzar, ni yo articulase palabra, me alcanzó Feíta riendo a carcajadas, burlándose a todo trapo371 de mí y de mis recelos.

—Pase, Cova, pase –decía la muchacha sin conseguir recobrar la seriedad y el aplomo–. Pase, por Dios, no haga caso de D. Mauro, que está en Babia...

—Pero, ¿qué es esto? –preguntó Cova en tono de sorpresa, no tan exagerado, sin embargo, como las circunstancias requerían–. ¿Estaré viendo visiones? ¿Qué hace V. aquí, Feíta encantadora?

—Seductor Primo, aquí estoy porque quiero y porque me da la gana.

—Pues quedamos enterados. Por alguna rareza será.

---

367 *Lanzarse*: saltar.
368 «*La lengua más afilada*»: (expr. col.) se refiere a una persona que habla mal de los demás.
369 *Lodo*: barro; fango.
370 «*La buena fama*»: (expr. idiom.) el buen nombre; el honor.
371 *A todo trapo*: de forma excesiva.

—V. lo acierta –exclamé acogiéndome a la hipótesis, como el náufrago[372] al palo flotante. Un capricho de esta señorita, que nos ha de volver locos a todos.

—¡Puede! –respondió ella con alarde de chulesco desenfado[373]–. Hijo (prosiguió, instando al maldiciente para que entrase en la sala, y señalándole un sillón), que se vuelva loco este señor (por mí), no tendrá nada de particular. Le falta equilibrio. La menor cosa le aturrulla[374] y le pone en un estado... que necesitaría la camisa de fuerza. Cuando V. entró, ¿sabe lo que pretendía? Que yo me escondiese en un armario, ni más ni menos que en los sainetes[375].

—La señorita –intervino doña Consola, con toda su dignidad y pulcritud de expresión– obró bien en negarse a ocultarse, porque nada hacía de malo, y desde que se encuentra aquí la he acompañado yo...

—Y aunque no me acompañase nadie –replicó insolentemente la estrambótica[376].

—Y aunque no la acompañase a V. nadie –repitió persuadida y entera la insigne patrona–. La mujer virtuosa, a sí propia se acompaña. ¡Cuántas veces me lo ha dicho en vida la señora duquesa, que de Dios goza! Cuando estábamos en Londres salía sola mi señora casi diariamente, y se echaba por aquellas calles que marean, con el tropel de los coches, y de los ómnibus, y de los carros, y de los jinetes... Sola iba a las casas de los emigrados, sola hizo cada tres meses lo menos el camino de Londres a París... ¡ida y vuelta!... Yo al principio me asustaba y la decía: ¿Señorita... (porque en aquel tiempo era joven la señora) no le pasará algo? ¿No se desvergonzarán[377] con V.? Y ella contestaba así, con el buen modo y la formalidad que tenía: Consolita, el respeto que nos tributan[378] nos lo ganamos nosotros: nadie se mete conmigo, ni yo me meto con nadie.

—Eso pasaba allá en Inglaterra –objetó Primo Cova.

—Justamente –confirmó doña Consola, sin entender la malicia de la objeción.

—¿De modo –preguntó el maldiciente– que ya la tenemos a V.

---

372 *Náufrago*: persona que ha sufrido un naufragio.
373 *Desenfado*: soltura.
374 *Aturullar*: confundirse.
375 *Sainetes*: comedias.
376 *Estrambótica*: excéntrica.
377 *Desvergonzarse*: atreverse.
378 *Tributar*: entregar; depositar.

emancipada, Feíta? Porque este paso me parece decisivo. Venirse a la casa de un soltero, es pasar el Rubicón379 y la peña de la Marola. Puede V. decir que en horas ha sentado plaza de general380.

—Sí, señor: estoy todo lo emancipada que puedo –respondió Feíta, enderezándose en el canapé, y recogiendo las pupilas para mirar con mayor fijeza a Primo Cova–. Digo todo lo que puedo, porque desgraciadamente... Yo me entiendo y bailo sola, amigo.

—Y tan sola como baila V.

—Completamente sola. ¿Sería mejor bailar acompañada?

—No he querido decir eso.

—Pues voy a pedirle a V. un favor. Tengo curiosidad de ver si me lo concede.

—A sus órdenes de V. –exclamó Primo con afectada galantería381.

—¿A mis órdenes? Bueno. Pues se trata de lo siguiente, y dese prisa a probar que no es jarabe de pico lo que acaba de brindarme. ¡A ver si es usted capaz de este rasgo! Todo lo que piensa V. murmurar de mí...

—Qué, qué es eso de murmurar?... ¡Si yo no murmuro! ¡Si soy un inocente!

—Todo lo que ha de desollarme382 V.... –no me interrumpa, desollar he dicho– por este paso o esta genialidad de venirme a ver a D. Mauro Pareja, que tantas veces ha ido a verme a mí, por lo cual le debo aún muchísimas visitas que tendré que pagarle; todo lo que ha de cortar V. en mi pellejo y en mi honra– ¡córtelo ahora, delante de mí, en mi cara, frente a frente! ¡Salga el bisturí383, y vaya alegando razones, fundando sus censuras, demostrando por *a* más *b* que soy una loca o una bribona384; lo que le plazca! Pero repito que delante de mí, ahora mismo, sin reparo...

—¡Feíta, Feíta! –tartamudeó Cova, algo sobrecogido por tan briosa arremetida385– V. parte del supuesto de que yo la voy a poner como un trapo y a pregonar en todas partes que merece V. reprobación... ¿y V. qué sabe si haré tal cosa? Casualmente no pienso hacerla.

---

379 «*Pasar el Rubicón*»: (expr. idiom.) pasar un punto sin retorno.
380 «*Sentar plaza de general*»: (expr. idiom.) tomar y afirmar una posición.
381 *Galantería*: cortesía.
382 *Desollar*: criticar.
383 *Bisturí*: cuchillo.
384 *Bribona*: villana.
385 *Arremetida*: ataque.

—¿No piensa V. zaherirme[386]?

—No, señora.

—¿De veritas?

—Palabra.

—¡Bien! –exclamó la indómita batiendo palmas de gozo–. Ahora empiezo a creer que mi propósito está en buen camino, que Dios guía mis pasos, y que la fortuna, como dicen los autores cursis, me sonríe. Eu Marineda, todo lo que se murmura lo guisa Primito. Si cuento con la benevolencia del capitán de los maldicientes, tengo la mitad del camino andado. Procure V. no faltar al convenio –añadió levantándose y cogiendo a Primo por la solapa de la americana, que sacudió entre risueña y amenazadora–. Porque como yo averigüe que anda V. por ahí despellejándome, después de comprometerse a no hacerlo, soy capaz de darle a V. un soplamocos[387] en mitad de la calle Mayor o donde le encuentre, ¿se entera V.?

—Lo que procedería sería desafiarnos. Con sus teorías de V., Feíta, no será extraño que lleguemos al terreno.

—¡Al terreno! ¡Valiente farsa la del terreno, y valientes gallinas están Vds.! En fin, no hablemos más del caso. ¿V. promete no ensañarse conmigo?

—Prometo más –dijo Cova, cuyo semblante, de ordinario frío y sin expresión, se animó algún tanto–. Prometo que voy a ser su defensor en todas partes y contra todos los follones y malandrines[388] que la roan a V. los zancajos[389]. ¿Qué tal? Este sí que es rasgo[390], o no los hay en el mundo.

—Pues mira que he de agradecértelo –advertí yo interviniendo en el debate–. Sentiría mucho que a Feíta y a su padre les originase disgustos este nuevo sistema, pero el sentimiento sería mayor si los disgustos proviniesen de la venida de esta señorita a mi casa. Y quiero que conste que la censuro, y que todo esto va contra mi criterio y contra mi voluntad enteramente. Esta señorita ha venido aquí...

—A dar lección al chico de arriba –respondió flemáticamente Primo–. Antes había ido a dar otra lección al barrio del Ensanche... Estas lecciones se las proporcionó el Doctor Moragas, que tiene la mitad de la culpa de que Feíta se nos vaya del seguro.

---

386 *Zaherir*: criticar.
387 *Soplamocos*: bofetada.
388 *Malandrines*: despreciables.
389 «*Roer los zancajos a alguien*»: (expr. idiom.) decir mal de alguien en su ausencia.
390 *Rasgo*: cualidad.

—¿Cómo lo sabes? —pregunté asombrado.

—¡Pch, pch! —respondió desdeñosamente el murmurador—. ¡A buena parte vienes! Yo sé al dedillo391 las cosas que hay más empeño en ocultar... figúrate si sabré las que se hacen a gritos, en mitad de la plaza. A Feíta se la podrá poner toda clase de defectos, menos el de recatarse y disimular. ¡Saber los pasos en que anda! Pues si se ha empeñado en que hasta los gatos los sepan. Cuando vine aquí me daba el corazón que encontraría a nuestra gran Feíta, y mira si acerté.

—¿Le daba a V. el corazón que me encontraría aquí? Ese corazón merece embalsamarse y guardarse en urna, como el del general Esteva —dijo Feíta soltando la carcajada—. ¿Y qué vengo yo a hacer aquí? Vamos, dígalo.

—¡Qué sé yo!

—¿Ve V. cómo no todo se puede adivinar?

—Viene —me apresuré a advertir— a consultar la biblioteca de la difunta duquesa.

—Sí por cierto —afirmó doña Consola—. Y si la critican por eso, que deje a las lenguas venenosas explayarse como gusten, que ya se cansarán. No hay envidia que cien años dure. Así sucedió con la señora duquesa, que en santa gloria esté. Vds. recordarán las muchas caridades que hacía; tantas, que S. M. la nombró duquesa de la Piedad, precisamente por las limosnas que daba y los establecimientos de beneficencia que fundaba. Pues a pesar de ser tan buena la señora y de que la alababan los papeles y dé que S. M. la escribía cartas de su puño y letra (que yo conservo ahí diez o doce lo menos y pueden verlas los que lo duden ¿Vds. entienden?) no faltó quien la mordiese y quien la pinchase, hasta en periódicos. ¡Nadie es doblón, nadie es doblón de a ocho, señorita! Dichosa V. si llegase a lo que llegó la señora duquesa, que al fin y al cabo la reconocieron por heroína sus mismos compatriotas.

Así habló doña Consola, dejándome atónito con su derroche de elocuencia. Pocas veces la insigne patrona, de suyo reservada y lacónica, enjaretaba392 párrafos de esta magnitud. Es verdad que el tema de la duquesa era el único que tenía el privilegio de que soltase la lengua doña Consola.

—¿Según eso V. viene a registrar librotes? —dijo Cova mirando irónicamente a la muchacha.

---

391 *«Saber al dedillo»*: (expr. idiom.) saber en detalle.
392 *Enjaretar*: decir; lanzar.

—A eso viene –respondí yo, poniéndome de pie y entregando a Feíta la llave–. Aquí tiene V. –añadí– la clave del tesoro, que acostumbro retener por indulgencia de doña Consola. V. queda en su casa, y puede revolver, no sólo la librería de la duquesa, sino mis pobres estantes, donde no faltan también algunos libracos. No todos se los dejaría yo a V. manejar, si V. fuese como las demás muchachas; pero si ha leído V. otros... bien puede leer los míos, que al fin y al cabo tampoco son de los que pervierten a nadie[393]. Y adiós, amiguita. Nos vamos este y yo a tomar el sol, que el día parece hermoso.

—Bien pensado –respondió la emancipada–. Para nada necesito de Vds. Gracias por los libros. ¡Me voy a dar una atraquina! V., Covita, ya sabe... ¡Cuidado con cumplir el pacto, porque si no...!

Y le amenazó con la mano. Salimos de allí huyendo de la proximidad de la niña, como huiríamos de un dragón furioso. Mi fuga, según creí, cortaría las alas a las peores murmuraciones, a los comentarios más duros. Pero, ¡también era pensión haber de abandonar mi nido[394], porque se metía en él aquella insensata gorriona[395]! Cogido del brazo del maldiciente, desahogué la contrariedad, y glosamos el suceso. Cova no mostraba, severidad ni mala intención, caso raro: el áspid[396] no destilaba gota de veneno. –«¡Pobre criatura! –decía–. Comprendo su arrechucho. Está harta de miseria, y de sufrir a las hermanitas y al memo del papá. En toda la familia de Neira no hay persona mejor que esta chiquilla».

Discurriendo así, y llevándole yo la contraria, porque la conducta de Feíta me parecía incalificable, bajamos por los muelles, a la sazón obstruidos por carros, pipotes y bocoyes, y pasamos ante la casa donde vivía D. Benicio Neira. Natural asociación de ideas nos hizo fijarnos en la fachada, en las encristaladas galerías, a cuyos vidrios arrancaban destellos los rayos del sol; y en el ángulo de la que correspondía al piso habitado por las Neiras, la ojeada sagaz de Primo Cova sorprendió algo que le hizo darme un codazo significativo. Una de las vidrieras estaba abierta, pero muy poco, sostenida en las palomillas de apoyo a suficiente altura para dejar pasar una mano, blanca, diminuta y fina;

---

393   Esta frase hace referencia a la creencia, muy extendida en esta época, de que había cierta clase de lecturas que perjudicaban a las mujeres. Aquí Mauro afirma que sus libros no son el tipo de lecturas que puede pervertir a las mujeres.

394   *Era pensión haber de abandonar mi nido*: Era necesario dejar su casa.

395   *Gorriona*: un pájaro, aquí el narrador se refiere a Feíta.

396   *Áspid*: serpiente.

y esta mano de mujer sostenía y tremolaba[397] una microscópica banderita de cinta color de rosa.

—Es una seña –dijo Cova, que se ocultó bajo el primer arco de los
soportales para atisbar mejor.

—¡Una seña! –repetí–. Pero, ¿a quién? En la calle, excepto los cargadores y las pescantinas, no hay nadie más que nosotros.

—¡Simplón! –repitió mi compañero–. Vuelva un poco la cabeza,
mire hacia abajo...

Hice lo que me aconsejaba Cova, y distinguí, en la ventana que
pertenecía al piso de Sobrado, y que aparecía entreabierta, a cuchillo,
la figura de un hombre vuelto de espaldas, que alzaba el rostro en dirección de la banderita microscópica...

—Buena biblioteca se consulta aquí –dijo Cova sofocando la risa–
. Mientras la otra revuelve infolios, esta saca por la galería el corazón...
porque Rosa, en el lado izquierdo, lo que tiene es un cintajo de seda...
–¡Qué de líos, amago Abad! No se sale a la calle sin tropezar en
alguno...

---

397   *Tremolar*: agitar.

– XIII –

Debo decir que, no sin gran admiración mía, Primo Cova cumplió estrictamente su palabra. Hizo más: fue en todas partes el defensor, abogado y encomiasta de la conducta de Feíta. Yo temía que los arranques de esta diesen motivo para que en Marineda la apedreasen[398]. Cierto que se habló a destajo, que se armó alboroto[399], y se calificó a la emancipada, según merecía, de insolente marimacho: pero en el punto importantísimo de su honra, en la interpretación maligna e infamante a que se prestaban sus correrías[400], fue dictamen general no atribuir a las genialidades de Feíta, por lo pronto, ninguna intención siniestra[401]. Debió de contribuir a esta indulgencia relativa del público la campaña benévola del en otras ocasiones desaforado[402] maldiciente Primo Cova.

El propio desenfado[403] característico de Feíta, la claridad de sus palabras, la impetuosidad de su proceder, borraron sombras y disiparon sospechas. Los agoreros más pesimistas se limitaron a predecir que Feíta, si no se había perdido, acabaría por perderse irremisiblemente, entre los azares y riesgos de la vida libre e insólita a que se entregaba. Hasta en esto rompió lanzas[404] por ella Primo Cova. «No se perderá la chica» –aseguró tan impávido como si tuviese don[405] de profecía–, «porque su despejo[406] natural y el mundo que va a correr la enseñarán a precaverse[407]. Además, a esa niña, hoy por hoy, sin cuidado la tienen los hombres y el dios Cupidillo. Lo que la hierve en los sesos es el afán de estudiar, de saber, y de aprovechar y lucir su sa-

---

398   *Apedrear*: lastimar; herir.
399   *Alboroto*: bullicio.
400   *Correrías*: excursiones; paseos.
401   *Siniestra*: adversa.
402   *Desaforado*: excesivo.
403   *Desenfado*: naturalidad.
404   *«Romper lanzas»*: (expr. idiom.) salir en defensa de alguien.
405   *Don*: habilidad; capacidad.
406   *Despejo*: talent; inteligencia.
407   *Precaverse*: evitar.

biduría. ¿No ven Vds. cómo anda, hecha un Caifás, con el pelo al rape[408], cada bota lo mismo que un lanchón, los dedos negros y la saya[409] de través? ¿Vds. afirman que caerá? Pues yo sostengo una apuesta. Apuesto a que antes que se pierda ese pericón, se habrán réperdido[410] unas cinco o seis muchachas de su misma esfera social, que viven al estilo antiguo, no salen solas y no dan lecciones. ¡A ver quién se juega mil realitos!».

A pesar de la atmósfera semi–benigna que se formó alrededor de la emancipada, yo me sentí tan cohibido, por la circunstancia de haber sido mi casa el terreno donde Feíta realizó su primer escarceo[411], que me escondí, dejé de concurrir a la tertulia de Neira, y hasta evité encontrarme con D. Benicio. Nada, cautela, mucho tiento[412]: a tu agujero, ratón: no arriesguemos por cosa de este mundo la adorable tranquilidad.

Entre tanto Feíta, rota la valla, no se contenía. Mañana y tarde se la veía recorrer las calles, de verso suelto, ufana, intrépida, desgreñada[413], empecatada[414] de *toilette*. Diríase que era alguna forastera que no había estado en Marineda jamás, según el anhelo y prisa con que recorrió y curioseó la ciudad, cruzando impávida los callejones más vitandos, saliendo al campo, visitando los alrededores, escudriñando los monumentos y hasta sacando dibujos de algunas graciosas puertas románicas y algunas casas del XV que se conservan aún en la vieja *Nautilia*. Si en la calle o por los andurriales la encontraba algún conocido y se brindaba a acompañarla, la chica rehusaba sin ambajes ni cumplimientos. —«Me encuentro felicísima haciéndome compañía a mí propia» —decía, con tal irradiación de gozo en las pupilas verdes, que era preciso creerla y dejarla cumplir el capricho.

Cada dos días venía puntualmente a registrar la librería de la duquesa de la Piedad, alternando este registro con el de otra biblioteca, pública y muy copiosa, la del Puerto. Yo me enteraba de que la muchacha se encontraba en mi domicilio por algún roce o arrastre de muebles, algún eco de pasos, que se oía en las habitaciones contiguas

---

408 *Pelo al rape*: pelo corto.
409 *Saya*: falda.
410 *Reperdido*: el prefijo 're–' significa repetición.
411 *Escarceo*: digresión.
412 *Tiento*: prudencia.
413 *Desgreñada*: desordenada.
414 *Empecatada*: revoltosa.

a mi sala –pues la librería estaba pared por medio–; no ignoraba que a dos pasos de mí leía y tomaba apuntes una joven, una doncella, y me producía este incidente desasosiego[415] y contrariedad. Nada debía importárseme, toda vez que la estudiosa, con alarde de prudencia y discreción en ella sorprendente, ni preguntaba por mí ni daba señales de querer allanar mi morada[416]. Sin embargo, me alteraba, me desazonaba, me trastornaba, destruía mi dulce paz. Esa intrusión de la mujer era un elemento insólito, de imprevistas consecuencias; algo que no estaba en el programa, algo reñido con mi grata soledad absoluta, con mis mañanas apacibles, con el fino aroma del *Henry Clay*[417] voluptuosamente aspirado, con las visitas de Primo Cova a traerme la chismografía, con el goce monacal[418] de saborear mi soconusco[419] y de sopetear en él doradas rebanaditas de pan... Si analizo bien mis sensaciones de entonces, la que me causaba la presencia de la invisible Feíta era de molestia, hasta tal extremo, que generalmente, al escuchar el ruidito de su silla o el volver de hojas de su libro, acababa por coger él sombrero y marcharme a la calle.

Chafaba también mi amor propio masculino que tabique por medio se encontrase una mujer dedicada a un serio trabajo, a una labor intelectual, sin acordarse de mí más que de la primera camisa que vistió. Nunca una soltera disponible se había manifestado tan despreocupada de mi vecindad. No insinúo que anduviesen las solteras encandiladas[420] por mí; lector, mira que no es eso. Lo que digo es que *todas* daban alguna señal de saber que yo, por mi estado y mis circunstancias, podía llegar a ser un *pretendiente*[421], el embrión de un *marido*; y esta idea, involuntariamente, influía en su cara, en sus ademanes, se delataba en sus ojos, modificaba las inflexiones de su voz. Para ellas, yo *existía* como hombre. Para la extravagante engolfada[422] en su lectura a diez pasos de mí, no existía.

Hay una especie de sugestión moral –¡quién sabe si también física!–, que todo el mundo conoce o ha experimentado alguna vez. La determina la proximidad de una persona a la cual no vemos. Entre

---

415 *Desasosiego*: ansiedad; preocupación.
416 *Morada*: hogar; domicilio.
417 *Henry Clay*: marca de puro.
418 *Monacal*: monástico.
419 *Soconusco*: chocolate.
420 *Encandiladas*: impresionadas.
421 *Pretendiente*: interesado.
422 *Engolfado*: sumergido.

los terrores más profundos que pueden estremecer el alma, cuento el de penetrar a oscuras en una habitación y percibir que allí está *alguien*. Aunque tengamos motivos para suponer que ese *alguien* no quiere hacernos ningún daño; aunque nos conste que el individuo allí agazapado[423] nos tiene miedo a su vez... no somos dueños de reprimir un intenso escalofrío, una especie de horror misterioso, que no procede de la persona oculta por las tinieblas, sino de lo *desconocido*, de una aprensión sin objeto, casi sobrenatural...

Pues bien; ese mismo indefinible espanto, esa alarma sin causa racional y justa, me punzaba y a mí al percibir, entre el silencio de mi solitaria celda el leve roce de la hoja del libro que pasaba Feíta. La hora elegida por la extravagante para dar tormento[424] a la librería de la duquesa, era precisamente la misma que yo consagraba (por ser tiempo de invierno y no poder bañarme en la playa del Rial) a mis faenas de tocador[425], a mi reposo después de las fricciones, y a convertir en humo mi exquisita breva[426]. ¡Y aquella muchacha allí! ¡Qué calamidad! Al través de la pared creía mil veces sentir sus ojos curiosos que me fisgaban, ni más ni menos que si Feíta anticipase el gran descubrimiento del paso de la luz al través de los cuerpos opacos; pensaba escuchar su voz de inflexiones burlonas, y cada ruido que subía de la calle fantaseaba que era la irrupción de Feíta en mi cuarto, a volverlo patas arriba. Temores ilusorios, porque a Feíta, sepultada entre tomos, ni se le ocurría cosa semejante, y esta convicción creo que me irritaba más, sin que por eso dejase de tener la mente fija en la contingencia de que la lectora se me colase en la habitación; el imaginarlo me quitaba la libertad, me obligaba a proceder como si no estuviese solo, a escupir con mucho cuidadito cuando me enjuagaba los dientes...

¡Situación intolerable! Esperé que, pasando tiempo, vendría a serme indiferente la presencia de Feíta en la librería, y hasta llegaría a olvidarla, como olvidamos la del gato apelotonado sobre la alfombra; mas no fue así, porque sin duda mis nervios se atirantaron[427] gradualmente, y lejos de disminuir mi irracional agitación, creció hasta levantarme calentura. De suerte que el edificio de

---

423 *Agazapado*: agachado.
424 «*Dar tormento*»: (expr. idiom.) causar molestia.
425 «*Faenas de tocador*»: (expr. idiom.) acicalarse; hacer el aseo personal.
426 *Breva*: puro.
427 *Atirantar*: afianzar.

mi dicha428, laboriosamente erigido sobre la piedra de mi celibato429 y mi soledad (acaso de mi abandono en los últimos años de la vejez), lo echaba por tierra430 aquella antojadiza criatura.

¡Si al menos perdiese mi bienestar por culpa del que todo lo añasca431, del ciego flechador que apunta a nuestros corazones! Pero ni ese consuelo tenía. A mi parecer, ni se me importaba un bledo del marimacho, ni al marimacho se le daba de mí un ardite. ¿Yo querer a semejante mascarón; a una chica que gasta calzado de hombre y lleva el pelo hecho un bardal? Si eso es el sexo femenino, ¡malhaya432 por siempre jamás amén!

Comprendí que era urgente poner fin a semejante «estado de cosas», recobrar a cualquier precio «la dulce calma», como diría nuestro *muso* local, Amador Milflores (*Ilang–Ilang* por otro seudónimo), y medité una resolución suprema.

En vez de una se me ocurrieron dos; realmente la más inmediata, y única que por el momento podía adoptar, era un paliativo: la otra, la radical, la que me libertará para siempre de intrusiones atrevidas, consiste en instalar –cuanto antes, y aun sacrificando parte de las economías que prudentemente reservo para un apuro– mi deseada *garçonnière*–. Allí no podrá nadie meterse sin mi permiso como trasquilado por iglesia, ni interponerse entre mis ensueños y el humo gris de mi cigarro...

Sólo que una *garçonnière*, un nido abrigadito y poético como el que yo ansío poseer y habitar, no se arregla en un decir Jesús433... y por ahora debo conformarme con el paliativo. El cual se reduce... ¡verán Vds.! a tener una entrevista con Feíta, advertirla de lo mucho que me sobresalta, y rogarla que elija otra hora para sus estudios: la hora, verbigracia, en que yo salgo a paseo... Este favor no me lo negará la maniática.

Adoptada tal determinación, que me pareció en todas sus partes excelente y discreta, esperé el día en que le tocaba a Feíta venir; me levanté más temprano que de costumbre; me lavé, peiné, acicalé y vestí de gala –no sé con qué objeto, pues al cabo Feíta era el mismo

---

428   *Dicha*: satisfacción; gozo.
429   *Celibato*: soltería.
430   «*Echar por tierra*»: (expr. idiom.) destruir.
431   *Añascar*: juntar; reunir; ligar.
432   *Malhaya*: expresa rechazo o disgusto por algo .
433   «*En un decir Jesús*»: (expr. col.) brevemente.

descuido y no merecía tales precauciones–, y apenas advertí ruido de muebles en la contigua librería, empujé suavemente la puerta y entré.

Estaba Feíta encaramada[434] en una escalera alta, estrechísima, revolviendo el último estante de los dos armarios unidos que encerraban el tesoro bibliográfico de la duquesa. La posición de la muchacha era indiscreta en grado sumo, y si Feíta se contase en el número de las bien encuadernadas por el forro, yo no hubiese regateado a mis ojos tan delicioso espectáculo, ese surgir del menudo pie, como flor de entre la hojarasca, envuelto en la espuma de los bajos limpios, ricos y orlados de encaje, que es uno de los encantos mayores de la mujer civilizada y pulida. Con Feíta valía más no mirar, por no encontrarse las botazas y las faldas de paño, análogas a los masculinos pantalones. La naturaleza jamás pierde sus fueros, y al entrar yo hizo Feíta un movimiento esencialmente femenil: exhaló un chillido, se puso colorada, bajó las faldas, y soltando el tomo que empuñaba, descendió precipitadamente.

—¡Vaya una manera de entrar! –exclamó–. Ya podía V. haber llamado. Me extraña que no sea V. más correctito.

—Tiene V. razón –respondí algo confuso–, y pido mil perdones; pero no sospeché que la iba a encontrar en la percha, como al loro. Creí que estaba V. leyendo.

—Bueno; ¿qué más da? –murmuró con un resto de enojo–. Ya me bajé... Por cierto que es V. fino. Ni siquiera me tuvo la escalera para que no me rompiese las narices.

—Es que me quedé aturdido. No me dio V. tiempo a nada.

—Es que no se le ocurre a V. ni esto. En fin, ya pasó –repuso ella limpiándose los dedos, perdidos de polvo, con un pañuelito no más pulcro que los dedos–. ¿Y puede saberse qué tripa se le ha roto[435], Sr. Abad, para que, sin solicitar audiencia, se meta V. en mis dominios?

—¡Feíta, Feíta! –respondí sentándome en el anticuado sofá de crin que decoraba aquel chiribitil, pomposamente llamado biblioteca–. Tenga V. juicio, aunque sólo sea un día y por extraordinario. Estos no son dominios de V.: antes poseía yo la llave, y consideraba este cuarto dependencia del mío. V. se lo ha apropiado... No me opongo; pero, a lo menos, permita que de vez en cuando ejerza mis antiguos derechos. Además, ¿qué sabe V. si yo necesito decirla cosas importantes?

---

434 *Encaramada*: elevada.

435 *«Qué tripa se le ha roto»*: (expr. col.) ha ocurrido algo inesperado.

Al expresarme así miraba con curiosidad a la original chiquilla, que se había sentado de espaldas a la ventana, de manera que el sol jugaba en su movida cabellera y doraba su pescuezo juvenil. Aquella ojeada (la inevitable que dedicamos a los que no hemos visto en algún tiempo), descubrió en Feíta cierta variación, no indigna de referirse. En la cara de la muchacha se advertía inexplicable modificación de líneas, algo más lleno, suave y mórbido; sus facciones se armonizaban con más dulzura, sus sienes y cuello ofrecían curvas delicadas, sus ojos tenían una placidez, una luz velada, atractiva y graciosa que antes les faltaba por completo. De parecer un monaguillo[436] o un paje, había pasado Feíta a parecer una joven, más o menos linda, pero con toda la gentileza y la lozanía misteriosa de la mujer en su doncellez tierna, en sus floridos Abriles. Su cutis se había aclarado; su boca, rosada y turgente, sonreía entre dos mejillas que un toque luminoso, nacarado, palidecía y refrescaba a la vez; sus orejitas se escondían bajo el abundoso pelo, y este, desflecado aún como pluma de volandero pájaro, mostraba sin embargo algún esmero[437] en su colocación, y relucía y se esponjaba como sólo se esponjan las cabelleras lavadas y libres de crasitud y de impureza. Feíta había ganado mucho,[438] y para negarlo era preciso no tener ojos.

—¿Me encuentra V. mejor, más sana? —exclamó la chica, que leyó en los míos esta impresión—. La libertad, amiguito... la santa y requetebenditísima libertad.

---

436   *Monaguillo*: chico que ayuda al cura durante la misa.
437   *Esmero*: cuidado.
438   *Requetebenditísima*: muy, muy bendita. El énfasis se obtiene combinando el uso del prefijo «requete» y el sufijo «-ísimo», ambos significando «muy».

– XIV –

—Sí –repitió riéndose, con una risa melodiosa y apacible– la libertad es quien ha obrado estos milagros. ¡Si yo le dijese a V. los efectos beneficiosos que noto en mí, y todo por obra y gracia de la señora libertad! –Vaya V. contando. En primer lugar (y siempre en primero debe ir la salud), cuando proclamé *los derechos de la mujer*, yo me sentía floja y desmadejada[439]. A veces me figuraba que mi cuerpo me decía: «hija, zarandéame[440], que lo necesito mucho». ¡Pero no poder salir sino en comandita, a la hora que me ordenasen... siempre por las mismas calles, dejo atrás la ciudad, me *meto* por los sembrados, los huertos, los caminitos vecinales; tengo sed o tengo hambre; saco mi vasito –¿lo ve V.? aquí en el bolsillo va– bebo en el primer arroyo o la fuente de la carretera... cojo un mendrugo de pan y le hinco el diente... si se me ha olvidado echarme en la faltriquera[441] el mendrugo, compro un cuarterón de *brona*[442] y me sabe a gloria divina... ando una legua, dos leguas, tres... ¡y vuelvo a Marineda en estado de beatitud! Dígame V., Abad, pero con la conciencia en la mano: ¿hay algún mal en estos? ¿Infrinjo alguna ley humana o divina? ¿No? Pues creo que tampoco sea ningún crimen el dedicarme a enseñar a los que no saben... y el leer a troche y moche[443], para curarme a mi vez de la ignorancia. Esta es toda mi vida; a ver si en ella hay qué tachar. ¡Abad de mil demonios! créame V., estoy muy contenta de la señorita Feíta, y si los demás no lo estuviesen... peor para ellos.

Y me dio un palmo de narices[444], poniendo en fila las manos delante de su remangada naricilla.

—Quedamos –prosiguió– en que la salud, inmejorable. Nada de

---

439   *Desmadejada*: desanimada.
440   *Zarandear*: sacudir.
441   *Faltriquera*: bolsillo.
442   *Brona*: pan de maíz.
443   «*A troche y moche*»: (expr. idiom.) en abundancia y sin orden.
444   «*Darle un palmo de narices*»: (expr. idiom.) decepcionarlo.

languideces ni de nerviecitos: un sueño de marmota, un apetito de par en par, y la cabeza más fresca que una lechuga. Bueno. Pues vamos ahora a lo de dentro... que suele ser el corolario de *lo otro*. Por dentro, maese Abad, ¡me siento tan cambiada! Me he vuelto muy buena, y hasta se me ha despertado un deseo atroz de ser útil a mis semejantes, empezando por mi familia... Los últimos tiempos de mi *opresión* (patachín, patachín) cuando aún vivía sujeta al *ominoso yugo* (¡pataratachiiin!) me iba volviendo mala... ¡malísima, infame! No sentía nada de las desventuras que en casa ocurrían: parece que tenía gustillo en que se fastidiasen, ya que me fastidiaban a mí no dejándome hacer cosas buenas e inocentes!... ¡sí señor! Desde que he roto las cadenas, he visto que aquel modo de sentir mío era perverso. A mí debe importarme la familia. Y me importa, ¡cuidado si me importa!

—¡Y es natural que le importe a V.! –respondí haciendo aspavientos–. ¡Pues me gusta! ¿Dónde habrá cosa que para V. valga más que su padre y sus hermanas?

La insubordinada me miró traviesamente y se quedó muy grave.

—¡Qué bobalicón es V., o qué hipócrita! –respondió–. ¡Abad, o D. Mauro, o como V. quiera! Ha soltado V. eso lo mismo que soltaría una verdad de Perogrullo... ¡y no es sino una insigne patochada! La cosa que más me interesa a mí es Feíta Neira, y a V., Mauro Pareja. Después, lo que sigue. Pero antes, el número uno.

Quedeme estupefacto al oír salir de aquella boca virginal, y formulada tan crudamente, la teoría de la *filaucía*[445], que yo, sin embargo, había erigido en norma de mi existencia.

—¿A que me va V. a decir que no? –continuó Feíta–. No se atreverá. Estoy cierta; no se atreve. Pero venga V. acá y hágame el favor de ser franco, franco: ¿tengo o no tengo razón? Dios nos manda, en primer término, que nos salvemos a nosotros mismos: después de mirar por nuestro propio bien, por nuestra felicidad propia, es cuando podemos pensar en la del prójimo. El deber supremo es para con nosotritos, Abad. Y lo digo porque estoy harta de que a las mujeres no nos consientan vivir sino por cuenta ajena. ¡Caramba! No ha de haber nada de eso... Para mí vivo, para mí.

—Es V. un monstruo, Feíta –exclamé conteniendo la risa.

—Y V. un serpentón... –replicó ella soltando la carcajada–. Diga –añadió, metiendo las manos en el bolsillo de su chaqueta y sacando

---

445 *Teoría de filaucía*: Teoría del amor propio (Ayala 200).

unas monedas que soltó sobre la mesa triunfalmente—: y de esto, ¿qué opina V.?

—¡Cinco duros! ¡Zambomba! ¡Las ganancias!

—Mi primer mes de sueldo, que me lo han adelantado los de Boliche: y me querían adelantar el segundo, porque están encantados de mí —prosiguió la joven—. ¡Dinerito del alma! (Y al decirlo cogió una de las monedas y con infantil movimiento la acercó a los labios.) ¡Qué bien me sabes! ¡Qué embelesada[446] estoy contigo! Te he ganado yo, yo misma; no te he recibido de manos de ningún hombrón; no eres señal de mi esclavitud, ¡eres prenda de mi emancipación total y absoluta!

—¡Pobre criatura! —murmuré en tono compasivo—. ¡Qué ilusiones!

—¿Ilusiones? Desde el mes entrante tengo una lección más: me la han buscado los de Boliche y doña Consola. ¡Eh! ¿V. qué creía? ¡Quince duritos! Con quince duros se vive pobremente, pero se vive. El día que no tuviese lecciones en Marineda, a Barcelona o a Madrid me largo a buscarlas. ¿Qué se figura V.? ¿Que yo me apoco[447]? Sí, bonita soy para apocamientos. Tengo la seguridad de ganarme el pan en cualquier punto del globo. Lo que más risa me da, es cuando la gente, que no acaba de entender mis ideas, dice por ahí que proyecto «dedicarme a poetisa». Aquí, aún no bien una mujer sabe cómo se llama la capital de Rusia, poetisa la tenemos. ¿Qué entenderán por poetisa esos lilailas? ¡Yo que casi no manejo poetas; que prefiero leer de medicina o de historia! ¡Yo que no acertaría a asonantar[448] una mala aleluya! El otro día estuvieron tan necias las de Tardejón con tumba y daca la poetisa, y vuelta que les leyese *mis inspiraciones*, que para tomarlas el pelo recité un romance del Cid[449], aquel de

Afuera, afuera, Rodrigo,
el soberbio castellano...

y se tragaron que era mío, las muy estúpidas. ¡En fin, Abadillo o Abadejo, que con este hermoso duro, primero que gané, voy a ha-

---

446 *Embelesada*: fascinada.
447 *Apocarse*: reducirse.
448 *Asonantar*: rimar.
449 *El poema del Mío Cid*: es una de las obras más famosas de la literatura española medieval.

cerme un imperdible... y lo usaré siempre! ¡Veinte reales del alma! ¡Sueño plateado!

—Lo que noto en V., Feíta —dije en tono incisivo y creyendo que la desconcertaría— es que desde la santa libertad se arregla V. mejor; trae V. el pelo más coquetoncillo; se nota en V.... cuidado, primor⁴⁵⁰...

—Así es en efecto —repuso con aplomo—. Antes, mi abandono era como una especie de protesta, una forma de mi rabia contra el yugo... Desde que soy libre, he comprendido muchas, muchísimas cosas que antes no podía alcanzar... No crea V.: esto de la libertad tiene de bueno que ensancha el meollo y le abre a uno no sé qué registritos allá en el entendimiento, que se ven sin esfuerzo las verdades. Cuando me tenían presa entre cuatro paredes, me decía Rosa: «Mujer, abróchate bien ese cuerpo, que pareces el trasno... Mujer, atusa esos pelos, que eres la mismísima estampa de un puerco espín⁴⁵¹»... Y yo, por llevar la contraria, respondía: «Mejor, estoy así porque me da la gana; métete en tus narices, presumidona⁴⁵²». Ahora conozco que si ella era entrometida, yo era rara y mal criada... ¿Ve cómo lo conozco? Y desde que me he convencido de ello, aunque no me gusta vivir esclava de los moños, me arreglo lo posible, todo lo que cabe, sin derrochar un tiempo que debo dedicar a cosas mejores. Para andar aseada, lavo y plancho yo misma mi ropa, mis cuellos: ¿ve V. qué reluciente este de hoy? No lo llevará V. más blanco. Gasto mucha agua, remojo la cabeza dos veces por semana, y me paso el pelo con unos cristalitos de soda... a lo pobre, porque el *shaampoing* cuesta un sentido, y las yemas de huevo... son muy buenas para almorzarlas. También cuido las garras: ya he perdido la mala maña de comerme las uñas; las limo, las recorto, y así me ahorro guantes. Voy sin ellos. Ahora las tengo negras de polvo, y el pañuelo también, porque anduve revolviendo ahí arriba, y claro... Pero si V. me da un poco de agua y jabón... ¡verá qué manos de señorita!

Al hablar así la extravagante, parecíame más evidente su transformación, que allá en mis adentros, valiéndome de un símil nada nuevo, comparaba a la de la crisálida cuando pugna por romper el capullo.

—Adelante; que se nos va V. a convertir en una mujer encantadora, Feíta. ¿Ve V. cómo yo tenía razón? ¿No la he predicado a V.

---

450 *Primor*: perfección.
451 *Puerco espín*: mamífero roedor nocturno, con cuerpo rechoncho, cabeza pequeña, cuello cubierto de crines fuertes y lomo y costados con púas eréctiles que utiliza para defenderse *(DRAE)*.
452 *Presumidona*: una persona sumamente vanidosa.

cien veces que es preciso arreglarse, y que a su sexo de V. le sienta bien un poquillo de coquetería453?

—En eso disparataba V. De mis reflexiones resulta que debe uno arreglarse por higiene, por decoro, por respeto a nuestros semejantes; por coquetería, niquis. Con esos principios, vamos derechitas a Rosa y a sus... a sus...

Vi que Feíta, tan decidida en la frase, titubeaba, lo cual me sorprendió.

—A sus exageraciones, dirá V.... ¡Corriente! Todo extremo es vicioso. Rosa no vive sino para los pingos454. Pero ¿no cree V. que el arte, manifestado en el atavío455 femenino, hermosea la vida? ¿No opina V. que el placer que nos causa ver a la mujer prendida con esmero y gusto, es lícito y hasta puro y noble? A ver, Feíta; V. que tiene tanto talento y tanta imaginación...

—¡Chist! ¡Alto... no descarrile! Soy poco amiga de incienso y de farsas456...

—Bueno... pues V.... que... en fin, que ha leído y no es... ¡un animal...! (creo que no extremo la lisonja) ¿no se hace cargo de que la mujer fina y ataviada es una de las conquistas de la civilización, y que el descuido, la indiferencia, la vuelve al estado salvaje?

—No niego eso —respondió sonriendo Feíta—, siempre que V. me haga extensiva la teoría al hombre. Ese mismo gusto que Vds. pueden hallar en vernos artísticamente arregladas, lo hallaríamos nosotras en verles a Vds. menos ridículos de lo que andan con el traje de ahora, que ni buscado con candil podría ser más horroroso. Vds. dicen que visten así por comodidad y por higiene. Pues nosotras, con atender a la higiene y a la comodidad... despachadas. ¿Qué obligación tenemos de recrearle a Vds. la vista? ¿Somos odaliscas457, somos muebles decorativos, somos claveles458 en tiesto? Gaste V. cuellos de encaje y bucles, y yo haré un sacrificio y me ataviaré459 a la Pompadour.

—Me aplasta460 V. —respondí irónicamente, fingiéndome convencido.

---

453 *Coquetería*: vanidad.
454 *Pingos*: la ropa.
455 *Atavío*: vestimenta.
456 *«De incienso y de farsas»*: (*expr. idiom*) de ceremonias y teatralidad.
457 *Odalisca*: mujer que forma parte de un harén.
458 *Clavel*: flor.
459 *Ataviar*: embellecerse; adornar.
460 *Aplastar*: reducir al silencio.

—Crea V. que, suprimidos los moños, no por eso dejarían Vds. de hacernos caso. Vestidas de estameña nos miran Vds., y con botas de cuero gordo hacemos conquistas. Ya que viene a cuento, antes de que se lo diga a V. Primo Cova, le quiero enterar de que tengo... ¿qué dirá V.? Un adorador ferviente y decidido.

—¡El gobernador! –exclamé, levantándome amostazado[461], con una vehemencia colérica que, según entendí, demostraba mi antipatía hacia el hombre doble.

—¡El gobernador! –repitió Feíta con expresión despreciativa, pero dirigida a mí–. ¡El gobernador! ¡Si será V. camueso[462]! ¡También a V. se la ha pegado ese truhán, con su falsa maniobra! Le creí más perspicaz, Sr. Mauro. ¿No tiene V. ojos? ¿No ha visto que, mientras discute, se chancea y arma peloteras conmigo, los guiños y las señas del tal Mejía se dirigen a mi hermana Argos? Pues la de Cabrera y las de Tardejón lo pescaron ya. Y por cierto que se me figura que esta vez... Argos... ¡le dará que hacer a mi pobre padre!

—Pero, ¿es de veras?

—Y tan de veras. ¿Acostumbro mentir?

—¿Y el melenudo[463]?

—¡Bah! Ese siempre dije yo que no iba a ninguna parte. Es un manso, un corderillo que bala. Argos... Argos... quiere leones; se muere por los audaces, por los insolentes, por los perdidos. Hay bastantes mujeres del temple de Argos. ¿Y sabe V. cómo se llama tal predisposición? Falso romanticismo, y telarañas en mollera[464] vacía.

—Pues –contesté respirando–, me alegro, Feíta, de que no sea V.... Porque el tal Mejía me huele a pirata... Le tengo entre ceja y ceja[465]... ¡Sentiría que la eligiese a V. por víctima!

—¡Bravísimo! –gritó Feíta aplaudiendo y señalándome burlonamente–. Con que si me eligiese... ¡paf! ¿víctima me declara V. y al sacrificio me conduce Mejía? ¡Pobre de mí! Puede tranquilizarse; no me persigue Mejía. Hay en la costa otros moros[466]...

—¿Quién, quién? Feíta, hónreme V. con su confianza –supliqué lleno de inexplicable afán.

---

461   *Amostazado*: irritado.
462   *Camueso*: ignorante.
463   Aquí la autora hace referencia a León Cabello, el músico que tiene melena (pelo largo).
464   *Mollera*: mente.
465   «*Tenerle entre ceja y ceja*»: (expr. idiom.) mostrarle antipatía o recelo.
466   «*Hay moros en la costa*»: (exp. Idiom.) hay enemigos cerca.

—Pues mi trovador –respondió la sabia– es un obrero socialista...
V. le conocerá... El *compañero Sobrado*. Un paso de novela. Me encontró el otro domingo en un huerto, a espaldas de la fábrica *La Industrial Marinedina*; yo estaba sentada en una piedra merendando mi
zoquete de brona, y él venía solo, cabizbajo, muy pensativo. Me
saludó, me preguntó qué hacía; se lo expliqué, le ofrecí pan, y más de
una hora charlamos. No crea V., es ilustrado; ha leído cosas... que
parece mentira. Allí salió Proudhón[467] y el príncipe Kropotkine[468], y
una obra de Bebel[469], y hasta el Evangelio... ¡porque él asegura que el
Evangelio es socialismo puro, de lo refinado! Yo le enteré de mis ideas
y él me contó sus penas, el abandono en que D. Baltasar dejó a su
madre, cómo aprendió un oficio para ayudarla, cómo no le gusta em-
borracharse ni ir a bailes de candil. Nos hablamos con confianza, lo
mismo que si toda la vida nos conociésemos, a pesar de que no le había
visto jamás. Me fue simpático. –¿Por qué pone V. ese gesto? –A él le
caí tan en gracia, que desde entonces se mete en los portales para
verme pasar. Otra le miraría con ceño o le echaría una ojeadita de
soslayo: yo le miro cara a cara, pero él no entiende lo que significa mi
mirada, y apenas tenga ocasión, le llamaré a capítulo y le cantaré muy
claro que se deje de boberías: temo que esas exterioridades me quiten
un adarme de la santa libertad o un céntimo del ideal duro, del plateado sueño. Además me fastidia que no sea mi amigo a secas[470],
porque su conversación me divirtió bastante, y si le da por cantarme
endechas[471], no podemos echar otro palique comiendo brona. Creí
que ya se lo habrían contado a V., hombre... ¡Atiza! ¡El French que
da la media! ¡La hora del almuerzo! Adiós, adiós, Abadito. Conti-
nuaremos la sesión... pasado mañana.

---

467 Pierre–Joseph Proudhon (1809-1865): escritor y filósofo francés, considerado uno de los
      fundadores del anarquismo.
468 Pedro Alekievich Kropotkin (1842-1921): escritor y político ruso que fue un líder del
      anarquismo comunista.
469 Augusto Bebel (1840-1913): escritor y politico alemán, jefe del partido socialista alemán.
      En 1892, como parte de su serie La biblioteca de la mujer, Pardo Bazán publicó una tra-
      ducción al español de su libro, *La mujer ante el socialismo*.
470 *Amigo a secas*: simplemente un amigo, sin ninguna intención más.
471 *Endechas*: lamentaciones.

– XV –

Y salió escapada, como un rehilete, dejándome asaz preocupado y descontento de mí mismo. ¿No había yo entrado allí para rogarla que variase la hora de sus visitas a la librería? Y en vez de tan necesaria advertencia, ¿no me había dejado enredar en conversación y oído cien mil cosas que ni me iban ni me venían[472], pero tenían la fatal condición de revolverme la bilis[473]? Era indudable que yo había cometido una inadvertencia gorda dejando que se acercase aquella muchacha a mi guarida. Tipo tan original y tan vivaz como Feíta no entra impunemente en ninguna parte. Su natural virtud es la de agitar, trastornar y embrollar una existencia, por bien arreglada que la supongamos.

Después de su marcha, sin querer quedé rumiando sus revelaciones. Lo que más me irritaba era descubrir en mí extraña indulgencia[474] para las rarezas de la independiente, y propensión a que su carácter y modo de proceder en vez de indignarme o serme antipáticos, se me antojasen[475] defendibles, atractivos, y hasta (Dios me ilumine) grandes y hermosos. En el episodio del encuentro con el obrero me pareció que existían encantadores detalles, y mi fantasía empezó a trabajar activamente, como si la inflamase la reciente lectura de alguna novela. Yo veía el cuadro, el huerto, la piedra, la muchacha mordiendo su tarugo de pan, sentada cerca del arroyo, a la sombra de desmedrado arbolillo, y ante ella, en pie, el tipógrafo, fascinado por su presencia, dando vueltas a la gorra, escogiendo las frases, buscando las que significasen mayor respeto, y dirigiéndose a ella como el innovador al neófito[476], como se comunican los que alimentan una aspiración que no comprenden las muchedumbres, plétora de ideas que no pueden derramar y que les ahoga, la visión de

---

472 «*Cosas que ni me iban ni me venían*»: (expr. idiom.) cosas que no me importaban.
473 *La bilis*: la tristeza.
474 *Indulgencia*: tolerancia.
475 *Antojar*: sospechar; pensar.
476 *Neófito*: inexperto.

un mundo nuevo alzándose sobre las ruinas del caduco mundo clásico, otra sociedad, otras costumbres, otra noción del derecho y de la vida... A mi juicio, Feíta no podía menos de entenderse divinamente con el *compañero*; las tendencias que los dos representaban enlazábanse con estrecha solidaridad. «¿Le querrá?» –pensaba yo–. «De fijo acaba por quererle... ¿Y si le quiere, qué diantres477 me importa? Que les haga buen provecho».

Doña Consola me trajo el aromoso chocolate, y cuando empezaba a despacharlo sin ganas, entró Primo Cova, con el aire reservado y truhanesco de los días en que hay mucho que contar. Acomodose en la butaca y cruzó las piernas, esperando a que yo le interrogase.

—¿V. gusta? –le dije–. ¿Mando hacer otra taza?

—¡Quia! Ya sabe que como a la antigua española, a las dos.

—¿Un puro?

—Tampoco... Mis Susinis, y de ahí no salgo.

—¿Y que trae hoy?...

—Cosillas, cosillas... ¡Algunas célebres, muy célebres! Las Neiras, en esta temporada, están de beneficio. Hay más historia en esa casa que en diez tomos de Cantú. ¿V. se ha retraído?

—No voy a la tertulia desde hace un mes... Estuve ocupado... y resfriado...

—¡Bah! A mí no me dé pretextos... Se asustó del paso de Feíta y tiene pocas ganas de encontrarse con el papá... Ese sí que anda malucho; las hijas conseguirán muy pronto echarle a la sepultura. Además, creo que esta semana hipotecó otros lugares... y a cada pedazo de tierra que le llevan así, le arrancan el corazón. Ese infeliz es un Ecce Homo478.

—¡Cuitado! –respondí suspirando–. Preferiría no ser amigo suyo, ni conocerle siquiera. Ahí se prepara el trueno gordo: van a pedir limosna.

—No lo sabe V. bien. Todo anda como Dios quiere en la casa. A Feíta la dejan por cosa perdida: la chiquilla tiene más carácter que el papá (poco necesita para eso), y D. Benicio ya se convenció de que no

---

477 *Qué diantres*: (expr. col.) eufemismo para 'qué diablos', expresando sorpresa o disgusto.

478 *Ecce Homo*: Un hombre que ha sido víctima de tratos violentos. Expresión del latín que significa literalmente «he aquí el hombre» y se refiere a Jesucristo. La expresión se usa hoy día para referirse a las representaciones artísticas de Jesucristo sufriendo antes de su muerte.

la mete en vereda. Está desvanecido[479] con la esperanza de que Baltasar le pida a Rosa en matrimonio...

—Ello es que Rosa, a Baltasar, bien le gusta. Hace años no le vi tan al retortero[480] de ninguna muchacha. Ya no visita a la *Caracola*... No se le encuentra en aquel callejón...

—¡Ah, eso!... Gustarle, sí... Rosa le chifla... pero... –y el gesto expresivo y cínico del maldiciente completó la idea.

—¿Qué dice V.? –exclamé con mayor sobresalto, con mayor impresión de bochorno de la que yo podía suponer que me causara tal insinuación.

—Lo que V. adivina... y lo que sé... y no porque nadie me lo haya contado.

Al expresarse así, Primo Cova estiraba con el dedo índice, hacia la mejilla, el párpado inferior del ojo izquierdo.

—¿Se acuerda V. –prosiguió– de aquella señita de la bandera de cinta que sorprendimos días hace? Pues la tal seña me puso en guardia. Yo rumiaba entre mí: podrá ser que la bandera sea una monería así... inocente... de guagua... de natillitas... en fin, de enamorados filadélficos; pero... me quedaban dentro las hormigas, un hormiguero[481] que no cesaba de rebullir[482]... Piensa mal... y acertarás de cien veces noventa y nueve y media... Por fin averigüé la verdad.

—¿Es V. brujo?

—Valiente falta hace ser brujo... Basta con no ser tonto. El día de la banderita, cuando me separé de V., me encontré, un cuarto de hora después, a D. Benicio, en el barrio de las Afueras. «¡Tate!» –(calculé)– . «Este viene de bastante lejos... falta de su vivienda desde hará una hora... ¿Si la seña querría decir eso, precisamente eso, *papá no está en casa?*...». Ya no necesité devanar[483] más hilo. Otra vez que acerté a ver a Neira en la calle, desde lejos (él no me vio), volví atrás, subí las escaleras de Sobrado, y llamé en el piso de Neira, preguntando por D. Benicio. Me respondieron que había salido... y yo, como al descuido: –«Pues bajaré a ver si está D. Baltasar; tengo que hablarle». – Descendí y llamé... –«¿D. Baltasar?». –«No está». –«Pues a estas horas acostumbra...». –«Pues hoy le digo que salió». –«Pues es asunto

479   *Desvanecido*: debilitado.
480   *Al retortero*: volver loco.
481   *Hormiguero*: sensación extraña; preocupación.
482   *Rebullir*: agitarse.
483   *Desvanar*: envolver.

que me interesa y que urge: le esperaré, porque él vendrá a almorzar infaliblemente». El criado, aturdido[484], lo que se dice sin saber a qué santo encomendarse, me zampa en un cuartucho que hay a la parte de atrás de la casa, y me dice que tome asiento. −«Pero este no es el despacho ni el gabinete de tu señorito. ¿Cómo me recibes en este chiribitil? Cuando venga, verás...». −Y el fámulo tartamudea, y me pide excusas... −«Bueno, basta, aquí aguardo...». −Se retira precipitadamente y quedo solo. Entreabro la puerta, me deslizo por el pasillo, y me pongo en acecho, atisbando qué sucede en la antesala. Un recodo del pasillo me oculta y me permite evitar cualquier sorpresa. No han transcurrido cinco minutos, cuando risch, risch... crujir de seda... tiqui, tiqui, tiqui... pasitos furtivos de mujer... ¡La caza!

—¡Jesús!

—Iba tapadita, caído el velo[485] del manto... pero, supóngase V.... Aunque llevase capuchón... ¡Para mascaritas está el tiempo!

—¡Ay Primo! −exclamé con verdadero ahínco y dolor−. ¡Por Dios, por su conciencia de V.... no hable de esto con nadie, con nadie más que conmigo! ¿No conoce V. que sería malísima acción cubrir de deshonor y de vergüenza a ese pobre Neira? Primo, por el alma de su madre de V., ¡silencio! ¡silencio! Me lo va V. a prometer.

—¡Caramba, y con qué calor lo toma don Mauro!

—Sí por cierto. No he de ocultar que quiero mucho a ese hombre de bien, a ese desgraciado padre, más desgraciado aún de lo que yo mismo creía. ¡Cómo ha de ser! Tenemos nuestras flaquezas. Soy compasivo. Siempre queda un rincón para la sensibilidad. D. Benicio ha llegado a excitar la mía.

—¿Pero es D. Benicio la persona que le interesa a V. en casa de Neira?

—¿Pues quién ha de ser?

—¡Hombre! Donde hay tantas chicas jóvenes, guapas, atractivas cada cual por su estilo...

—*Vade retro*[486] −respondí sonriendo para ocultar la escama[487] y el desagrado−. No tema que le dispute la conquista a D. Baltasar.

—Ahora sí que me pone en cuidado el disimulo que V. gasta −re-

---

484   *Aturdido*: desconcertado.
485   *Velo*: tela que tapa la cabeza de una mujer.
486   *Vade retro*: expresión del latín que significa «retrocede», y muestra rechazo de una idea, persona o circunstancia (DRAE).
487   *Escama*: desconfianza.

plicó el maldiciente—. Claro que a V., de importarle una Neira, no le había de importar ni el pavo real de Rosa, ni la pava de Constanza, ni la pájara pinta de Argos; claro que si alguna le trae a mal traer[488], es la que me traería a mí, si ya no estuviese asegurado de incendios; la simpática, la original de la casa; la única que no se parece ni a sus hermanas, ni a ninguna muchacha de Marineda ni del mundo!

—Déjese V. de bromas pesadas conmigo, Cova —respondí amoscadísimo—. No tiene V, ningún motivo para suponer que me he vuelto loco. Con Feíta no hay que dar matraca[489] a nadie, y menos a mí. Feíta pincha y araña. Si no hubiese en el mundo más que hembras[490] así... Por fortuna son la excepción.

—No sea marrullero[491] ni zorro[492]: Feíta es una delicia de criatura, y a V. le hace tanta gracia como a mí. Yo al pronto no la entendía, y hasta la creí disparatadora[493]: ahora la entiendo, y digo que vale cuanto pesa[494], y que los únicos que la desaprueban y la roen los zancajos son los tontos.

—Pues tonto me declaro, porque la desapruebo. ¡Vaya si la desapruebo! Pero no se me escape V. por la tangente. Volvamos a Rosa. ¿Ha comunicado V. el descubrimiento a alguien?

—¡Ingrato! Ya sabe que siempre le guardo las primicias de la murmuración, de ese sabroso pan del alma.

—Entonces... ¿no lo divulgará en la Pecera? ¿Me lo promete? Porque, bien mirado, Primo, ¿no conoce V. que es terrible eso de que por una palabra que se nos escape quede infamada una familia? ¿Qué nos importa a nosotros, después de todo, lo que haga Rosa ni lo que haga nadie? Considere V. que somos hombres honrados, que nos preciamos[495] de caballeros, que tenemos el deber de no cavar fosas donde se rompa las piernas una mujer, una señorita. Nada, chitón[496]... y ruede la bola. No meterse en honduras[497].

---

488   *«Traerle a mal traer»*: (expr. idiom.) estar muy preocupado por algo/alguien.
489   *Matraca*: molestia, fastidio.
490   *Hembras*: mujeres.
491   *Marrullero*: travieso.
492   *Zorro*: fiera.
493   *Disparatadora*: irracional.
494   *«Vale cuanto pesa»*: (expr. idiom.) vale mucho.
495   *Preciarse*: considerarse; creerse.
496   *Chitón*: a callar.
497   *«Meterse en honduras»*: (expr. idiom.) tratar de cosas complicadas que no se dominan bien (WR).

—Nos metemos porque somos, V. y yo, y los demás, una entidad que se llama la opinión... y la opinión no se compone nunca de los dos o tres a quienes puede afectar real y verdaderamente la conducta de una mujer, sino de los cien mil a quienes en realidad debería serles indiferente. Representamos lo colectivo, la justicia social. Y V., que ya tiene retorcido el colmillo[498], ¿cree buenamente que, si yo me callo, lo de Rosa queda oculto? Secreto entre tres... y este ya anda entre cuatro, porque el criado lo sabe. ¡Que si lo sabe el galopín!

—Le aseguro a V. –dije, rechazando la bandeja del chocolate, que se quedó a casi intacto– que no creí a Rosa capaz de tanta ligereza, ni a Sobrado tan falto de aprensión. ¡Qué tío!

—Rosa no es tan liviana como amiga del lujo...

—¡Ah! –exclamé con mayor y más triste sorpresa.

—¿Pero V. puede aguantar la risa cuando el papanatas[499] de Neira alaba la maña de la Rosita para adquirir, por diez reales, tres corpiños de seda? Estos días hubo racha[500] de galas. Ha estrenado[501] la chica cuatro pingos[502] nada menos: uno de paño, otro de raso, otro de no sé qué tela a rayas, y un abrigo con pluma y azabache. Pues no anda poco escandalizada la gente por ahí. Muchos ya sospechan. Ella triunfa, luce sus trajes, se va a *La ciudad de Londres*... y «mándenme esto» y «envíenme a casa lo otro» sin que jamás se la vea abrir el portamonedas para pagar.

—¡Qué cosa tan horrenda! ¡Pobre D. Benicio! –murmuré espantado.

—Era visto. Sobrado tiene al padre y a la hija cogidos por medio del dinero; al uno le presta a réditos, y va haciéndose poco a poco con sus bienes; a la otra la facilita esos trapos, por los cuales es capaz de echarse de cabeza en la boca del infierno... Baltasar es un gran pillo[503], un vicioso avaro[504], lo peor de la clase. Merece que el compañero Sobrado le ponga dinamita en el portal. Dicen que le tiene emplazado y amenazado con la bomba.

Al oír por segunda vez el nombre del compañero Sobrado, sentí

---

498   «*Tener el colmillo retorcido*»: (expr. idiom.) pensar que cualquiera quiere engañarte.
499   *Papanatas*: persona simple, inocente.
500   *Racha*: período.
501   *Estrenar*: llevar por primera vez.
502   *Pingos*: ropa.
503   *Pillo*: astuto.
504   *Avaro*: tacaño.

un choque raro y desagradable, una especie de malestar violento y repentino, una repulsión. ¿No era ese individuo el que acosaba con anónimos al pobrete de Neira, el que no le dejaba vivir, el que le tenía bajo el peso de una coacción y una violencia constante? Y al experimentar este movimiento, noté que, por primera vez de mi vida, a la impresión moral se unía la imagen física de la persona que la causaba. Vi, con extraordinaria claridad, dibujarse sobre el fondo de mi cuartito amueblado al estilo del Imperio, la figura del *compañero*, mozo, robusto, guapo, moreno, con rizosa cabellera, que casi le caía sobre los ojos. En nada recordaba el clásico tipo del socialista puesto en caricatura por las publicaciones ilustradas: ni gastaba barba de ruedo, ni tenía ojos zainos, ni fumaba en pipa. Un bigote negro y fino, le adornaba el labio superior; su faz, aunque enérgica y sombría, no era fosca ni espantable; y en algunos rasgos, en la forma de la nariz, en el corte de cara, noté cierto parecido con D. Baltasar. El compañero me pareció, en suma, agradable aparición para una muchacha emancipada, que tal vez, a orillas del arroyo, sueña un idilio modernista... y al pensar en este lance de la vida de Feíta, narrado por ella misma con tal sencillez y franqueza, advertí una gran pesadumbre, un escozor intenso, y juzgué que se me llevaban tres docenas de diablos... «Cepos[505] quedos, amigo Mauro» —pensé—: «cuídate, que se me figura que has contraído algún mal. ¡Mis presagios[506], mis presagios! ¡La serpiente!».

---

505 *Cepos*: trampas.
506 *Presagios*: pronósticos; adivinanzas.

SEGUNDA PARTE

– XVI –

Sospecho que antes de llegar aquí habrá dicho cien veces el prudente lector: vamos a cuentas, señor *memorista*; ¿lo que nos relata V., son sus memorias, sus verdaderos recuerdos íntimos, o los de la apreciable familia Neira? ¿Hemos de tomarnos interés por V., o más bien por Argos, Rosa, Feíta y demás retoños de ese padre de familia angustiado y maltrecho507? ¿Es V. un solterón acorazado508 en su benéfica *filaucía*, defendido por el amor de sí mismo de las asechanzas y emboscadas femeniles, o es V. un nene fascinado y traído al retortero, desde los primeros instantes, por cualquier falda que en su camino se atraviesa?

Lector que así hablas, reflexiona, reflexiona antes de acusarme de deserción de mis banderas509. Empieza por considerar que si mis memorias se redujesen a contarte cómo me levanto, almuerzo, paseo, me cuido, leo y duermo... no valdría la pena de haberlas escrito. Yo podría vivir muy dichoso en mi rincón con el alma atrofiada, sin deseo de cosa alguna; ¿pero qué te importaría a ti mi vida de marmolillo? Donde no hay lucha no hay drama, y donde no hay drama no hay emoción. Diríase que nuestra propia existencia, si se considera aislada y disgregada de las demás, carece de sentido, y sólo lo adquiere al relacionarse con otras, al producirse ese oleaje y ese hervidero de sentimientos que determina el contacto con seres humanos. Mi propósito de evitar el gran error matrimonial no me ha convertido en piedra; mis sentidos, mis potencias, no han dejado de funcionar a causa de mi soltería; y porque un sacerdote no haya extendido la ruano para bendecir mi unión, y porque yo huya de tal contingencia, no estoy libre de sustos y de fatiguillas510 emocionales...

Además, también rige para mí la ley que ordena que por lo general

---

507   *Maltrecho*: agotado; derrotado.
508   *Acorazado*: protegido; reforzado.
509   *Deserción de mis banderas*: abandono de mis principios.
510   *Fatiguillas*: debilidades.

nuestro destino sea una ironía, y mientras pretendemos ir hacia el Norte, se nos ponga sobre los ojos una venda y en los pies sintamos moción irresistible hacia el Sur. Si alguien me hubiese preguntado dos meses antes qué mujer en el mundo era para mí, no más indiferente, sino más imposible, yo respondería sin vacilar —Feíta Neira—. Sus condiciones físicas y su modo de ser moral, su rostro y su genio[511], sus lecturas y sus botas, todo me parecía lo contrario de lo que a mí me puede atraer, de lo que para mí constituye un peligro. Y de pronto, sin causa que explique el cambio, sin que precedan a este descubrimiento indicios o síntomas que lo hagan presentir, me encuentro casi prendado y casi celoso, poseído de una inclinación más para comentada entre cuchufletas, que para combatida con las armas de la reflexión y del buen sentido.

Hay enfermedades que se incuban lentamente, sin que el enfermo advierta ningún malestar, ningún trastorno atendible en sus funciones. Tal vez desórdenes levísimos; acaso una sensación de cansancio, o una insignificante alteración del pulso; un poco de desgana, unas horas de insomnio... De repente se declara en toda su extensión e importancia el padecimiento[512], y sólo entonces el enfermo coordina síntomas anteriores y se admira de no haber comprendido que anunciaban gravedad incalculable... Así yo, solo en mi cuarto, con el minino[513] que hacía la carretilla en un ángulo del sofá, daba vueltas, enlazaba antecedentes, y me asombraba de no haber conocido que mi compasión y mi caridad por D. Benicio obedecían a la atracción anómala de Feíta.

¿De qué, vamos a ver, de qué me había yo prendado? O muy mal me conozco, o el origen de mi perturbación no estaba en los sentidos. Ni Feíta era una beldad, ni menos poseía esa ciencia del tocado y del adorno, de la palabra y del gesto, del mirar y del reír, en que funda su avasallador[514] dominio la mujer. Feíta no conspiraba contra el reposo de nadie. Aun en los momentos en que me sentía, como se dice en el lenguaje de la esgrima, *tocado*, no advertí alboroto sensual, ni llegué a ver en Feíta una imagen tentadora de las que causan fiebre: el rebelde fango corporal no se sublevaba al evocar su recuerdo. Tampoco era el corazón el que se me había subido a la cabeza, no, se-

---

511 *Genio*: temperamento.
512 *Padecimiento*: aflicción; molestia.
513 *Minino*: gato.
514 *Avasallador*: exigente.

ñores: si Neira me inspiraba conmiseración, en cambio su hija alejaba toda idea protectora, de esas que suele infundir la debilidad del sexo: hasta creo que me exasperaba por su fortaleza. Feíta era improtegible, y cuando las gentes ni necesitan ni quieren nuestro apoyo, cuando comprendemos que al ofrecérselo nos pagarían con una rabotada o una burla, se nos quitan las ganas de meternos a caballeros amparadores[515] de viudas y huérfanas. Feíta era un ser vigoroso, armado para la vida, sin sentimentalismos, sin temores pueriles de ninguna especie, y yo aparecería soberanamente ridículo si quisiese representar con ella el papel que Oliverio de Jalin, en el *Demi–monde*, representa con la interesante Marcela, doncella desvalida y expuesta a las insidias de la seducción y a las asechanzas[516] de la venalidad. Yo no podía negar que a Feíta la sostenían su carácter, sus estudios, el mismo triste cuadro de su familia, tan lleno de enseñanzas, y un no sé qué varonil y resuelto que había en su conducta y que disipaba toda niebla y desarmaba toda malicia, cercando a aquella mujer tan joven con el baluarte[517] que la experiencia y la edad elevan en torno de las matronas ya seguras de sí mismas.

Hube de convenir en que si Feíta se había apoderado de mí, era por el camino de la imaginación. –¿Les parece Vds. poco?

Mi fantasía, mi pensamiento, estaban desde tiempo atrás ocupados –ahora lo veía claro– por aquella chiquilla estrambótica. La curiosidad moral, mi único vicio, raíz de la mayor parte de los caprichos amorosos inexplicables, me había conducido a casa de Neira, por afán de ver de cerca al fenómeno, a la sabidilla[518], a la independiente. La antipatía que al pronto creí sentir hacia ella, no era sino la atracción del abismo, la negra magia de lo desconocido, contra la cual parecemos indignarnos, mientras nuestro espíritu en secreto la sueña y la busca, obedeciendo al impulso que lleva al hombre al progreso, aunque parezca repugnarlo. Es cierto que yo vivía prevenido contra la mujer; pero ¿en qué se parecían a Feíta las demás?

Feíta era la mujer nueva, el albor[519] de una sociedad distinta de la que hoy existe. Sobre el fondo burgués de la vida marinedina, destacábase con relieve singular el tipo de la muchacha que pensaba en

---

515 *Amparadores*: protectores.
516 *Asechanzas*: sorpresas.
517 *Baluarte*: «fortaleza.
518 *Sabidilla*: mujer que sabe .
519 *Albor*: comienzo; inicio.

libros cuando las demás pensaban en adornos; que salía sin más compañía que su dignidad, cuando las demás, hasta para bajar a comprar tres cuartos de hilo, necesitaban rodrigón o dueña; que ganaba dinero con su honrado trabajo, cuando las otras sólo añadían al presupuesto de la familia una boca comilona y un cuerpo que pide vestimenta; que no se turbaba al hablar a solas con un hombre, mientras las restantes no podían acogernos sino con bandera de combate desplegada... En suma, todo lo que al principio me pareció en Feíta reprobable y hasta risible y cómico, dio en figurárseme alto y sublime, merecedor de admiración y aplauso. En mi inteligencia surgieron, a manera de flores finas y blancas que creciesen en un solo tallo, el respeto y la estimación hacia Feíta. Mas estos sentimientos, por lo general fríos, y hasta contrarios al engreimiento[520] amoroso, en mí se revelaban turbulentos, ardientes, apasionados. Analizando sutilmente el origen de ellos, encuentro que yo no estimaba ni respetaba tranquilamente a Feíta, porque mi estimación y mi respeto no armonizaban con el sentir de las gentes. Cuando nos inclinamos reverenciosos ante una honesta viuda, ante una tímida virgen, ante una esposa ejemplar, el saludo que les hacemos es *representativo*: nuestro homenaje cifra y resume el homenaje de la masa, la opinión unánime de la sociedad y del mundo. Esto no podía aplicarse a Feíta. Por mi desgracia, yo creía ser la única persona que en Marineda, en aquel instante, tasaba[521] a Feíta en su justo valor; de suerte que, al estimarla, me ponía en pugna con todos y contra todos, sin el menor escrúpulo ni recelo, desplegando esa hostilidad agresiva, ese espíritu belicoso que despierta en nosotros la contradicción universal. Si bien en Marineda no destrozaban la honra de Feíta, no por eso se la juzgaba favorablemente. Ya dije que auguraban[522] muy mal de su porvenir, y vaticinaban que por las peligrosas sendas que recorría iba a despeñarse[523]. Actualmente su conducta se calificaba, si no de liviana y criminal, por lo menos de chocante e inconveniente, y se hablaba harto de la vergüenza que sufrían su padre y hermanas mirando convertida en «maestra de primeras letras» a toda una señorita de Neira, con su correspondiente aguilucho en el blasón. Y en efecto, según el criterio de las gentes, las bodas desiguales,

---

520　*Engreimiento*: vanidad.
521　*Tasar*: evaluar.
522　*Augurar*: pronosticar.
523　*Despeñarse*: caer.

los devaneos, los enredos y las trampas no rebajaban tanto la categoría social de la familia de Neira, como el hecho de ver a Feíta, cartapacio[524] al brazo, subiendo las escaleras de sus discípulos y cobrando su modesta retribución.

En tales circunstancias, mi respeto y estimación a Feíta eran un sentimiento batallador, que me ponía en pugna[525] con la ciudad entera, sin más excepción que Primo Cova, desde los primeros instantes abogado y padrino de Feíta. ¡Qué extraños somos! En mis diálogos con el maldiciente no me daba a mí la gana de declarar que Feíta tenía razón contra todos. Siempre que se suscitaba esta conversación con Primo Cova, recuerdo haberle llevado la contraria, y al llevársela era sincero; imaginaba que me salía de dentro reprobar la conducta de Feíta. Sin embargo, mentía: era mi *yo* verbal y superficial el que condenaba a la innovadora, mientras mi *yo* esencial y profundo, desde lo más secreto de la conciencia, abrazaba sus teorías, la aclamaba[526], la colocaba en un trono[527].

¿Al través de qué lente pude analizar la índole de los sentimientos que me inspiraba Feíta? Me reveló su naturaleza algo que, según uno de mis favoritos autores, es tan viejo como el mundo, y nació probablemente al punto y hora en que Adán vio a Eva inclinar su frente velada por luengos cabellos, y prestar la orejita cuca al silbo de la serpiente. —¡Los celos!

Muchas veces —apelo[528] a tu experiencia, oh lector, y no te hago la ofensa de creer que no atesoras ninguna— ignoraríamos que estamos enamorados si no estuviésemos celosos. Esa herida ardiente y enconada que no afecta a una parte de nuestro organismo, sino que lo abarca todo como una quemadura extensa y profunda a la vez; que coge el amor propio —la superficie—, y penetra más adentro —hasta la sensualidad y la ternura—, esa herida, digo, nos revela el alcance de nuestra sensibilidad, descubriendo la verdadera posición de nuestra alma. Mientras creí que nadie pensaba en Feíta sino para reírse de sus extravagancias, no imaginé que podía sentir por la chiquilla más que un afecto de índole amistosa. Desde que supe que alguien había visto en ella el ideal, conocí que también en mi interior latía ese mismo

---

524 *Cartapacio*: carpeta; cartera.
525 *Pugna*: conflicto.
526 *Aclamar*: aplaudir.
527 *Trono*: silla donde se sienta un rey o una reina.
528 *Apelar*: solicitar.

sueño, y comprendí que estaba bajo el imperio del tirano del orbe[529]. Lo comprendí con un terror tanto más grande y natural, cuanto que aquello no podía parecerse a las escaramuzas[530] a que estaba yo habituado; al simulacro y al juego –que juego y todo me había arañado dolorosamente, a poco que me descuidase, la epidermis del corazón– . Feíta no tenía nada de común con la larga serie de mis idílicas novias, todas coquetillas, tiernas, pasivas y asiduas al amor, y muy preocupadas de santificarlo[531] por medio de las bendiciones. Yo adivinaba que si Feíta me quisiese, si Feíta llegase a compartir mi estado síquico, lo que pudiese haber entre nosotros –llámese amorío, llámese noviazgo, llámese... otra cosa peor... o mejor... como quieran Vds. calificarla, según la severidad de sus principios o el humor de moralista que gasten, Vds. en este momento– se diferenciaría enteramente de lo que yo archivaba en el armario de mis recuerdos y en el ligero cofrecillo[532] azul de mis esperanzas... A Feíta no la podía prever; no podía imaginar la expresión de su rostro cuando mirase rendida, ni cómo arrebolaría[533] la emoción amorosa aquellas mejillas descoloridas por la lectura, ni qué fluido derramaría el cariño en aquellos serenos ojos de Minerva[534], ni cómo latiría al agitarse de amante zozobra[535] y felicidad aquel seno de líneas apenas perceptibles bajo el paño rudo de su masculino chaquetón. ¡Peligrosísimas suposiciones, y con qué prisa me consagré a apartaros de mí! Erais las primeras gotas de un veneno mortal, y volví la cabeza rechazando vuestra copa que me convidaba. «Hagámosle –resolví– la cruz a Feíta... Ni verla, ni oírla, ni entenderla... ¡Ah! ¡Cuánta verdad dijo el que dijo que donde menos se piensa salta la liebre[536]! Todavía creo y espero que este arrebato ha de ser un calenturón de la fantasía, y que en realidad Feíta no me ha apresado[537]; y mientras puedo resistir y mandar en mis acciones ¡distancia, pared de hielo, y si es menester[538], derivativos, remedios heroicos... A cualquier precio la salud!».

---

529   *«El Tirano del orbe»*: aquí la autora hace referencia a los celos.
530   *Escaramuzas*: encuentros.
531   *Santificar*: consagrar.
532   *Cofrecillo*: caja.
533   *Arrebolar*: Ruborizar; enrojecer.
534   *Minerva*: la diosa romana de la sabiduría, las artes y las técnicas de guerra.
535   *Zozobra*: intranquilidad.
536   *Saltar la liebre*: surgir de manera imprevista.
537   *Apresar*: capturar.
538   *Menester*: necesario.

– XVII –

La resolución de curar un mal de amor privándose de la vista y trato del ser querido, es como los demás remedios que suelen recetarse para la gran enfermedad sentimental: útil si el mal es leve, inútil si ya se ha apoderado del alma. Abstenerse de la vista para quitar la afición es como pretender extinguir la sed apartándose de la fuente cuyas aguas son las únicas que pueden apagarla. Yo empecé a practicar el sistema de alejamiento: salí por las mañanas a fin de no encontrarme en mi habitación cuando Feíta fuese a la librería: renuncié a dar paseos largos, por si la casualidad hacía que nos tropezásemos en algún huerto o en algún peñascal de la ribera: a casa de Neira, ni arrastro: la Pecera fue mi asilo. Mas noté que con este género de vida no me sufría a mí propio. Lo de menos era el cambio de mis hábitos: lo grave, mi estado moral: mi descontento, mi inquietud, el estéril hervor de mi fantasía, y especialmente la desagradable sensación, nueva para mí, de fastidio —preciso es llamarle por su nombre—, de tedio mortal, el verdadero cáncer del celibato, que antes no había padecido nunca, ni durante mis noviajos sosos, ni al romperlos, ni en las temporadas en que me hallé[539] absolutamente solo conmigo mismo... Este tedio no era sino la protesta de mi sensibilidad reprimida, la plétora del corazón que quiere funcionar, que reclama su parte de emociones, de fruiciones y hasta de sufrimiento —los vapores nerviosos que, al acercarse la edad madura, obscurecen el cerebro del hombre como desequilibran el temperamento de la mujer...— Que no se puede ser impasible; que necesitamos sentir, aunque el sentir nos atormente, y que ciertos estados del alma no piden retraimiento[540], piden guerra y conflicto...

Desde que me impuse, como penitencia saludable, la obligación de no ver a nadie de la familia Neira —ni siquiera al papá— me entró un deseo extraordinario de saber de ella, pareciéndome que sólo en

---

539 *Hallarse*: encontrarse.
540 *Retraimiento*: retiro.

aquella casa podría quitárseme el esplín541. Oía hablar continuamente
de las muchachas en la Pecera, a donde concurrían por la tarde Baltasar Sobrado y el gobernador, que recibían bromas picantes, y las rechazaban con ese tono de afectación y reserva –la peor, la más sospe-
chosa de las actitudes cuando se trata de la honra de una mujer–. Si
ellos no estaban presentes, se discutían acaloradamente las probabili-
dades de boda: había partidarios de que Baltasar acabaría por casarse,
y otros que no lo creían posible. Estos últimos alegaban, como razón
concluyente, que D. Baltasar no se decidiría a contraer matrimonio
mientras el compañero Sobrado le tuviese bajo la amenaza de volar
con dinamita la casa, y a su padre dentro. Era público y notorio que
se jactaba de realizarlo, y muchos le suponían capaz de cumplir en
todas sus partes la amenaza. «Ese Sobrado es un mozo crúo» –decían–
, «no se achicará. Si se casa D. Baltasar, ya puede hacerlo en secreto,
largarse de Marineda y no volver en veinte años. De otra manera...
¡puum! Habrá toros y cañas542». Algunos se mostraban escépticos: el
compañero sería probablemente lo mismo que todos sus correligio-
narios, que si cumpliesen cuanto anuncian, no quedaría a vida un
mosquito. Perro ladrador nunca mordedor543, y no es tan fiero el león
como la gente lo pinta. Que D. Baltasar se riese, que D. Baltasar no
hiciese caso de espantajos, y el compañero le dejaría en paz, máxime
si D. Baltasar tenía la feliz ocurrencia de señalar a la madre del compañero una pensión que permitiese a este respirar con algún desahogo
y no trabajar como un negro en la imprenta de *El Nautiliense* –donde
muchas quincenas544 no se cobraba, sobre todo cuando los de *El Nautiliense* no gozaban las dulzuras del poder...

Estas discusiones acerca del compañero eran como de encargo
para avivar en mí el recuerdo y la imagen de Feíta. Siempre que se
nombraba al tipógrafo, yo pensaba en la niña, y por centésima vez dis-
curría, mortificado y sobresaltado: –«Pero podrá ser que acepte semejante galán?». –Analizaba las palabras de Feíta cuando en la librería me enteró de su encuentro con el compañero, sus expresiones
de simpatía, la afirmación de que le había parecido ilustrado, la indulgencia de su modo de juzgar al joven socialista. ¿Y por qué no

---

541   *Esplín*: tristeza.
542   *«Habrá toros y cañas»*: (expr. idiom.) habrá fuertes disputas.
543   *«Perro ladrador nunca mordedor»*: (expr. idiom.) una persona que amenaza mucho pero
      es inofensiva.
544   *Quincena*: período de quince días.

había de agradar este a mujer tan excéntrica, que probablemente tenía un ideal opuesto al de las demás señoritas marinedinas? ¿Qué importa una blusa, qué una gorra, qué una camisa sin planchar, a quien como Feíta desdeña formulismos y busca directamente la inteligencia y el carácter? La misma personalidad del compañero, amigote y corresponsal del célebre Pablo Iglesias[545]; sus discursos en los *meetings*, su actitud de propagandista –todo añadido a su juventud y a su hermosura varonil, que sólo necesitaba algo de aliño para brillar–, eran razones más que suficientes para que Feíta pudiese ablandarse[546] y compartir un sentimiento siempre halagüeño[547] para la mujer.

De las angustias de los celos, tal vez la más cruel es la que podría llamarse la obsesión del rival. Extraño género de padecimiento, curiosa forma de una pasión en que todo es ilógico. Aunque mis celos no revistiesen el carácter siniestro y feroz que adquieren después de que nos ha pertenecido una mujer, la manera de ser libre y rebelde de Feíta hacía que, a pesar de su doncellez[548], me inspirase esa furia que sólo suele inspirar la casada: matiz psicológico difícil de explicar, pero que se comprende. Ya he dicho que esta ponzoñosa mordedura de los celos fue precisamente la que me reveló mi trastorno. Si yo pudiese esperar convalecencia, perdería la esperanza al ver que pensaba a todas horas en el *compañero*, y notar el singular afán[549] que tenía de verle, de fijarme bien en su cara, de detallarla con la ardiente y sagaz ojeada del enemigo.

Fue tan terco el antojo, que empecé a rebuscar pretextos para cumplirlo. A mano tenía la excusa que siempre nos damos a nosotros mismos cuando cedemos a los impulsos desordenados de la voluntad. La comisión de D. Benicio Neira estaba sin cumplir, lo cual no me parecía justo. D. Benicio fiaba en mí; me había encargado de explorar al compañero; yo había prometido hacerlo, y la palabra obliga. Mi lealtad me impulsaba a tener una entrevista con el tipógrafo. Al menos, así quise creerlo.

---

545   *Pablo Iglesias*: (1850–1925): político y activista español, considerado el padre del socialismo en España. «Fundó el Partido Socialista Obrero Español (PSOE) en 1879 y el sindicato UGT en 1888. .

546   *Ablandarse*: suavizar.

547   *Halagüeño*: agradable.

548   *Doncellez*: Inocencia; virtud.

549   *Afán*: interés.

Desde que hallé el pretexto, me faltó tiempo para aprovecharlo. Ansiaba la hora de encontrarme con el agitador, de saciar mi curiosidad hostil mirándole como si no le conociese. Realmente, aunque le había visto mil veces de lejos y en la calle, hoy el compañero era para mí otra persona, y su faz, su voz, su aire habían adquirido el valor y la significación que tienen los menores detalles del individuo que influye poderosamente en nuestra vida afectiva.

¿Cómo acercarme a Sobrado de manera que le permitiese acogerme sin desconfianza? Una conversación con el gobernador me dio la entrada en materia. «Sabe V., Pareja —dijo Mejía en la Pecera una noche, momentos antes de descolgar el abrigo para irse a la tertulia de Neira—, que debía algún bien intencionado prevenir a ese mocito... al compañero, vamos, al tragaldabas que trae aterrorizado a medio mando, de que si no se modera y deja en paz al amigo Baltasar, va a encontrarse con la horma de su zapato?». Al hablar así, el rostro de Mejía mostraba una dureza semiburlona, una expresión de desprecio agresivo, de mal agüero[550] para el socialista. «Puede que ese nene se figure que yo le he de dejar ser aquí *o terror dos burguezes*... Ha escogido un mal momento. Tenemos instrucciones categóricas... y ejemplos del sistema que hay que seguir con los espantapueblos[551]. Si inicia trabajos para preparar la manifestación y la huelga del primero de Mayo, se ha caído. Y aunque no los inicie, como yo vea que se siente ni el olor de la dinamita, o que la nombran solamente... No pienso anunciar medidas de represión. Eso sería dar la voz de alarma. ¡Chitito, y que se le vaya un pie al compañero!... ¿No me acompaña V. a casa de Neira? ¡Pillín! A V. le han dado calabazas[552], no me cabe duda...». Y Mejía se eclipsó, dejándome en posesión del recurso que necesitaba.

Avistarme con el tipógrafo no me pareció difícil. *El Nautiliense* salía a luz por la mañana, y se componía y tiraba de noche. El compañero no entraba a trabajar hasta las ocho bien dadas. Hacia las siete se le encontraba de fijo en un cafetucho llamado «de América», y medio escondido bajo los soportales de la Marina, casi frente al Espolón, lugar frecuentado por la gentualla[553] del muelle. Allí me resolví

---

550   *Agüero*: predicción.
551   *Espantapueblos*: una persona que amenaza o da miedo a los demás.
552   *«Dar calabazas»*: (expr. idiom.) rechazar a un pretendiente amoroso.
553   *Gentualla*: personas de clase obrera.

a buscar a mi rival, y al otro día de mi conversación con el gobernador, entre dos luces, y vestido del modo que juzgué más a propósito para entrar en establecimiento tan ajeno a mis gustos y costumbres, pasé el umbral del cafetucho y fui resueltamente a sentarme ante una de las mesas de zinc, manchada y pegajosa de las copas y del café que en ella se había servido a los marineros y a los cargadores.

Fue uno de los momentos en que mejor he sentido la diferencia entre las clases sociales. Aquel recinto mal oliente, oscuro y angosto, con el piso sucio de gargajos y colillas, alumbrado por lámparas que atufaban554 y que habían señalado en el techo un círculo negro, servido por un mozo de remendada chaqueta y macilento rostro reñido con la navaja barberil desde hacía un mes, era la Pecera, era el centro recreativo del hombre de quien se me ocurría estar celoso. Allí venía a descansar de sus fatigas, a exaltarse con los periódicos, a saborear la taza del negro brebaje de infusión de bellotas, el hijo espúreo, el guripa del arroyo, el político por desesperación, el jornalero a quien yo juzgaba capaz de hacer latir el corazón de una señorita, que, por emancipada que la supongamos, no podía haber suprimido de repente los escrúpulos de delicadeza de la mujer, la cual difícilmente olvida las distancias y hasta las diferencias de jabón y de planchado en la ropa. Si yo advertía repugnancia profunda a aquel lugar innoble, vivo deseo de abandonarlo, y una especie de náusea cuando el camarero me puso delante, a petición mía, una botella de cerveza y una turbia copa, ¿qué sería para Feíta la proximidad de un obrero, de un tío de blusa, que llevaría en la piel rastros de su profesión y la atmósfera de sitios como este y otros peores?

Mi opinión, se modificó apenas entró el que yo esperaba, el compañero Sobrado, hacía quien me dirigí, tendiéndole la diestra555.

---

554 *Atufar*: apestar; oler mal.
555 *Tendiéndole la diestra*: dándole la mano derecha.

– XVIII –

Mis ojos se clavaron en él, estudiándole para establecer esa comparación minuciosa, forma inevitable de los celos. Y aunque mi vanidad y mi amor propio sufran, debo confesar que reconocí ventajas en el tipógrafo. Veintiséis años contaría, y a pesar de ciertos rasgos fisionómicos en que había sellado su paternidad don Baltasar, a quien se parecía era a su madre, a la hermosa cigarrera, flor de la Fábrica de tabacos, y ejemplar popular de lo más neto556 y brioso557. Hay tipos femeninos que ganan al ser transmitidos a un varón. El de la *Tribuna*, aunque magnífico, siempre me había parecido material. En su hijo resultaba, si no exquisitamente fino, más espiritual e inteligente. El tipógrafo era moreno; sus facciones expresivas, que apenas empezaba a marchitar el trabajo nocturno, tenían alma, unida a esa corrección de líneas que se observa en los modelos italianos; su bigote chico descubría una, boca fresca, unos dientes blancos e irreprochables; su pelo se rizaba y caía gracioso sobre la lisa frente, y sus ojos negrísimos, algo tristes, cuando hablaba despedían558 fuego. Una blusa azul, casi nueva y mal cortada, desfiguraba las buenas proporciones de su cuerpo, que así y todo se adivinaba nervioso y robusto. En suma, mi presunto rival había salido guapo e interesante como cree el vulgo que salen siempre los *hijos del amor*559, criaturas a quienes la desgracia o la dureza de un padre sujeta a una esfera social para la cual no nacieron. La cara del socialista era una protesta contra la suerte. En lo físico y en lo moral me pareció –y al notarlo me reconcomí560 de despecho561– que el mozo era pintado para ocupar la imaginación de Feíta, como Feíta ocupaba la mía. No tenía yo delante a un adocenado562 obrerete, a un pelagatos

---

556   *Neto*: puro.
557   *Brioso*: determinado.
558   *Despedir*: expulsar; echar.
559   *Hijos de amor*: hijos nacidos fuera del matrimonio.
560   *Reconcomer*: atormentar.
561   *Despecho*: resentimiento.
562   *Adocenado*: mediocre.

por el estilo del que venció la afectada esquivez de Tula, la hija mayor de Neira. El compañero reunía condiciones especiales; quizás entre los que en Marineda vestían levita no existiese ninguno tan a propósito para impresionar a la extravagante como aquel galán de blusa y gorrilla de seda.

Cuando le tendí la mano, dudó y retrocedió: su actitud fue hosca[563] y glacial; al fin, venciéndose, me alargó la diestra a su vez. La presión con que correspondió a mi movimiento me pareció nerviosa; la mano estaba fría: un pedazo de mármol que suda. Acaso estrechaba por primera vez la diestra de un burgués; acaso recelaba que yo me burlase de él tratándole con demasiada cortesía. Me dio sordamente las buenas noches, y le convidé a sentarse a mi mesa. «Tengo que hablarle –dije sin rodeos– y creo que aquí es buen sitio. ¿Nos oirán?».

—No –respondió, mirándome de soslayo y como si se aprestase a defenderse–. Aquí se tratan cosas más reservadas que las que V. pueda traer. Colocándonos en el rincón, ¿ve V.?, cerquita del soportal... y bajando la voz... se van las palabras hacia la calle, y esos que juegan al dominó allá atrás sólo podrían coger, caso que atendiesen, alguna palabra suelta.

—¿Qué va V. a tomar? –pregunté, trasladándome al sitio indicado por el socialista y situándome de modo que el ruido del diálogo se perdiese al aire libre.

—Café –respondió–. Vengo de cenar, y aquí echo la taza de café y la copa todos los días.

—¿Copa... de algún anisado... de... de aguardiente?

—Dispense... De *fine champagne*.

—¡Mozo, coñac del mejor, y dos tazas de café! –ordené, sin dar indicios de que me sorprendía tal refinamiento.

—Sírvase decir lo que guste, porque sólo dispongo de veinticinco minutos. Tengo que largarme a la imprenta. Los hijos del trabajo no derrochamos el tiempo como...

—Como nosotros –respondí sonriendo, no sin un matiz de ironía–. No le robaré a V. más que esos minutos, si V. se hace cargo de que me guían las mejores intenciones.

—Sepamos de qué se trata –barbotó con desconfianza y mal humor, apoyando los codos en la mesa y la quijada[564] en las palmas,

---

563 *Hosca*: seca.
564 *Quijada*: mandíbula.

de suerte que la carne de sus mejillas, subiendo a los ojos, se los achicaba extrañamente. En aquella posición me pareció feo y ordinario, lo cual me consoló.

—Se trata de un aviso que quiero darle a V.

—¿Un aviso?... Y V. ¿a honra de qué santo⁵⁶⁵ me da avisos a mí? Por interés mío no será, de seguro.

—¿V. qué sabe?

—¿No he de saber? Sin cuidado le tendría a V. y a *los otros* que yo reventase... En fin, sea por lo que sea, venga ese aviso, qué yo lo tomaré... si se me antoja.

—Muy lógico –respondí sin poder reprimir a mi vez la irritación–. V. no se fíe de mí, pero escuche y haga luego lo que le parezca.

—Convenido... Aquí tenemos el café... Déjalo –ordenó al mozo–, yo lo serviré, yo colocaré las tazas... ¡Lárgate! –repitió con imperio. Y mientras el socialista ponía azúcar y vertía la infusión humeante, yo, procurando dominarme y expresarme con tono franco y cordial, dije ensordeciendo la voz, pero articulando bien:

—No trate V. de solemnizar el primero de Mayo... No incite V. a la huelga, ni organice manifestaciones, *meetings* o números extraordinarios de periódicos... Procure que su nombre no aparezca mezclado directa ni indirectamente en ningún complot ni en el disparo de un petardo⁵⁶⁶, aunque sea de esos con que juegan los chiquillos... Entérese V. de cómo acostumbra proceder este gobernador; de cómo procedió en Guadalajara, por ejemplo, con los carlistas...

—¡Este gobernador –interrumpió con sorna⁵⁶⁷ el tipógrafo– es la gran ficha! *Les* debería avergonzar mandarnos gente así, si *les* quedase cara honrada adonde saliesen los colores de la vergüenza.

—No discuto con V. la personalidad del gobernador –respondí, poniendo a pesar mío en la entonación del *con* V. cierto desdén–; pero sea lo que quiera este gobernador, parece que viene resuelto a no consentir que se turbe el orden en lo más mínimo. Aquí entre nosotros... sepa que hay autoridades que... que casi se alegran de hallar ocasión de hacer un escarmientito y enriquecer su hoja de servicios... Más le diré a V., por si aún no le basta. Y es que... en las esferas oficiales... hoy... prevalece el criterio de... de no sujetarse a los medios de estricta

---

565 *«A honra de qué santo»*: (expr. idiom.) ¿por qué?
566 *Petardo*: explosivo.
567 *Sorna*: disimulo.

legalidad... porque la ley... a veces... cohíbe568... y... En fin, que después
de esta advertencia leal... V.... echará sus cuentas y se tentará la ropa569.

El compañero guardó silencio, ocupado en llenar nuestras copas
de coñac. Terminada la operación, irguió la cabeza y me miró un rato,
frunciendo las cejas y con el rostro contraído por la intensidad de la
reflexión. Así como suele verse el paso de las nubes que ya encubren
ya descubren un trozo de cielo, veía yo las pupilas del mozo, tan
pronto luminosas como veladas por la sombra de sus turbias cavilaciones. Por fin tendió la mano hacia la copa de licor, y bebió
lentamente un sorbito; se pasó la lengua por los labios, y con sonrisa
agridulce y astuta, profirió estas palabras:

—¡Cuando V. va ya estoy yo de vuelta! Siento que me haya
tomado por un infeliz... V. calcularía: a un obrero cualquiera le en-
gatusa570... Soy de esfera superior, y este, a mis primeras palabras,
¡boca abajo!

Se me encendieron las mejillas. El compañero, al paso que crecía
mi confusión, recargaba el mortificante carácter de su sonrisita mo-
fadora571.

—De dónde saca V.... —murmuré tragando quina572 a grandes
dosis— que mis avisos...

—¡No se moleste más, no se moleste más! – murmuró él con una
ironía mansa y resignada que me cortó doblemente los vuelos–. Sería
raro que a un hijo del pueblo le hablase un señorito con el alma en la
lengua. Se han tragado Vds. que somos unos chiquillos, y que con gri-
tarnos desde lejos: «Ahí viene el coco» o «mira que te encierro en el
cuarto obscuro», nos ponen más blandos que un guante. Viven equi-
vocados, y algún día se desengañarán. Con esos resortes573 poca
carrera haría V. de mí D. Mauro. Y más valdría, entre hombres que
se afeitan, decir las cosas reales: esto, y esto, y esto, y si no lo quieres
así te abro en canal... V. no se ha llegado a este café de mala muerte
para evitar que yo me comprometa el primero de Mayo. Ea, le voy a
dar una leccioncita de claridad y de verdad; voy a cantarle por qué
viene V.... y otros secretillos.

---

568   *Cohibir*: restringir.
569   «*Tentarse la ropa*»: (expr. idiom.) considerar previamente las consecuencias de un acto.
570   *Engatusar*: engañar.
571   *Mofadora*: burladora.
572   *Tragar quina*: aguantar una situación desagradable sin mostrar el disgusto.
573   *Resortes*: influencias.

—Si lo toma V. así... –dije, haciendo ademán de levantarme ofendido y adusto.

—No, perdone V.; yo le he escuchado, y V. me ha de oír, porque supongo que a menos no lo tendrá.

—¡A menos! Haga V. el favor de dejarse de inocentadas. Ni yo me considero superior a V., ni me acuerdo siquiera, en este momento, de burgueses y proletarios y demás andróminas574. Soy un hombre que habla a otro hombre...

—A su igual, ya lo sé –contestó con torvo ceño el compañero–. A su superior en lealtad... Voy a enseñarle el juego.

Callé porque me subían a la boca réplicas agresivas, y el anuncio de las revelaciones del socialista me interesaba demasiado para que no me contuviese.

—Si V. se ha dignado venir aquí –no me interrumpa– es porque hay en Marineda dos personas de su clase de V....

—¡Dale con las clases! –gruñí para mis adentros, impaciente, olvidando que al entrar en el cafetucho también yo pensaba en ellas.

—De su clase de V.... y que me han cogido... un poco de asco... un respeto... en fin, boberías. Al aconsejarme que no turbe el orden, lo que V. me aconseja es que no quite el sueño a D. Baltasar Sobrado y a su futuro suegro D. Benicio Neira. ¿Acerté?

La ocasión venía rodada; el mismo enemigo me presentaba el flanco; y simulando un arranque de franqueza respondí:

—Para que vea; acierta V.... en parte, en parte. Esas personas a quienes V. se refiere... han recibido cartas... cartas anónimas... cartas para asustar, para molestar. En ellas se habla de venganza, de justicia, ¡de muerte!, y se alude a la posibilidad de un atentado semejante a los que por medio de substancias explosivas se han cometido en Barcelona y en París. V. en esas cartas ni aun trataba de disimular la letra; y con ellas en la mano, no este gobernador, pero el funcionario más tolerante, encontraría tela para...

—Para echarme a presidio575 –pronunció con calma el compañero, bajando la voz hasta convertirla en un susurro, a causa del grave giro que iba tomando nuestro diálogo–. Ya lo sé. En el terreno en que me he colocado y dada mi resolución actual, no me importaría. –Hizo una pausa, y apuró lo que restaba de su copa de coñac–. Para de-

---

574 *Andróminas*: falsedades.
575 *Presidio*: cárcel.

mostrar –prosiguió– que le doy un gran ejemplo de franqueza, le diré que lamento haber escrito esas cartas. Cuando las escribí me encontraba ofuscado, medio loco, porque tuve un arrebato[576]... vamos, así como un calenturón[577]... al enterarme de la conducta de mi padre –de mi padre, ya sabe V. quién es– para con mi madre. Ella, la pobre mártir, nunca me había querido contar esta historia. Cuando oyó que D. Baltasar pensaba casarse, me reveló ciertas cosas. Y claro: la primera idea, vengarme y que saltasen todos por los aires y que se los llevase judas al infierno. A V. le parecerá muy mal, y me creerá un monstruo, una fiera; ¡pero V. qué sabe! ¡Ha nacido V. con el pan asegurado; no ha tenido frío nunca por falta de ropa; no le han escupido a la cara el desprecio, porque no tenía V. padre, y porque su madre, al darle a V. a luz, perdió la honra, su único caudal[578]! La injusticia social no ha pesado sobre V.; por mejor decir, la injusticia social le ha sido favorable. Ha cogido V. sitio a la sombra. Yo me aguanté con la cabeza al sol, y los sesos[579] se me requemaron. A puntapiés[580] me destetó[581] el pícaro mundo. Y a puntapiés me empujaría a la hoya[582], si yo no fuese capaz de valerme. Me valdré. ¡No faltaba otra cosa! ¿Que las leyes, que las costumbres, que todo es iniquidad[583]? Pues me tomaré la justicia por la mano. El que viva verá lo bueno. También yo he aprendido que en ciertos casos la legalidad no vale tres caracoles. ¡Ah! Estoy decidido. Y ha de ser pronto, así como así, ¡día que se pierde, no vuelve!

—¡Chist! ¡Bajito! –exclamé alarmado, porque a pesar suyo la voz del compañero vibraba–. ¿Ve V. –proseguí– si vuelve a recaer en los delirios que le dictaron aquellas cartas que pueden perderle?

—Para que V. comprenda –respondió él con sombría y repentina tranquilidad– lo natural que es que a veces me vaya del seguro, como ahora, le diré que si temo ser perseguido no es por las cartas que escribí a D. Benicio Neira. Me parece incapaz de denunciar a nadie.

—Es, en efecto, un santo.

—O un lila –continuó el tipógrafo sonriendo con hiel–. Lo cierto

---

576 *Arrebato*: furia, rabia.
577 *Calenturón*: calentura; fiebre.
578 *Caudal*: propiedad; capital.
579 *Sesos*: cerebro.
580 *Puntapiés*: patadas; golpes.
581 *Destetar*: separar .
582 *Hoya*: poza; hoyo.
583 *Iniquidad*: corrupción; maldad.

es que si de alguien recelo que me tienda asechanzas[584] para dar conmigo en Ceuta o Melilla, es de... de mi propio y amoroso papá... ¡Ese, ese! –repitió crispando los puños–. Ese... ¡como ese pudiera desembarazarse de mí! ¡Ah! Pero le prometo que se lleva chasco[585]. Se ha de hablar de este asunto años en Marineda.

—Ya está V. otra vez fuera de quicio[586]. ¿No decía V. que le pesaba[587] haber escrito esas cartas, haber pensado en violencias?

—Y lo repito. No debí escribir tales papas[588], ni soñar en tal colocación de cajas explosivas. Eso se hizo, se hizo... por espantar[589]... ¿Sabe V.? y al pronto es cosa que seduce: parece que al estallar el chisme va a hundirse el mundo. Pero ya va pasando el furor de la dinamita, porque resultaba una castaña de las gordas. La máquina salta o no salta. Bueno, que saltó. Si no hace cisco[590] al mismo que la coloca ¡y ya es suerte!... rompe cuatro vidrios, perniquiebra[591] a una portera infeliz que de nada tiene la culpa, y deja tan frescos y tan sanos a los que pretendía castigar. Y la policía le trinca a V. y le mete en chirona[592], y viene el juez y le envuelve... y al grillete... o a otra cosa más fea... ¡Ah! Que vivan tranquilos, que salgan, que entren... El compañero Sobrado no pondrá bombas en el portal ni en la escalera de nadie. ¡Y en la escalera de esa casa... menos que en ninguna!

Al pronunciar esta sencilla frase, la cara del tipógrafo cambió; de alterada y contraída se volvió radiante, se dilató, y en sus ojos se descubrió de una vez limpio el trozo de firmamento. No pude dudar: *esa casa...* quería decir *la casa de Feíta*.

—Que se les pase el cerote[593] –continuó casi afable[594], mirándome como con fisga–. Puede V. decirles a sus amigos... y a la autoridad, que por el compañero Sobrado ni se alterará el orden, ni estallarán petardos, ni habrá *meeting*, ni manifestación. Los demás... no puedo yo responder por ellos; por mí respondo, y mi palabra es palabra.

---

584   *Asechanzas*: sorpresas.
585   *Llevarse chasco*: llevarse una decepción.
586   *«Estar fuera de quicio»*: (expr. idiom.) estar molesto o enfadado; perder la paciencia.
587   *Pesar*: molestar.
588   *Papas*: fantasías.
589   *Espantar*: asustar.
590   *Hacer cisco*: (expr. idiom.) romper en pedazos; destruir.
591   *Perniquebrar*: romperle las piernas.
592   *Meterle en chirona*: meterle en la cárcel.
593   *Cerote*: sorpresa.
594   *Afable*: simpático.

—¿Según eso renuncia V. a... a toda violencia?

—¡Ah! Eso no le importa a nadie, y en mi derecho estoy al callar
–contestó el agitador levantándose y calando la gorrilla sobre los co-
piosos rizos–. Poco ha de vivir el que no lo vea. Y al Sr. de Neira...
agradeceré que le diga que, lejos de intentar molestarle, me complacería servirle, y que puede disponer de mí y de cuanto valgo, y que
este ofrecimiento no es palabrería[595], que me sale de aquí –y el compañero se golpeó sobre el corazón–. Pero si se empeña en que su hija
Doña Rosa ha de ser la señora de Sobrado... que pierde el tiempo. Que
la busque otro marido. Y adiós, D. Mauro: celebro conocerle perso-
nalmente. Aunque sé que no vino V. para hacerme ningún favor... es
lo mismo, D. Mauro. No haya rencores. Si me quiere mal, no puede
hacerme daño; y si me desea bien... no está en mano de V. mi destino.
Estas me valdrán –añadió, abriendo las anchas y musculosas manos–
. Amigos no podemos ser, porque esto –y sacudió su blusa– lo impide.
No importa; si me necesita... Abur.

Fuese rápidamente, porque era la hora de su trabajo, y yo quedé
más confuso que antes de venir, más picado de la víbora de los celos,
cortado, preocupado, con el presentimiento de que algo serio latía bajo
aquellas gastadas y cursis diatribas antisociales.

---

595 *Palabrería*: verbosidad.

– XIX –

Al dejar el café reconocí que salía derrotado. La entrevista con el tipógrafo no había dado más fruto que el de redoblar mis inquietudes y exasperar mi deseo de ver a Feíta, de disfrutar la picante delicia de su conversación, y de discutir sabrosamente, pareciéndome que un palique[596] con la chiquilla era lo único que podía quitarme la murria[597], y a la vez, que en ese palique descubriría yo la veta[598] de su sentir y sabría hasta qué punto la era o no indiferente el peligroso *compañero*. Tuve, sin embargo, valor para resistir y para recogerme aquella noche sin ceder a la tentación de presentarme en la tertulia de Neira; pero no estaba en condiciones de luchar más contra mí mismo; no en balde me habían acostumbrado a darme gusto, a evitarme sensaciones penosas o desagradables; no en balde era mi propio niño mimado. Perdemos la disciplina moral, y con ella el vigor; la *filancia*, que nos acaricia, nos enerva[599]. A la mañana siguiente, llegada la hora en que Feíta acostumbraba visitar la biblioteca, no salí de casa, y esperé con ansia digna de un cadete[600] el ruidito del mueble o el susurro de la hoja volteada. Oí el campanillazo; sentí andar en el pasillo... y no tardé en comprender que se encontraba Feíta en el cuchitril. Me levanté, corrí gozoso a herir con los nudillos la puerta... y al primer golpe, otro golpe respondió desde adentro. Al mismo tiempo que yo la llamaba, me llamaba Feíta a mí.

Volví el picaporte y entré. La muchacha me esperaba de pie, con el sombrero puesto, sin haber tocado a un libro.

—Venga V. –dijo con una seriedad muy distinta del tono desenfadado y chancero[601] que habitualmente gastaba–. Rabio[602] por verle.

---

596 *Palique*: conversación.
597 *Murria*: tristeza; pena.
598 *Veta*: línea.
599 *Enervar*: Debilitar; agotar.
600 *Cadete*: alumno.
601 *Chancero*: gracioso; chistoso.
602 *Rabiar*: impacientarse.

—¡Qué casualidad, Feíta! –exclamé, mirándola con avidez[603]–. Rabiábamos los dos... yo sobre todo. Pero ¿qué sucede? ¿Ocurre algo grave? ¡Si parece V. otra! ¿Está V. enferma?

—Enferma, no; disgustada, muy disgustada, sí. Quiero contarle mis penas... ¿No le fastidio? Sea franco. Necesito que me oigan, que me consuelen[604], que me ayuden.

Sentí que se me iba el alma hacia Feíta, en quien por primera vez apreciaba un rasgo de flaqueza femenil, algo que me halagaba[605] y enternecía. La independiente venía a someterse, a que la sostuviese mi brazo... Un intenso goce, una emoción que no supe disimularme embargó, y mi cara debió de traducir esta ráfaga de engreimiento[606] viril, porque a su vez el rostro de la indisciplinada se suavizó y despejó, sus labios se entreabrieron, y sus ojos verdes me enviaron un rayo, no quiero decir de cariño (sería mucho asegurar), pero sí de simpatía y concordia; de algo sumiso, ingenuo y dulce, que me transportó al quinto cielo[607]: ¡tal y tan profunda era ya mi herida!

Siéntese V. –pronuncié solícito–. Así... aquí... Descanse, tome aliento, acepte un caldo, o una copa de buen Jerez... Esta V. pálida, ¡ya lo creo! y muy desencajada[608]...

—Acepto el caldo –contestó la muchacha–. No me he desayunado aún. Tengo frío y debilidad, y la debilidad es tan mala consejera, que estuve a punto de soltar el trapo a llorar cuando le he visto a V. ¡Yo llorar! No me ha sucedido otra desde que mamá se murió y desde que yo era así –y bajó la mano–. Aborrezco los pucheros y las lagrimitas. Deme ese caldo... y también, también el Jerez.

Salí para pedir lo que Feíta deseaba, y después de una breve conferencia con doña Consola, volví a la librería y encontré a la niña recostada en el sofá de crin, en actitud tan meditabunda[609], que podía graduarse de melancólica. Me apresuré a sentarme a su lado, conteniendo las ganas de apoderarme de sus manos –manitas ya bien cuidadas y pulcras– y apretárselas para comunicarle la efusión con que solicitaba ser su guía y su apoyo.

---

603   *Avidez*: aspiración.
604   *Consolar*: confortar; reanimar.
605   *Halagar*: agradar; satisfacer.
606   *Engreimiento*: vanidad; pretensión.
607   «*El quinto Cielo*»: (expr. idiom.) estado de felicidad extrema.
608   *Desencajada*: desajustada.
609   *Meditabunda*: pensativa.

—Hasta que tome el caldo no hablo –dijo con abatimiento610–. Me faltan ánimos.

Cinco minutos a lo sumo tardaría en aparecer la insigne patrona, y en presentar a Feíta el sopicaldo más caliente, restaurador y bien calado que pudiera soñar un enfermo. Yo mismo escancié la copa del rancio oloroso, y ofrecí los bizcochos ligeros y crocantes. Feíta comió y bebió con gusto y ansia; a cada cucharada, a cada sorbo, se la veía revivir. Tal vez la pobre niña llevase mucho más tiempo del que decía sin probar bocado611. En esta suposición me confirmó el oírla exclamar:

—¡Qué bueno estaba! Dios bendiga a doña Consola... Desde ayer por la mañana se me cerró el pico... ¡Ay! Esto es otra cosa, Abad. ¡Maldito cuerpo, que no ha de pasar sin lastre612!

Así que doña Consola recogió la taza vacía, dejando la botella y la copa «por si acaso», me acerqué a Feíta nuevamente.

—Sepamos qué ocurre –dije en tono que convidaba a la expansión–. Aquí me tiene V. todo envanecido613 de que me elija para confidente...

—¿Pues a quién había de elegir?... Hace tiempo que mi padre no le calla a V. cosa ninguna... De cuantos vienen a casa... sólo V.... sólo V. no entró en ella para dañarnos. V. se ha portado mejor que todos. Sé que reserva V. lo que le dicen, y se me figura que no me desea V. ningún mal. ¿Verdad que no me lo desea?

—¡Qué criatura! –exclamé conmovido–. Toda clase de bienes. Si me he peleado con V. más de cuatro veces, ha sido por... por eso... cabalmente por eso. Buenos deseos, amistad... interés que...

—No lo dudo –declaró ella, sacándome sin querer del atolladero614–. Por eso resolví despedirme de V.... y que no ignore el motivo de mi marcha... De pedir favores a alguien...

—¿Su marcha de V.? –interrumpí aturdido.

—Me voy a Madrid... a ver si allí puedo encontrar trabajo suficiente para mantenerme.

—¿Pero qué significa esto? ¿Qué arrechucho615?...

---

610 *Abatimiento*: debilidad.
611 *Probar bocado*: comer.
612 *Lastre*: molestia.
613 *Envanecido*: orgulloso.
614 *Atolladero*: dilema.
615 *Arrechucho*: arrebato; impulso.

—No hay tal arrechucho. Las ganas de emigrar las tengo de antiguo. Además, mi casa... ¿Le parece a V. que yo encajo bien en mi casa? No hay idea, no hay pensamiento, no hay cosa de este mundo en que estemos conformes los que viven a mi lado y yo. A mí se me figura que allí no se hace cosa al derecho; y ellos piensan que yo deliro. Disputas vanas, choques continuos, asperezas, caras de cuerno, belenes... eso es allí el pan de cada día[616]. Yo repruebo[617] el modo de vivir de mis hermanas; ellas dicen que el mío las pone en berlina[618], y que no quieren por hermana a una maestra, a una rara, a un marimacho. Cuanto oigo, cuanto veo, en vez de contribuir a que me perfeccione, a que valga más, no hace sino agriarme[619], corromperme el hígado. Como dice uno de los pocos poetas que me gustan, «vivir quiero conmigo». En aquel bureo[620] no me encuentro a mí misma, no me conozco, no me poseo, y se me lleva Barrabás[621]. Creí que la libertad consistía en salir sola a la calle. No; también consiste en estar sola dentro de casa.

—¡Ah, Feíta! –murmuré con ahínco y pena–. ¿Ve V., ve V. las consecuencias fatales de esa desatinada[622] e imposible emancipación? ¡Ya sueña V. con abandonar el hogar doméstico y con renegar de la familia, imitando a las desatentadas y monstruosas heroínas de Ibsen[623], que se marchan cuando se las pone en el moño, pegando un portazo... y a correr mundo!

—V. perdone –respondiome Feíta con su brío acostumbrado, que delataba la beneficiosa influencia del caldo y del añejo jerez–. La heroína de Ibsen a que V. alude deja a su marido y a sus hijos. Se dan casos de mujeres que los dejan por motivos peores que los que guían a Nora; pero, en fin, ello es que Nora abandona a tres inocentes. ¡Yo... abandono a varios culpables! No se asuste, ya le probaré que no exagero. Si estos culpables fuesen mis hijos... ¡puede que no tuviese valor para tanto, culpables y todo! No son mis hijos. Por algo he

---

616 *«El pan de cada día»*: (expr. idiom.) lo habitual.
617 *Reprobar*: criticar; censurar.
618 *«Ponerles en berlina»*: (expr. idiom.) ponerles en ridículo.
619 *Agriar*: exasperar.
620 *Bureo*: distracción.
621 *Barrabás*: persona mala o traviesa (DRAE).
622 *Desatinada*: ilógica; excesiva.
623 Aquí la autora hace referencia al gran escritor noruego Henrik Ibsen que escribió y estrenó la obra de teatro *Casa de las muñecas* en 1879. La drama se enfoca en la madre de familia, Nora, que decide abandonar a su marido y sus hijos para crear su propio destino. «La obra critica los papeles tan limitados de las mujeres en esta época.

formado la resolución de no casarme. –Los hijos deben de ser una cadena atroz... –No se figure V.: me duelen las niñas pequeñas y mi padre. He de estar tristísima los primeros tiempos lejos de aquí. Desde que me convencí de que era preciso marcharme, no he comido; así me puse tan débil. Pero hay que armarse de valor. Convencida de que debo marcharme, me marchó, y salga el sol por Antequera624. Cuanto más pronto...

—¡Hija, hija... cómo se amontona V., y qué pronto abraza decisiones heroicas! Vamos, vamos, agua fría por la cabecita... y tenga la amabilidad de explicarse. Yo no le digo a V. que su propósito... andando el tiempo... preparándose... sea malo, sea indigno desaprobación... Por lo mismo que se trata de una cosa que levantará polvareda625, hay qué pensarlo: déjeme V. respirar. ¿Por qué tal prisa?

—Porque... –respondió la muchacha estremeciéndose– porque *allá* suceden cosas... Así como así, tiene que llegar a saberse, y quiera Dios que no se sepa ya. ¿Me va V. a convencer de que no lo sospecha? Yo, al ver que V., que siempre concurría a la tertulia, falta de ella desde hace un mes, supuse que había olido... Las de Tardejón también dijeron pies para qué os quiero626: se han escandalizado, y supongo que llevarán el cuento a todas las esquinas. Y mi padre... mi padre... ¡ciego, sordo, embaucado627, echándolo todo a buena parte, creyendo que mis hermanas han encontrado *novio*!... cuando, lo que han encontrado es...

Hizo Feíta, al pronunciar estas palabras, un gesto tan expresivo, de asco, de desprecio, de repulsión, que cambió su fisonomía y la hizo diez años más vieja.

—¿De veras? ¿Según eso...? ¡Baltasar..!

—Baltasar... y Mejía... ¡sí! ¡Y ellas...! Ya ve V. que debo marcharme... hasta por sentido moral. O me marcho... o se lo canto a mi padre y le doy la muerte... porque a esto no resiste. Sé que no resiste.

—¡Qué infamia628! –exclamé–. ¡Los canallas629 esos! ¡A unas señoritas! ¡A las hijas de tan buen hombre! ¿Pero está V. cierta, Feíta?

---

624 *«Salga el sol por Antequera»*: (expr. col.) que las cosas salgan como tienen que salir, que está decidida marcharse.
625 *«Levantar polvareda»*: (expr. idiom.) causar controversia.
626 *«Pies para qué os quiero»*: (expr. idiom) vámonos, es hora de escapar.
627 *Embaucado*: engañado.
628 *Infamia*: ofensa.
629 *Canallas*: malvados.

De Rosa... francamente... ya tenía yo mis barruntos[630]... ¡De Argos,
no! ¿No será error de V.?

—Ojalá.

—¿Cómo lo averiguó V.?

—Por... por su descaro[631] —respondió Feíta ruborizándose y con
un tono humilde y dolorido, que daba pena.

---

630   *Barruntos*: sospechas.
631   *Descaro*: atrevimiento.

– XX –

Mi hábito de desconfiar de las mujeres, de suponerlas consagradas a la caza del marido, venció en aquel momento a los sentimientos que Feíta despertaba en mí. Noté una especie de frío moral repentino, y acogí receloso las confidencias de Feíta, precisamente cuando estas llegaban al grado de mayor intimidad y abandono, cuando la muchacha no recataba nada de lo que la afligía[632]. Sentí que me ponía en guardia, y me pareció que de pronto mi cariño se sumía como agua en arenal. Sin embargo, continué atento, bien dispuesto en el terreno amistoso. «Procederé como amigo», pensé, «como verdadero y leal amigo, a fin de que si estas son artimañas[633] de una mujer, dotada de gran entendimiento y voluntad, para buscar otro género de protección, no pueda quejarse ni motejarme[634] de que no la aconsejo y sirvo desinteresadamente».

—Vamos, hija mía –insistí en alta voz– no sea que se haya V. ofuscado[635] y visto lo que no existe. ¡Quizás la... la intriguilla de... de sus hermanas... sea inocente... o no sea aún tan... tan arriesgada como V. supone...!

La muchacha respiró, se pasó la mano por la frente, y se encaró conmigo, mirándome de un modo que subyugaba por lo límpido y firme.

—Apelo a su sinceridad –dijo–. ¿Puede V., no *jurar* (detesto los juramentos), sino asegurarme, como hombre de bien, que las relaciones de mis hermanas son puras?

Callé, bajé la cabeza, y Feíta continuó:

—¡Lo ve V.! Por otra parte, dijese V. lo que quisiese, sería igual. No hablo sin pruebas.

—Mire V., a veces una exterioridad... una tontería...

632 *Afligir*: desesperar.
633 *Artimañas*: disimulos.
634 *Motejar*: censurar; criticar.
635 *Ofuscar*: alucinar.

—No me dé V. esa clase de consuelos, Pareja; conmigo no se moleste V. en aplicar paños calientes636. No me conoce V.; sin duda no comprende todavía lo que soy... en bueno y en malo... No me asusto de que mis hermanas tengan novio. Casi... casi... no me asustaría de que tuviesen... otra cosa. Me horrorizo, sí, de las circunstancias que rodean esa... flaqueza637 suya. Aunque en otros terrenos nos entendiésemos ellas y yo (que nunca nos hemos entendido), su conducta en este nos separaría por siempre jamás amén. Rosa... ¿Creerá V. que hasta el explicarlo me cuesta sudores?

La vi palidecer638 y la oí suspirar acongojada639.

—Rosa... ha cedido al dinero. Rosa se ha vendido. Argos... es menos antipática; se ha entregado... por capricho, por curiosidad malsana, por novelería, por falta de sentido moral... ¡Ah! y por enfermedad. No vuelva V. la cara. ¡Ya entiendo! La vuelve V., no porque le espanten los hechos *de ellas*, sino porque le horrorizan *mis dichos*. Estoy hablando como no hablan las señoritas. No sería V. hombre si no le alarmasen más en la mujer las palabras reflexivas que los procederes ligeros; no sería V. hombre si no negase a una mujer que no quiere delinquir640, el derecho a saber en qué consiste el delito.

—Tiene V. razón –respondí, instantáneamente dominado–. No puedo acostumbrarme a pensar que para V. no hay misterios. ¡Es V. tan joven, tan buena, tan lista, tan encantadora!; y añadidas a esas cualidades, ¡la ignorancia, la inocencia, la sentarían a V. tan bien! Son esos fatales libros, son ciertos estudios... impropios... los que destruyeron en V. el mayor hechizo641 de su edad y de su sexo...

—Si eso fuese un hechizo... poco me importaría carecer642 de él. No aspiro a hechizar643 a nadie.

—Pues hechiza V., aunque no se lo proponga –dije requebrándola involuntariamente.

—¡Entonces, auto en mi favor! Nada he perdido... Abad, Abad, hablemos en serio, que los tiempos no están para chanzas. Le puedo asegurar, sacándole de un error, que por los libros y los estudios yo

---

636   *Paños calientes*: (expr. idiom.) remedios paliativos e ineficaces (DRAE).
637   *Flaqueza*: debilidad.
638   *Palidecer*: perder el color.
639   *Acongojada*: afligida: angustiada.
640   *Delinquir*: agredir.
641   *Hechizo*: atractivo.
642   *Carecer*: faltar.
643   *Hechizar*: cautivar; atraer.

sería aun... eso que Vds. llaman inocente. He leído mil cosas que no comprendí. La clave de ellas me la dio el mal ejemplo que he visto, los tristes cuadros que contemplo. La inocencia se puede perder muy temprano, sin leer más que el calendario, y hasta leyendo el *Astete*644. ¿Dónde habrá libro más inmoral que mi casa? —añadió con amarga risa—. Por eso no quiero leerlo. Lo cierro. Si pudiese lo quemaría.

—Rosa —prosiguió después de una pausa en que no acerté a encontrar forma de interrumpir sus dolorosas reflexiones— estaba predestinada a este desenlace, si no encontraba inmediatamente un marido muy rico. Y si encontraba ese marido, estaba predestinada a arruinarle y a cubrirle de vergüenza. Por un retazo645 de terciopelo646, vende Rosa la hostia consagrada647. ¡Muñeca sin alma y sin decoro! Increíble parece que cieguen tanto unos trapos. Mire V., contra esa estoy más indignada que contra Argos... No me explico su conducta. La indignación viene de ahí: de que no comprendemos, de que no podemos concebir una acción. Si lo comprendiésemos todo, todo lo perdonaríamos. En mi cabeza no cabe que por un metro de tela se hagan semejantes porquerías. ¡Un hombre gastado y que no la gusta! ¡Un usurero, un prestamista, que ni es capaz de derrochar por una mujer! ¡Vamos, eso no es malo, porque... porque es peor!

—Va V. a oír —continuó frotándoselos párpados con rabia— lo que ha hecho Rosa. Se ha vendido, bueno: pero como es tan necia, como su pobre cabeza está tan vacía, ni venderse supo, y lo que hizo fue ponerse la argolla648 de esclava, y a mi padre también. D. Baltasar Sobrado, es, como V. no ignora, una hormiguita649. Tiene a papá sujeto con préstamos que le va facilitando. Puede, cuando le plazca, dejarnos en la miseria. Pues bien; Rosa, en vez de tratar —ya que iba *al negocio*— de conseguir la libertad de papá, de conservarle el pan de la vejez... ¿cómo dirá V. que cedió a las pretensiones de ese coscón650 vicioso? ¡Conviniendo651 Sobrado en que la *garantizaría* en las tiendas, sobre todo en la *Ciudad de Londres*, de donde la envían lo que pide sin presentar la factura!

---

644   *Astete*: libro de catecismo católico publicado originalmente en 1599 por el jesuita Gaspar Astete.
645   *Retazo*: sobras.
646   *Terciopelo*: una tela lujoso que se usa para coser vestidos y otras prendas de ropa.
647   *Hostia consagrada*: eucaristía; aquí hace referencia a algo de mucho valor.
648   *Argolla*: cadena.
649   *Hormiguita*: persona que ahorra mucho.
650   *Coscón*: astuto.
651   *Convener*: arreglar; pactar.

Los ojos de Feíta, al decir esto, chispeaban; sus mejillas ardían, y temblaban sus labios. Era magnífica su expresión de antipatía y desdén, y disipadas mis sospechas enteramente, recobró su influjo y me sentí atraído hacia ella con más fuerza que nunca.

—¿Comprende V.? –repetía–. ¿Ve V. la trampa en que se ha dejado coger esa idiota? ¿Ve V. lo que sucederá cuando mi padre, o tenga que abonar652 las deudas de Rosa, que ascienden a miles de reales, o que debe el perdón y el abono de esa partida a la *garantía* y a la generosidad del infame de Sobrado? ¡Ah! ¡Cuántas ganas he tenido a veces de que el *compañero* le ajuste las cuentas! ¡Y se las ajustará, quién lo duda! ¡Si no, no habría Dios en el cielo!

Mortificáronme estas palabras y volvió a morderme el despecho en el corazón. Aquel obrerito –saltaba a los ojos– había encarnado el ideal de la sabia, y hasta sus sueños de venganza y justicia.

—No sé –continuó Feíta– si será verdad que el mucho estudio nos acerca a Dios: yo bien poquito he estudiado por ahora, pero cada día creo más en la Providencia, y en que no hay maldad que al fin y al cabo no se pague. ¡Todos pagarán, todos serán castigados según su delito653, y V. lo verá y yo lo veré! Pero no quiero verlo de cerca. ¡Ahí se quedan mis hermanas... según la carne...! con sus intrigas y sus enredos y su afán de conservar *la posición*, ¡esa manía que tanta parte ha tenido en la desventura de Rosa! Porque Abad, ese es el secreto. Las clases sociales, preocupación maldita, han hecho nuestra desgracia. Somos una familia de origen noble: convenido. Tenemos un escudo donde campean un aguilucho, unos roeles y no sé qué más zarandajas654 heráldicas. Allá en el siglo XV y en el XVI un Neira fue señor de algún castillejo, y puede que hiciese barbaridades en la guerra. Pero faltó el *guano*, y cuando mis padres se trasladaron a Marineda, veníamos ya a reducirnos, a dejar nuestro papel de señores de pueblo. Desde que abandonamos la casa solariega y vendimos los trastos viejos y alquilamos un pisito en la capital, entramos en la *clase media*. De clase media fueron nuestras relaciones, de clase media nuestro modo de vivir. ¡Y ni aun de clase media ilustrada! No; de esa clase media que ni dirige ni sube. Así y todo, no alcanzaban los cuartos. El varón de la familia, inepto para el estudio; nosotras, mujeres y teniendo que

---

652   *Abonar*: pagar.
653   *Delito*: infracción.
654   *Zarandajas*: tonterías.

gastar y que exhibirnos, a ver si *nos colocábamos*. Papá, no decidiéndose nunca a... a hacer algo, a solicitar un puesto, a jugar los codos655. Su honradez, su modestia, su decencia, le estorbaban... –Mi padre es de otra época, de tiempos en que la sociedad iba más despacio. –Muere mi madre, que hacía milagros de economía. Viene el desconcierto656, el préstamo, la hipoteca, los apuros657, el trueno. Si hubiese sentido común, si la vida se construyese directamente, sin farsa, con lógica... ahora era ocasión de que bajásemos otro peldañito, e ingresásemos en las filas del pueblo. ¿Por qué no? ¡Si al fin hemos... han de caer, digo, en las de la gente perdida y despreciada! ¿No valdría más que Rosa planchase? ¿No estaría mejor Argos cosiendo? ¡Cuánto tiempo hace que la aconsejé que se dedicase a tiple de zarzuela! A estas horas tendría la independencia ganada con su trabajo.

—¡Eso es imposible, Feíta!

—¿Por qué imposible? Lo imposible es vivir de cierto modo... Que se olviden de ese rótulo que dice: «somos señoritas», y que se coloquen en la única situación honrada que les permiten las circunstancias. Si quieren continuar dentro de la clase media (aunque en su esfera más humilde) entonces... que trabajen como yo. Pero ellas dicen que es *una vergüenza* trabajar así. ¡En casa –añadió, riendo sardónicamente– la vergüenza, soy yo quien la traigo! Pues he estado bien resuelta, si no encontrase lecciones, a entrar de doncella en una casa de Madrid. Sería *pueblo*... sí, *pueblo*... Comería en la cocina, al lado del lacayo... y dirían de mí: La Fe... una cántabra muy viva de genio... que no aguanta cosquillas658. Y los domingos, en vez de salir a los Tíos Vivos y a los bailoteos y a las jaranas, me iría a ver Museos y a aprender lo que pudiese... Sería *pueblo* con el cuerpo, lo cual casi me hace ilusión... y con el cerebro sería *aristocracia*, más que mis amos probablemente... ¿No está V. conforme, Abad? ¿Vale más andar como Rosa y como Argos?

—Y está V. segura –insistí– de que Argos también...

Feíta movió la cabeza afirmativamente, con violencia y tenacidad.

—¿No será una cosa sin trascendencia?

— Es cosa muy de fondo... terrible... Basta que yo lo diga... No me

---

655 *Jugar los codos*: (expr. idiom.) ponerse a trabajar seriamente.
656 *Desconcierto*: desorganización.
657 *Apuros*: aprietos.
658 *No aguanta cosquillas*: (expr. idiom.) no tiene sentido de humor.

haga V. entrar en detalles. Rosa aún guarda ciertas apariencias, pero Argos, con su desequilibrio y su condición de pólvora659, no se recata, y ver a V. lo que tarda en cubrirnos de barro660. No quiero ver eso. Me voy. Nada puedo remediar. El favor que solicito de V. es que me preste lo indispensable para el viaje en tercera... y para vivir en la capital los primeros días. Cuatro cuartos, porque ya me han buscado en Madrid lecciones: Moragas, que es mi amparo, me recomienda a unas amigas suyas, que tienen muchas niñas y me admiten como una especie de institutriz... sin diploma y sin residencia... Las casas allí son chicas. Creo que falta habitación para mí. –Hay otra lección, en un colegio, de historia. Habrá que estudiar para lucirse y cumplir bien, ¡tan bien como un hombre! ¡Y puesto que he de pagarle a V. religiosa y civilmente... me conviene que me preste V. muy poquito... ¡para desentramparme661 pronto! ¿Verdad que no me niega V. este servicio? Mucho se lo agradeceré: no lo olvidaré nunca.

Me levanté sin contestar, y comencé a pasear por el reducido espacio del cuchitril662. Una lucha se verificaba en mi alma. Las palabras de Feíta, su modo de pensar y de sentir, tan bien manifestado en aquella decisiva conversación, habían acrecentado y desatado, con reacción violenta, mi entusiasmo, actuando sobre mi imaginación, realzando su figura, obligándome, casi a la fuerza, sin aquiescencia663 de mi voluntad, a estimarla como nunca, y a postrarme rendido a sus pies. Mis desconfianzas, ya que no muertas, reposaban adormecidas por la magia de aquella bravía veracidad, de aquella virtud natural y desenfadada, de aquella pureza consciente y segura de sí misma, de aquella originalidad de pensamiento, que jamás pude imaginar que se encontrase en una virgen de poco más de veinte años. Sentíame arrebatado664, conquistado, enamorado a todo trapo665, de veras, y un arrebato inexplicable llenaba mi pecho, como si aquel sentimiento singular, que pocos días antes ni sospechaba, fuese para mí una patente de juventud, de salud moral, de energía, la potencia germinativa del alma, conservada en mí y atrofiada antes bajo la plancha de acero del

---

659   «*Condición de pólvora*»: (expr. idiom.) ser una persona impredicible y peligrosa.
660   «*Cubrirnos de barro*»: (expr. idiom.) arruinar nuestra reputación.
661   *Desentrampar*: desempeñar.
662   *Cuchitril*: cuarto pequeño.
663   *Aquiescencia*: aprobación.
664   *Arrebatado*: impulsivo.
665   *A todo trapo*: totalmente.

egoísmo. Sí; lo más extraordinario, es que me regocijaba666 de sentirme en poder de la pasión. Juraría que había crecido. Mi pulso se apresuraba, mis venas hervían, mi cuerpo era ligero y ágil como cuando respiramos inhalaciones de éter. ¡Sensación extraña! En aquel transporte me parecía volar... Apenas quería combatir: ansiaba entregarme; rabiaba por dar salida a las palabras que se agolpaban a mis labios y desahogo a la plenitud de mi corazón. Me sacó de aquel estado de positiva embriaguez la voz de Feíta, diciendo festivamente:

—No creí que mi petición le agitase a V. tanto. Figúrese que no he dicho nada. Le pediré a Moragas ese dinero, y aunque por su genio caritativo tiene mil compromisos, de seguro me lo da.

—¡Feíta! –exclamé volviéndome con ímpetu hacia ella, y dejándome caer en el sofá a su lado–. ¡Que ha de ser V. tan lista para unas cosas y tan cerrada para otras! ¿Supone V. que se trata de dinero? Tome V.

Y eché mano al bolsillo y lo vacié sobre la mesa.

—¿Quiere V. ahora mismo mis economías todas? ¿Quiere mi patrimonio? ¿Quiere mis muebles, mis ropas, mis libros?

—¿Está V. en su juicio? ¿Somos chiquillos y jugamos? Me bastan quince o veinte duros.

—Pero si V. no se irá; si V. se quedará aquí... ¡para toda la vida! Desengañaremos a su padre de V.... salvaremos a sus hermanas... arreglaremos esas historias... ¡Si supiese qué contento estoy!

—A mí me parece que está V. fuera de sí667 –respondió ella levantándose, ya sorprendida y alarmada.

—Y le parece a V. bien. No me haga caso... Es decir, sí... Oigame; no se ría... ¿Quiere V., Feíta... quiere V.... ¡ah! ¡mire que no se trata de ninguna broma! quiere V.... casarse conmigo... inmediatamente?

---

666 *Regocijar*: alegrar; gozar.
667 *Fuera de sí*: alterado.

– XXI –

Apenas articulé estas palabras decisivas, cuando se me figuró que las había pronunciado otro, una persona desconocida que estaba allí, dentro de mí, agazapada en lo profundo de mi ser, pero que no era yo mismo, sino más bien mi antagonista, un espíritu hostil, alguien que procuraba mi daño y mi muerte. ¡Arrechucho de incalculables consecuencias! ¡Repentón sentimental, de que nunca me hubiese creído capaz a sangre fría, en mi sano juicio! Acababa de dirigir a una mujer casadera una proposición de matrimonio en regla[668], con toda formalidad; acababa de tender voluntariamente el cuello al yugo, y de trazar la línea de mi porvenir con una sola frase, prólogo de la más grave e irrevocable determinación que adopta en su vida el hombre.

Mas no me dio tiempo mi vencedora para apurar el susto de recudida. Al oír mi proposición, permaneció silenciosa, como si reflexionase; sus reflexiones –si las fueron–, durarían un minuto escasamente. Rehecha ya de la sorpresa, que no debió de ser floja, me miró con una mezcla extraña de satisfacción y recelo; sin duda –así me lo sugirió la vanidad masculina– la abrumaba el peso de tanto bien, y no lo creía posible ni verosímil. Sinceramente juzgaba yo que el haber ofrecido a Feíta mi mano era rasgo de estupenda magnanimidad[669], y que cuanta gratitud tuviese disponible la muchacha sería poca para estimar y pagar mi generoso arranque. Provenía esta opinión de mi concepto de que el hombre que se decide a casarse, dispensa señalado favor a la mujer elegida y realiza un acto de heroica abnegación, resolviéndose a una existencia de trabajos y sacrificios. Era mi celibatismo, era mi inveterado[670] miedo a *la gran locura* lo que en aquel instante predominaba en mí, encogiéndome de pavor el alma.

Al cabo, Feíta abrió la boca, y fue para decir, con afectuosa apacibilidad:

---

668   *En regla*: (expr. idiom.) que se realiza de la debida manera.
669   *Magnanimidad*: generosidad.
670   *Inveterado*: antiguo.

—Gracias, Pareja; en tal ocasión, el ofrecerme la blanca manita es una prueba de amistad y de simpatía ¡de las mayores! Se conoce que tiene V. un corazón noble, y que, aparentando ser un solterón muy duro de pelar[671], en realidad es V. extremadamente bondadoso, y capaz de jugarse[672], en un momento dado, su tranquilidad, por seguir el impulso de un sentimiento compasivo... Esto me demuestra que no me había equivocado al creerle a V. mi mejor amigo... la única persona que sin propósitos infames entró en nuestra pobre casa. Le aseguro que este momento es señalado para mí, y que después de tantos días como llevo de tragar quina y de pasar berrinches[673], ahora de pronto me parece que se me ha aligerado el corazón. Como que —añadió dirigiéndome una sonrisa de celestial dulzura— hasta me late fuerte... hasta me he puesto temblona. ¿Qué quiere V., amiguito? No es una de estuco[674], y la primera vez que la piden en matrimonio, la cosa hace su efecto... ¡Al fin es una demostración de aprecio muy grande! La más grande que, hoy por hoy y según están las cosas, puede un hombre dar a una mujer de su misma esfera, sobre todo si la mujer es tan *mal partido*[675] como yo... Vengan esos cinco, Pareja; tengo ganas de apretárselos.

Me apoderé[676] ávidamente de la mano desnuda que me tendía la singular muchacha, y al aprisionarla entre las mías y experimentar ese choque eléctrico que determina el roce de la palma de la persona querida, conocí por primera vez que no era mi ilusión tan espiritual como había imaginado. En esto del análisis amoroso siempre nos aguardan sorpresas, porque no hay instrumentos para pesar y aislar los sentimientos y las sensaciones.

—De modo —exclamé turbado y haciendo esfuerzos para ocultar la índole de mi alteración— que ya es mía esta rica manita. ¿Mía para siempre? ¿Me la entregan?

Prontamente, de un modo casi violento, Feíta retiró su diestra[677], y dijo sin afectación de desdén[678], pero en tono muy categórico:

—Eso no.

---

671   *Duro de pelar*: (expr. idiom.) difícil de conseguir.
672   *Jugarse*: fastidiarse.
673   *Berrinches*: arrebatos; ataques.
674   *Ser de estuco*: (expr. idiom.) alguien que se muestra indiferente.
675   *Ser mal partido*: (expr. idiom.) una persona que no se considera deseable como pareja.
676   *Apoderar*: agarrar.
677   *Diestra*: mano derecha.
678   *Desdén*: desprecio; repulsa.

Casi arrepentido cinco minutos antes de mi proposición matrimonial, al rechazarla Feíta pareciome que toda la felicidad a que yo podía aspirar en el mundo se desvanecía[679] y disipaba al eco de aquellas palabras concisas y durísimas. Un frío mortal cayó sobre mi alma, y como si en el orbe no existiese otra mujer sino Feíta, me vi de repente solo, eternamente solo, y aquella imagen de la soledad, que antaño me parecía halagadora, en tal instante me horripiló[680], pues la idea de tener por compañera a Feíta había cristalizado ya, sin que yo mismo lo notase, en lo más hondo de mi espíritu, allí donde radican y perseveran las ilusiones invencibles, las ilusiones amadas, las que tienen el bello color de la esperanza y el ardiente color del deseo.

—¿Que no acepta V.? —exclamé dolorido y asombrado—. ¿Que no quiere V. aceptar? ¿Me desaira[681] V., Feíta... desaira V. al amigo, al único leal, al que la hizo a V. justicia y la comprendió... cuando ninguno la comprendía ni la disculpaba siquiera?

—Entonces —dijo sonriendo— con quien debo casarme es con Primo Cova, que me comprendió antes que V. Hablando formalmente, no es desaire —añadió aproximándose y dejando a sus verdes ojos que, a falta de otro lenguaje más embriagador, irradiasen gratitud y puro cariño—. Aquí no caben *desaires*... Es —atiéndame, atiéndame, no se alborote[682]— es que, ya lo sabe V. de antiguo... que no pienso casarme. ¿V. creía que era por falta de novio? No; era que sencillamente deseo continuar soltera. No sé si variaré de opinión; lo que es hoy, pienso así. También le digo a V. que de casarme, no me casaré jamás... por *chiripa*[683].

—¿A qué llama V. casarse por *chiripa*, Feíta?

—A esto que ha pasado, Mauro; a que yo resuelva marcharme de mi casa, y V. lo sepa, y para evitar mi viaje y conjurar un conflicto y salvarme de peligros que V. imagina, se me ofrezca por esposo, y yo para asegurar mi porvenir lo acepte... Bien recordará V. que no entraba en mis planes *ir al ara*, ¿no se dice así? Pero en estas circunstancias, mucho menos. No; no es de este modo como debe casarse la gente... como debe casarse Feíta, si es que algún día se casa... que tampoco eso será obligatorio; digo, me parece a mí.

---

679 *Desvanecerse*: borrarse.
680 *Horripilar*: horrorizar.
681 *Deairar*: humillar.
682 *Alborotarse*: agitarse.
683 *Por chiripa*: (expr. idiom.) por circunstancias .

—Pero, niña —exclamé sintiéndome elocuente para defender el
bien que ya juzgaba perdido—; está V. en un error al suponer que yo
me ofrezco a casarme con V. *por chiripa*. La estoy queriendo desde
que la conocí; desde que andaba V. de corto; desde hace seis o siete
años... Sí, por lo menos. Esto es verdad, Feíta; sólo que yo no lo sabía.
¿No cree V. que esto puede suceder? Pues vaya si puede suceder, y si
sucede. Mientras V.... lo que V. representa, el tipo que V. realiza, la
clase de mujer que V. es... existía dentro de mi corazón y yo lo soñaba
como un ideal... como un ideal que ni uno mismo sabe definir, porque
no encuentra en la realidad nada con qué compararlo... yo me distraía
acercándome a otras mujeres, y apenas las conocía, huía de ellas des-
encantado, aburrido. ¿No indica algo este síntoma? ¿No ve V. en mi
terca soltería y en mis conatos amorosos y matrimoniales frustrados
inmediatamente, la señal de que yo no encontraba a esa que podía ser
mi mujer, mi mitad, no sólo ante la ley sino en espíritu? Vamos a ver,
Feíta; ¿cree V. sinceramente que sólo por caprichillo, por manía rara,
o por un egoísmo refinado y seco, me había yo propuesto permanecer
toda la vida aislado como el árbol maldito, y que por antojo[684] también
era por lo que ataba y desataba amoríos y rompía lazos y curioseaba
mujeres? Si V. creyese eso, no sería V. Feíta; no sería V. la personita
inteligente, sagaz y razonadora. Si parezco un enigma, este enigma
tiene solución, tiene clave. La clave es que al aproximarme a la
mujer... me quedaba frío; iba hacia ella atraído por una ley que no es
posible eludir sin sufrimiento, y al querer cumplirla, al ver de cerca
a la que podía llegar a ser compañera de mi vida... entre ella y yo se
alzaba algo inexplicable entonces para mí... ¡algo...! y aquella lla-
marada repentina se apagaba, y yo apuntaba en mis memorias una
desilusión más, un nuevo chasco[685] del corazón. Engañándome a mí
mismo, tal vez me creía enamorado; pero a los pocos días el convencimiento contrario surgía en mí, desconsolador e invencible, y
padecía, no el dolor de perder a aquella novia, sino el de sentirme
helado, incapaz de verdadera pasión... Novias he tenido a docenas, y
todo Marineda lo sabe; pero a ninguna hablé de bodas. Se lo juro a V.
y puedo probárselo. Ahí tengo las cartas mías, que me han devuelto:
puede V. leerlas, y verá si la engaño. Con V., en cambio, lo primero
que se me ocurre, casi por instinto, sin dar lugar a la reflexión, es una

---

684 *Antojo*: capricho.
685 *Chasco*: equivocación.

unión que dure toda la vida. ¡Ya lo oye V., toda la vida! ¡Qué cosa tan seria! ¡Qué cadena, qué lazo! Pues a ese lazo presento la garganta; esa cadena deseo que me ate las manos... ¡Feíta, por Dios! ¡Sea V. buena! Préndame V. 686

—Y qué –respondió ella con mucho tiento687 para no lastimarme, y a la vez con la resolución propia de su índole– ¿para mí no es lazo, no es cadena? ¿Hay razón para que mi estado de ánimo sea el mismo que el de V.? Tengo veintidós años no cumplidos, he leído y estudiado con furia, pero desconozco el mundo; sólo aspiro a gozar de la libertad... no para abusar de ella en cuestiones de amorucos... ¡que en ese terreno, bien libres andan en cualquier situación que ocupen las mujeres y los hombres!; sino para descifrarme, para ver de lo que soy capaz, para completar, en lo posible, mi educación, para atesorar experiencia, para... en fin, para algún tiempo, y ¡quién sabe hasta cuándo!, alguien, una persona, un ser humano en el pleno goce de sí mismo.

—Feíta –exclamé volviendo a apoderarme de su mano, como si no pudiese resistir al deseo de apropiarme algo de aquella mujer indómita–: Feíta, no sabe V. lo que se dice. Con todo el talentazo que Dios la ha dado a V. –sí, señora; con todo ese talento macho– la yerra688 V. de medio a medio689; porque para acertar en esta cuestión, niña de mi alma, no basta el talento; se necesita también ese conocimiento de la vida real que V. no posee, y que aspira a conseguir. V. lo conseguirá; pero, pobre criatura; ¡a costa de cuántas penas, de cuántos sufrimientos, de cuántos desengaños, de cuántas privaciones y humillaciones! La sociedad, al presente, es completamente refractaria a las ideas que inspiran los actos de V. La mujer que pretenda emanciparse, como V. lo pretende, sólo encontrará en su camino piedras y abrojos690 que la ensangrienten los pies y la desgarren691 la ropa y el corazón. Yo, Feíta, no había reflexionado jamás sobre estas cosas hasta que V. empezó a conquistarme. Sin duda estaba predispuesto, porque aquel huir de la *mujer* general, de la mujer, según la han hecho nuestras costumbres y nuestras leyes, y esta atracción que

---

686 *Préndame V.*: sea V. mi pareja.
687 *Tiento*: cautela; precaución.
688 *Yerrar*: desorientar; confundir.
689 *De medio a medio*: (expr. idiom.) completamente.
690 *Abrojos*: dificultades.
691 *Desgarrar*: romper.

V. ejerce sobre mí, indican que soy un prosélito692... involuntario...
porque al principio... lo confieso, Feíta... pequé, señor, pequé... me parecía... que era preciso encerrarla a V. en una casa de locos! En fin...
he reflexionado... o he sentido... ¡qué sé yo! a veces tanto da lo uno
como lo otro... y aquí me tiene V., Feíta, diciendo que la sobra a V. la
razón... pero que la falta la oportunidad, el sentido práctico, el saber
de qué lado sopla el aire... Todas las novedades que la bullen a V. en
esa cabecita revolucionaria... serán muy buenas en otros países de
Europa o del Nuevo Mundo; lo serán tal vez aquí en mil novecientos
ochenta; lo que es ahora... ¡desdichada de V. si se obstina en ir contra
la corriente!

—Soy joven –respondió Feíta–. Tengo mucho horizonte, y el
tiempo no pasa en balde693. Esperaré, daré ejemplo...

—Cuando las ideas no están maduras –repliqué esforzando el argumento, que parecía hacer alguna mella694 en la razón de la muchacha– los que las predican son crucificados... ¡Y esto sería lo de
menos!... Además son escarnecidos695. Todavía no es lo peor la burla...
Lo peor es cuando ni les crucifican, ni les escarnecen, pero les dejan
pasar encogiéndose benignamente de hombros, como se hace con los
maniáticos inofensivos... Eso, si no ocurre señalarles con el dedo a la
vindicta pública, ¡como se hace con los malvados y los criminales!...
Ahí tiene V. lo que la espera, Feíta. No logrará V. ser útil a las otras
mujeres; pero V. se prepara un porvenir bien amargo y bien cruel...
Lo que la voy a decir es tan claro y tan cierto, que con su lealtad y su
franqueza acostumbradas va V. a convenir conmigo en seguida. La
sociedad actual no la reconocerá a V. esos derechos que V. cree tener.
Sólo puede V. esperar justicia... ¿de quién? Nunca de la sociedad; de
un individuo, sí. Ese individuo justo y superior será el hombre que la
quiera a V. y la estime lo bastante para proclamar que es V. su igual,
en condición y en derecho. ¿Qué más da, Feíta? Nuestro corazón está
formado de tal modo, que parece inmenso en sus ansias, y sin
embargo, otro corazón puede bastarle, puede llenarle por completo.
En la vida íntima, en la asociación constante del hogar, encontrará V.
esa equidad que no existe en el mundo. Conténtese con eso, y habrá

---

692 *Prosélito*: partidario; discípulo.
693 *En balde*: inútilmente.
694 *Mella*: hueco.
695 *Escarnecido*: ofendido.

resuelto el problema de la dicha. Yo seré ese hombre racional y honrado, ese que no se creerá *dueño* de V., sino *hermano, compañero...* y qué diablos *¡amante!* ¡Y ya verá V. cómo tampoco esto último es cosa de despreciar! ¡Verá V. qué bien sabe *querer* a su maridito...! Piénselo V., niña mía... loquita mía... La ofrezco a V. la libertad... dentro del deber... y con el amor de propina... Me parece que no hay motivo para que V. vuelva la cara. ¿Qué dice V....?

—Que deseo recorrer la senda de abrojos, Mauro amigo –respondió conmovida a pesar suyo la muchacha–. Me llama, me tienta, me seduce. –Puede suceder que dentro de algunos años me duelan tanto los pies, que sueñe con el descanso y el apoyo que V. me brinda. Claro es que V. no me ha de estar aguardando quietecito y con los brazos abiertos. V. es libre, tan libre como yo. ¡Más!, porque yo debo a V. un gran agradecimiento por mil razones y por todo lo que acaba de decir... ¡y sería una ingratona[696] antipática si no se lo pagase! ¡y V. nada me debe... al contrario... me porto malamente con V.... le suelto un no... y si a otro poco me importaría... a V. lo siento, lo siento... me da rabia!

El dolor que me causaba la repulsa de Feíta, y que en aquel instante, se caracterizaba por una repentina desazón[697] nerviosa, me impulsó a proferir esta frase agria y despechada[698]:

—Puede que la libertad que no quiere V. perder por mí, la perdiese gustosa si se presentase... ese otro.

—¿Otro? ¿Quién? –interrogó ella–.¡Ah! –exclamó de pronto–: ya adivino, ya entiendo la indirecta... ¿Por el socialista... cree V. que perdería yo mi libertad?

—Sospecho que de buena gana –respondí brutalmente–. Si el compañero fuese un señorito... Vamos, que he acertado.

—Como si tirase V. al blanco con los ojos vendados –respondió Feíta, no sin muestras de enojo–. Y basta, basta ya de cháchara[699] tonta. ¡Recojo estos treinta duros... que debo a V.... y le pagaré volando! Y no se ponga tristón, no, porque me vaya de Marineda. Es para bien de todos; es preciso, es indispensable. Aún tengo que aguardar una quincena[700], porque necesito completar el mes de lección en las casas donde enseño y arreglar cosillas.

---

696 *Ingratona*: desagradecida.
697 *Desazón*: pena.
698 *Despechada*: indignada.
699 *Cháchara*: conversación; parloteo.
700 *Quincena*: quince días.

—¿Me escribirá V.? ¿O tampoco... quiere V. escribirme?

—¡Escribir! ¡Ya lo creo! ¿No le he dicho a V. que es V. mi mejor amigo? ¿A quién quiere V. que cuente mis esperanzas, mis batallas, mis triunfos, toda mi historia? ¡Ya verá V. cómo mis cartas no le aburren y cómo no me las devuelve después! Adiós, Pareja, adiós... no quiero enternecerme; necesito ánimos... Gracias... perdóneme V.... ¡No, no me acompañe, ya sé la casa!

– XXII –

Al llegar a este punto de mi relato, ¡oh lector que me escuchas, y que, si eres de fina complexión moral, acaso te interesas por los lances de una historia donde hasta este momento nada ocurre de eso que la gente llama sucesos dramáticos!, comprendo que necesito introducir en mi relato una ligera variación, puramente formal. Después que Feíta me desahució, dejándome abatido y desesperado, de tal manera se precipitaron los acontecimientos importantes para los personajes de mi cuento que conoces ya, que si fuese a explicarte el modo, forma y ocasión en que de esos acontecimientos me enteré, y cómo llegué a conocer sus orígenes y móviles; si continuase, en fin, haciendo partir la narración de mi persona, tendría que emplear un tiempo incalculable y llevarte por caminos tan largos, y enfadosos, que sin duda tu buena voluntad se agotaría y se rendiría tu valor. Opto, pues –ahora que estás enterado del carácter e inclinaciones de cuantos juegan en esta verídica narración–, por imitar a los novelistas, que no explican cómo se las compusieron para averiguar los íntimos pensamientos y el secreto resorte de las acciones de sus héroes; y aunque pertenezcan los susodichos[701] novelistas a la escuela llamada *del documento humano*, la verdad es que jamás nos presentan los comprobantes y justificantes de sus profundas y sutiles observaciones (tal vez por no aburrirnos, en lo cual realizan la mayor obra de caridad que puede ejercerse en este pícaro mundo).

Digo, pues, para empezar a emplear mi nuevo método, que dos días después de mi coloquio con Feíta, a cosa de las diez de una preciosa y diáfana mañana de abril, el compañero Sobrado, vestido de limpio, con chaqueta nueva, pañuelo de seda al cuello y camisa blanquísima, subió la escalera y llamó a la puerta de D. Baltasar, rogando al criado, con palabras compuestas y atentos modales, que le permitiese ver al señor. «Ya sé que está en casa» –dijo dulcemente, sin alzar la voz ni insistir con exceso cuando el sirviente, que sin duda

---

701 *Susodichos*: mencionados.

tenía su consigna702, y consigna muy severa, se empeñaba en despedirle. «Me choca que no le haya dicho a V. nada, porque a mí me avisó anoche de que hoy a cualquier hora me recibiría». Ante esta afirmación terminante, hecha en tono tan suave y a la vez tan persuasivo, el criado empezó a titubear703. −«Me es igual volver, porque tengo todo el día libre» −prosiguió con la misma moderación el socialista; −«pero de seguro que al señor le gusta más esta hora, después tendrá sus quehaceres, querrá pasear...». −Y como el criado aún manifestase dudas y tartamudease. −«Voy a preguntar...» −el socialista deslizó la mano hacia el chaleco−prenda que sólo usaba los domingos − y sacó entre los dedos algo que relucía y que puso en la mano del criado, medio abierta y medio crispada, para rechazar la moneda. −«Le estimo qué me deje pasar ahora» −añadió reprimiendo con gran trabajo la valentía, el tono casi metálico de su voz. −«Dios se lo pagará» −prosiguió, demostrando una religiosidad edificante−. Y el fámulo, vencido, se hizo a un lado, le dejó paso, sin atreverse, así y todo, a anunciarle, pero pensando entre sí: −«Al cabo, dicen que este es hijo del señor». −El compañero avanzó, pisando quedo y respetuosamente, y susurrando bajito: −«No hace falta avisar que estoy aquí; el señor me espera».

Baltasar Sobrado, al ver oscurecerse la luz de la ventana con el cuerpo del compañero, que había entrado a paso furtivo, no saltó, no gritó: la sorpresa y el temor le clavaron al ancho y cómodo diván, donde se reclinaba para leer sosegadamente su periódico favorito, mientras enrollaba las orejas del perrillo canelo. Quiso articular palabras, protestar, hacer un alarde de sangre fría; pero el compañero, con serenidad perfecta, quitándose la gorra y hasta inclinándose, le saludaba ya sin asomos de intención hostil. La actitud del mozo devolvió cierta energía a Baltasar: −«Vamos» −pensó− «en lo que yo me figuré que pararían todas estas misas; viene a suplicarme. Sablazo seguro». −Y, levantándose, preguntó con esa frialdad característica de la bolsa medrosa704 que se encoge: −«¿Qué se le ofrece, *amigo*? Yo, a estas horas, no...». −Baltasar atajó las despachaderas, diciendo de la manera más cordial y afable: −«Ya sé que no quería V. recibirme. Dispense si le molesto, pero tenía que hablarle. Nos conviene a los dos

---

702   *Consigna*: orden.
703   *Titubear*: vacilar.
704   *Medrosa*: tímida, temerosa.

charlar despacio... y por una sola vez: no piense que se ha de repetir esta importunidad». —Nuevamente sintió Baltasar contraerse su bolsillo, pues conocía la estrategia de los pedigüeños, que siempre afirman que solicitan auxilio sólo por una vez. Y, sin embargo, como el cascado libertino no carecía de penetración y comprendía que en aquel instante estaba a merced de su enemigo... de aquella sangre suya sentenciada a la miseria y predispuesta a la venganza, —resolvió pactar, y, sintiéndose generoso, calculó: «Nada, unos cien duretes, por lo corto, va a costarme la visita... A ver si al menos lo lanzo a Madrid, y me quedo libre de este tábano[705]...».

Aunque entregado a sus reflexiones, o desdeñoso[706] con exceso, no se le había ocurrido a Baltasar ofrecer silla al tipógrafo, este miró alrededor, divisó una excelente butaca, y sin prisa, con íntima y pueril satisfacción, se arrellanó y acomodó en ella, contorneando el torso para gozar mejor del blando asiento y del regalado respaldo. Parecía aquel modo de sentarse una toma de posesión; tenía algo de abandonada y golosa caricia. —El socialista, serio, pero afable, volvió a dirigirse a D. Baltasar, diciendo:

—Doy a V. gracias porque al fin se digna escucharme. ¡Cuánto tiempo hace que le pido audiencia! ¡Como que es la primera vez, que cruzo con V. palabra... que le miro cara a cara! —Y los ojos del mozo cayeron, ávidos y fríos sobre el semblante del que había perdido a su madre.

—Ya ve V.... —farfulló Baltasar, tragando saliva— como nadie le niega a V. lo que es justo... Sólo que anda uno siempre tan ocupado, tan envuelto en negocios... Mire V., ahora mismo tengo ahí sobre la mesa infinidad de papeles, de cartas relativas a asuntos urgentes, que aguardan despacho... Y si V. me hiciese el favor de... de concretar; vamos... de no extenderse mucho...

—En muy poquitas palabras cabe lo que tenemos que hablar por una vez —insistió el tipógrafo, sin alzar en lo más mínimo el diapasón[707], antes poniendo sordina[708] a su acento—. Entendámonos: con tal que V. no empiece a discutir y a divagar, o me corte la conversación de repente, gritando o llamando a sus criados para que me echen de

---

705 *Tábano*: bicho.
706 *Desdeñoso*: arrogante, soberbio.
707 *Diapasón*: tono.
708 *Poner sordina*: (expr. idiom.) minimizar.

la casa. –Sepa –apresurose a advertir, al notar el respingo de D. Baltasar, que se sintió adivinado– que no intento ahora, ni siquiera por sueños, usar de violencia contra V. No traigo armas de ninguna especie –añadió, desabrochándose muy despacio y volviendo del revés, uno por uno, los bolsillos de su chaquetón. –Hay más. He renunciado en absoluto a todos mis proyectos relativos a la dinamita; y he renunciado, porque me convencí de que eran un absurdo, una estupidez y una atrocidad inútil. Le juro por la vida de mi madre que, por ese lado, puede estar tranquilo. Como que me pesa de las cartas que escribí, y confieso que aquello fue dejarme llevar de un arrebato[709], sin mirar bien lo que procedía en justicia. No tiene V., pues, por qué volverse de ese color de difunto. Lo que debe hacer es oírme tranquilo, y echar sus cuentas.

—El mozo –pensó Baltasar, tratando de rehacerse– ha salido de punta. No desenredo esta madeja[710] con los cien duros. Habrá que contar por miles de pesetas... ¿Qué haré? Tal vez –calculó– convenga oírle, a ver si descubrimos todo el juego que se trae... No me faltan medios de atarle corto... y de librarme de su madre, y sobre todo de él; que es un grano, mejor dicho, un tumor maligno que me ha salido en la frente... ¡Hay que operarlo!... Entre un poco de *guano*[711] y otro poco de buena voluntad en el amigo Mejía, malo será que... –Para que V. no diga –exclamó en alta voz – aquí me tiene dispuesto a escucharle. Puesto que sus intenciones son conciliadoras y pacíficas...

—Sí, señor; pacíficas... al menos por ahora –respondió el tipógrafo–. Y abreviaré; hablaré telegráficamente... por darle a V. gusto y no ser menos... complaciente... que V. En antecedentes está V. lo mismo... es decir, mejor que yo. ¡Quién conocerá como V. lo pasado, la perdición de mi madre, la palabra de casamiento que le dio V. para engañarla; mi nacimiento y mi niñez, y la miseria que he pasado y cuanto he sufrido! –exclamó en tono, no agresivo; sino melancólico, como el de quien evoca penosos recuerdos.

—Sobre eso –tartamudeó cohibido Baltasar–, sobre eso... habría mucho que decir... Cada cual interpreta a su modo las cosas... y las apreciaciones[712]...

---

709 *Arrebato*: furia; furor.
710 *Desenredar madeja*: (expr. idiom.) solucionar un problema.
711 *Guano*: incentivo.
712 *Apreciaciones*: evaluaciones.

—No, si no vengo aquí a discutir, ni a instruir sumaria sobre hechos ya muy antiguos... Tan no vengo a discutir, que si V. jura y perjura que no hubo nada de *aquello*... y que yo... soy hijo de... de quien V. guste: ¡de un picador de la Fábrica o de un zapatero remendón! amén le digo. Con saber yo lo que sé... me basta para hacer lo que he resuelto.

Es difícil describir la entonación con que el mozo pronunció estas últimas palabras. La calma, la intensidad de su voz eran más terribles que cien gritos descompasados[713], porque los gritos son la válvula por donde se escapa la energía, y el que vocifera se enerva[714] para la acción. Baltasar sintió todo el vigor de las palabras del tipógrafo, y a la luz del día, que entraba por el alta ventana, al través de ricos cortinajes, notó, en la cara de su hijo, a la vez que extraordinaria semejanza con la madre, cuya imagen física evocaba entonces vivamente, esas huellas como de garra de acero que señala en el rostro humano una resolución suprema. El tipógrafo estaba pálido, y sus ojos ardían bajo el negro ceño de dos cejas reunidas sobre la correcta y palpitante nariz, cuyas alas dilataba y contraía maquinalmente la anhelosa respiración.

—Con saber lo que sé –repitió el *compañero*–, me ha bastado para vivir como he vivido, para querer ilustrarme un poco, y para resolver que, si las leyes y la sociedad y hasta la naturaleza nos han desamparado[715] a mi madre y a mí, mi voluntad y mi arranque nos ampararían. He decidido... quieto, no se asuste, no se levante, señor de Sobrado, que repito que no trato de hacerle ahora mal ninguno... he decidido que, en el plazo improrrogable[716] de tres días, contados desde este de hoy, a las doce de la mañana, se casará V. con mi madre, públicamente, legitimándome a mí al mismo tiempo.

Baltasar; aturdido, guardó silencio al pronto. Aquello no era el petitorio, el *sablazo*[717] filial que temía. Era el todo por el todo, la voladura del polvorín, la quema de las naves... a no ser que fuese hábil táctica, pedir la luna, para obtener una porrada de dinero, miles de duros... Esta hipótesis tranquilizó a Baltasar, prestándole cierta dosis de sangre fría. En el cajón del escritorio de Sobrado reposaba un bonito mazo de crujientes billetes del Banco de España, y aquellos queridos

---

713 *Descompesados*: atrevidos.
714 *Enervarse*: decaer; agotar.
715 *Desamparar*: abandonar.
716 *Improrrogable*: definitivo.
717 *Sablazo*: solicitud.

papelillos le infundían la misma seguridad que al general le infunden sus soldados y sus cañones. Era cuestión de cuartos, y si los cuartos le dolían a Baltasar mucho, más le dolían su bienestar y su vida, una vida en la cual aún solían brotar flores como Rosa Neira (a quien por cierto esperaba a la hora de mediodía; si no engañaba la banderita de señales...)

—Vamos –respondió empleando el tono condescendiente y afable con que se habla a las personas exaltadas, a los dementes– vamos, amigo, V. mismo conoce que eso que pide es otro absurdo como el de la dinamita... Crea que mi mayor deseo es complacerle y servirle, y una vez que nos hemos visto y hablado, sentiría que saliese descontento... Yo también tengo que hacerle proposiciones ventajosas para su porvenir... Pero ante todo, serénese718, reflexione...

—Le escucharía a V. el rato que gustase por no faltarle al respeto, si dispusiéramos de tiempo –interrumpió el mozo–; pero es lástima derrocharlo en palabras ociosas. Al negocio, y cuanto más pronto mejor. Me va V. a ofrecer protección, dinero o cosa que lo valga. No se moleste. Nada de eso admitiré. Aunque tuviese hambre, como a veces la tuve, no recibiría de V. limosna. –Si V. no acepta mi proposición... bueno: quiere decir que, para los dos, se ha concluido la farsa de este mundo. –No le pondré a V. dinamita; he caído del burro: podría saltar yo primero, o hacer saltar, sin querer, a algún inocente, y que V. se quedase riendo, sano y salvo. Pero tan cierto como que su hijo de V. soy... le mataré, y me mataré en seguida. –En esta lucha desigual que hemos sostenido tantos años, sólo hay una circunstancia, que al fin nos iguala, o mejor dicho, que me da la ventaja a mí. Y es que yo tengo desde que nací una vida perra, que no vale dos cominos719; y que estimaría perder... y V. una vida gustosa y feliz, que debe de importarle. ¿No le importa?... Bien, pues estamos a juego. ¿Le importa? Pues triunfo. V. es más fuerte, al parecer, pero yo tengo prenda... y la prenda es su vida de V. A mí nada me arredra720. Me he echado el alma atrás, y aunque fuese V. cien veces mi padre, como ha renegado siempre de mí, no hay cariño que me impida ajustarle su cuenta al céntimo. Lo que reclamo es justo; el crimen de V. no tiene juez en los tribunales de los hombres: me declaro su juez y su

---

718 *Serenarse*: calmarse.
719 *«No valer dos cominos»*: (expr. idiom.) no valer nada; tener un valor insignificante.
720 *Arredrar*: intimidar; asustar.

verdugo721; y si no repara el daño que hizo, le impongo tranquilamente la última pena... –¿Sin indulto722, entiende?– Puede que piense V. que esta sentencia no se cumplirá, y que yo soy un farsante a quien le faltarán hígados para tomarse la justicia por la mano. Crea lo que guste, y proceda como quiera. Todo entra en la suerte. Si resuelve V. arrostrar las consecuencias de decirme que *no*, me será V. algo simpático; me probará que no teme a esa fea de la guadaña... que al fin y al cabo nos ha de atrapar a todos, proletarios y burgueses, ricos y pobres. ¡Ah! Le aviso de dos cosas: primera: que si intenta V. hacer que me prendan o abusa V. de las cartas en que le amenazaba para ponerme a la sombra, entenderé que no acepta V. el trato, y... y haré inmediatamente... lo que debo. Segunda: que si procura V. fugarse de Marineda... también comprenderé que no estamos conformes... y claro; haré con V. lo que hace la Guardia civil con los presos que quieren evadirse. ¡Y repito... que en V. será más digno el no hacerme caso, considerarme un loco, y tenérselas tiesas723 conmigo! Yo, en el pellejo724 de V.... firme, firme725. –¡Hasta pronto... padre!

---

721 *Verdugo*: persona que ejecuta las penas de muerte.
722 *Indulto*: perdón.
723 «*Tenerlas tiesas*»: (expr. idiom.) discutir; pelear.
724 «*En el pellejo*»: (expr. idiom.) en su lugar.
725 *Firme, firme*: manténgase aquí, negocie conmigo, acepte mi propuesta.

– XXIII –

Bajo el peso de tan clara notificación quedó Baltasar, viendo desaparecer a su hijo sin dar tiempo a la réplica, a la protesta, a la objeción, al ruego, al alarde de indiferencia, al movimiento de arrogancia, a la risa desdeñosa, a cualquier acto que demostrase que no le ponía miedo el repentino sofoco. Sintiose Baltasar como atornillado[726] al asiento: esta inmovilidad es uno de los primeros fenómenos del miedo, que suele cortar la respiración y paralizar las piernas... Oyó el ruido de la puerta de la antesala que se cerraba de golpe, y el perrillo canelo, que había despedido al compañero con ladridos de furia, regresó moviendo la cola, y saltó al diván para encaramarse a los hombros de su amo y lamerle afectuosamente las orejas; y la caricia del animal y el silencio de la habitación y la butaca que había dejado vacía el tipógrafo, le pareció a Baltasar que tenían algo de trágico en aquel instante...

Baltasar Sobrado, el antiguo seductor de Amparo la cigarrera[727], el militar retirado, el vividor sibarita[728], el ávido negociante, no era lo que se llama un cobardón. Aunque los derroches de vitalidad a que le arrastraba su condición mujeriega[729] le hiciesen parecer más viejo y gastado de lo que era realmente, no carecía de lucidez, ni de sangre fría ante los peligros. Había estado en campaña, había oído descargas y asaltado trincheras. En el crítico trance en que le ponía el *compañero*, Baltasar no perdió el discernimiento, ni se ofuscó su razón. Tal vez esto mismo contribuyó a ablandarle. En rápida asociación de juicios y de ideas, vio que los argumentos del socialista eran perfectamente lógicos. Al renunciar a la dinamita, al bárbaro desahogo de los explosivos, el mozo demostraba que no le guiaba un impulso ciego, un conato irreflexivo de destrucción, sino un cálculo certero, de jugador

---

726 *Atornillado*: sujetado.
727 *Cigarrera*: mujer que trabaja en una fábrica de tabacos haciendo cigarrillos y puros.
728 *Vividor sibarita*: una persona que no trabaja y se dedica a disfrutar de una vida lujosa.
729 *Mujeriego*: aficionado a las mujeres.

que arriesga la cabeza para ganarlo todo de un golpe. Era la combinación hábil y exacta; y la determinación, hija, por decirlo así, de una *desesperación que espera*, revelaba una tensión de voluntad que debía conducirle a la victoria. Para Baltasar, encenagado[730] en todos los placeres; acostumbrado a regalar y festejar a su cuerpo; cincuentón, pero sano aún; para Baltasar, rico, poderoso, dichoso, era perder infinito perder la amable vida. Para el compañero, para el granuja[731] de la calle, sin nombre, sin un real, la muerte, si no fuese grata, no podía ser horrenda. El tipógrafo sabía lo que se hacía, y Baltasar, dando vueltas en su cabeza al problema planteado, no encontraba medio de librarse de su hijo.

Había en favor de Sobrado una probabilidad: que el compañero hubiese amenazado... por amenazar, y que le faltase el valor. ¡Hasta el hombre más miserable y desdichado siente apego a la existencia! Pero también –sugería el temor– vemos a cada paso gente que la expone y la pierde por leve causa. ¿No podría el socialista exponerla con mayor motivo en una aventura que, a salir bien, le valdría nombre, posición, la honra de su madre y una herencia de millones? ¿No era el que emplazaba a Baltasar un hijo de aquella misma Amparo que, viéndose burlada, quiso pegar fuego a la casa de los Sobrados, en la calle Mayor? ¿Lo que no realizó la madre, no podría cumplirlo el hijo, que tenía fama bien ganada de animoso, de resuelto, de tenaz, que había conquistado desde su humilde posición de obrero la jefatura de una agrupación política, y en quien germinaba desde la niñez la idea, el sueño, la sed del desquite[732] y de la venganza?

A la parálisis momentánea siguió en Baltasar desatada excitación nerviosa. Empezó a agitarse, a pasear por el cuarto abajo y arriba, como si tuviese hormiguillo, como si le pinchasen. ¿Qué haría? ¿Qué solución sería menos mala? El compañero le había cortado todas las salidas; no podía ausentarse, ni llamar en su ayuda a la autoridad y a la ley. ¿Desafiar al compañero, luchar con él de hombre a hombre, herirle, matarle? ¡Bah! Las personas acomodadas, los pudientes, los burgueses sólidos, no matan a nadie; no quieren comprometerse, no quieren perder la libertad, no quieren que la justicia les meriende[733]

---

730 *Encenagado*: manchado.
731 *Granuja*: vagabundo.
732 *Desquite*: compensación de un daño.
733 *Merendar*: consumir rápidamente.

su hacienda. ¿Despreciar las amenazas, burlarse de ellas, esperar tranquilo? Esto era sin duda lo mejor... Sin embargo; sólo de pensarlo se le enfriaban las manos y se le humedecía la raíz del cabello al ricachón, al empedernido[734] calavera[735]... De pronto miró el reloj, y vio con sorpresa que marcaba las doce menos veinte minutos... ¡Dos horas corridas ya! ¡Dos horas de los tres días, plazo en que debía dar su mano de esposo a la Tribuna!... ¡Dentro de veinte minutos llegaría Rosa, ligera como una aparición, risueña, perfumada, con enaguas[736] de encaje, pasiva, complaciente... ¡Y había que recibirla, que acariciarla! Baltasar cogió precipitadamente un libro y lo mandó por el criado al piso de arriba, para la señorita Rosa; era la señal convenida con que la cita se aplazaba...

Almorzó distraído... ¿Qué es decir *almorzó*? su garganta se contraía; su estómago, inerte, rehusaba el alimento; intentó beber para alentarse, y la primera copa de exquisito borgoña le causó una especie de náusea. Y al alzarse de la mesa... ¡oh vergüenza! ¡oh miseria de la humana condición! otro fenómeno fisiológico, involuntario, le demostró que el espíritu transmite a la materia sus impresiones, y que esta obedece, como sierva que es, alterando sus funciones, hasta las más ínfimas y bajas...

Las zozobras[737] y desfallecimientos sufridos durante el día fueron tortas y pan pintado[738] en comparación de los nocturnos: —A la tarde siguiente, Baltasar, queriendo alardear[739] de tesón[740] e indiferencia, salió a la calle Mayor, y ocupó su lugar de costumbre en la Pecera, cigarro en boca. Allí se sintió aliviado; la compañía le reanimó, y casi se rio de sus preocupaciones. Al poco rato, por un callejón que desembocaba frente a la Pecera misma, vio venir al *compañero*, solo, calada[741] la gorrilla, mirando fijamente hacia el vidrio que protegía a su padre. La actitud del mozo nada tenía de retadora ni de insolente: era serena, y sin embargo, tan expresiva, que el emplazado[742] se levantó de súbito,

---

734 *Empedernido*: insensible.
735 *Calavera*: hombre irresponsable.
736 *Enaguas*: ropa interior femenina.
737 *Zozobras*: ansiedades.
738 *«Fueron tortas y pan pintado»*: (expr. idiom.) fueron fáciles.
739 *Aladear*: alabarse; presumir.
740 *Tesón*: preseverancia.
741 *Calada*: mojada.
742 *El emplazado*: la persona que tiene un plazo de tiempo asignado —se refiere a Baltasar Sobrado.

y por la puerta que daba a la Marina, huyó furtivamente a su casa. Acostose a las nueve, después de tomar sin gana un caldo y chupar un ala de pollo, comida de enfermo que así y todo le costó trabajo atravesar. —La noche fue horrible, una de esas noches que mueven a los que las pasan a mirarse al espejo cuando despiertan, por si se les ha vuelto el cabello blanco... —Rendido de la brega[743], Baltasar se sostuvo aún todo el día: su orgullo, su dureza, su ferocidad interior de desalmado hecho a pisotear a la humanidad para que suelte el jugo, protestaban, gritaban, y le pintaban con vivos colores el cuadro de tan humillante derrota y tan ridículos desposorios[744]... ¡Pero la vida, la dulce vida! ¡La *única* vida que existía para Baltasar, porque de la otra, allá a su burdo estilo de escéptico de café, dudaba y hasta descreía riendo! Pasó una noche más, formidable, con el vértigo[745] de la nada, con el frío estremecimiento de la muerte visitando de continuo sus venas. — Cuando se levantó, entreabrió los visillos[746] y vio que por los soportales de enfrente se paseaba el compañero Sobrado. Baltasar soltó bajito una interjección, cerró los puños, se mordió el pulgar por la falange, pateó, se resignó, se encogió de hombros, entró en su despacho, y escribió un renglón llamando al compañero, pidiendo parlamento[747]. El fámulo[748] fue a llevarlo en dos brincos...

La única gracia que pudo obtener el reo[749] fue que la boda se verificaría al amanecer, de tapadillo[750], lo más tapadillo posible, y que después de la ceremonia saldrían los recién casados y el vástago[751] en un coche a la quinta de la Erbeda, no regresando hasta que se calmase el asombro[752] producido por tan peregrino[753] enlace. El compañero ofreció también decir a todo el mundo que *aquello* era resolución espontánea y voluntad explícita de Sobrado; que nada le había obligado a la reparación sino su conciencia y su natural hombría de bien. Este programa se cumplió sin quitar punto ni coma; y tal fue el sigilo[754], y

---

743   *Brega*: altercado; pelea.
744   *Desposorios*: bodas.
745   *Vertigo*: mareo.
746   *Visillos*: cortinas.
747   *Parlamento*: junta.
748   *Fámulo*: criado.
749   *Reo*: culpable.
750   *De tapadillo*: (expr. idiom.) a escondidas.
751   *Vástago*: hijo; retoño.
752   *Asombro*: sorpresa.
753   *Peregrino*: extraño.
754   *Sigilo*: secreto.

la boda tan impensada, que en los primeros momentos Marineda se dividió en dos bandos, uno que sostenía que casado estaba Baltasar, y otro que afirmaba que no había tal cosa, y que solamente por tapar la boca al compañero, Baltasar se lo había llevado al campo de mayordomo, y de ama de llaves a la Tribuna.

Sin embargo, es imposible que en ciudades de la población de Marineda se guarde el secreto de acto tan importante y visible como una boda, y boda tan extraña como la del opulento Baltasar Sobrado con la infeliz cigarrera seducida y abandonada por él veintitantos años antes; y los refinamientos del sigilo, los encargos al párroco y testigos, y las propinas al monaguillo y acólito[755] —cuantas precauciones adoptó el abochornado[756], corrido y aniquilado[757] Baltasar—, fueron insuficientes para que la noticia no cundiese[758] y se divulgase antes de terminar la semana en que se consumó el sacrificio. Y en realidad, ¿a qué venía tanto misterio? ¿Puédese ocultar un matrimonio celebrado con todos sus requisitos? ¿Acaso dos oficiales que salieron a dar un paseo a caballo, por las alturas de la Erbeda, no habían regresado despavoridos, refiriendo en la Pecera, con mil detalles, que en el coche de Baltasar Sobrado —aquel bonito clarens traído de Francia y revestido de rico reps[759] de seda azul, tirado por un tronco[760] bayo[761] tan cuidadito que, según Primo Cova, se le daba chocolate por las mañanas y caldo por las noches...—, habían visto, ¡oh espectáculo indudablemente nuncio del juicio final! a la Tribuna, ¡a la mismísima Amparo la cigarrera, recostada muellemente, luciendo una manteleta negra con flecos de azabache, y a su hijo, al compañero Sobrado, al jefe de los socialistas marinedinos, al corresponsal[762] de Pablo Iglesias, reclinado como un papatache, dejando ceremoniosamente la derecha a la que le llevó en su seno!

Por si no bastaban estas noticias para encrespar[763] el oleaje de las críticas y los comentarios, ocho o diez días después del magno acontecimiento, un domingo, a la hora de más concurrencia y animación

---

755 *Monaguillo y acólito*: personas que ayudan al sacerdote en una misa católica.
756 *Abochornado*: sonrojado; sofocado.
757 *Aniquilado*: derrotado; vencido.
758 *Cundir*: extenderse.
759 *Reps*: (galicismo) un tipo de tela dura.
760 *Tronco*: se refiere al tronco de un caballo.
761 *Bayo*: rojizo.
762 *Corresponsal*: representante.
763 *Encrespar*: levantar.

en la calle Mayor, que es la de salida de misa de doce, cruzó por entre los grupos un hombre, que pareció una visión a los que le contemplaron. Le conocieron, claro está; pero estaba desconocido. Habíase cortado y peinado el rizoso pelo según los preceptos de la moda; y arrinconada764 y tal vez quemada la humilde e informe blusa, la plebeya765 gorrilla y demás prendas de su guardarropa de obrero, lucía y se ostentaba la gallarda figura del que ya era heredero de Sobrado, mal a sus anchas embutido en un terno766 de fino paño inglés, que proclamaba su reciente salida de la sastrería en los enarcados dobleces y en lo flamante del género. Al tenor del traje eran el sombrero hongo gris, la nívea camisa, la corbata de raso claro, con lindo alfiler, y el calzado resplandeciente. Por último, ¡detalle realmente inverosímil, que a no verlo con los propios ojos no se creyera! al sacar el ex compañero Sobrado –ya D. Ramón Sobrado con todos sus perendengues767 de legitimidad–, la mano del bolsillo, para extraer de una petaca de gamuza un cigarrillo de papel, pudo verse que calzaba guantes; guantes, sí, guantes claros de lo más señoril; con sus tres cadenetas, sus dobles costuras, sus botones gordos! Desde mi observatorio de la Pecera, donde me acurrucaba mohíno y entristecido, pensando en Feíta que pronto levantaría el vuelo y rumiando planes locos de seguirla a Madrid, vi aquel inaudito espectáculo, y experimenté una de esas impresiones morales que jamás se olvidan ni se borran; una especie de sensación de la presencia real de la justicia divina, una certidumbre de la acción de la Providencia en la tierra. No porque yo creyese que la mencionada justicia divina estaba en el deber de proporcionarle al compañero Sobrado corbatas de seda y guantes de piel británica; sino porque tan rápida y extraña mutación, aquel hijo abandonado tantos años en el arroyo, lo mismo que se abandona un sobre roto o un bramante cortado, y ahora establecido con tal boato, heredero de un capital respetabilísimo, era el castigo del miserable vicioso que le había engendrado; castigo tan ejemplar, que como obra maestra de ejemplaridad pudiera estimarse. Otra cosa vi también en el repentino encumbramiento768 de Ramón Sobrado, del pobre obrero maltratado hasta entonces por la fortuna. –Y fue la demostración más

---

764 *Arrinconada*: olvidada.
765 *Plebeya*: humilde.
766 *Terno*: traje.
767 *Perendengues*: adornos.
768 *Encumbramiento*: ascenso.

clara de que, hasta en los partidos que tienen por bandera el colecti-
vismo, sólo la acción individual conduce a resultados prácticos. Sin
meetings, sin conjuras ni auxilio de nadie, el compañero se habla valido
a sí propio... Así lo proclamaba su aire arrogante, el desdén casi retador[769] con que miró hacia la Pecera, cual si exclamase altivo[770]: «¿Me
veis? Ayer no era de los *vuestros*... Ya lo soy, porque *he querido* serlo...
Desdeñadme[771] ahora».

Lástima que una idea súbita viniese a aguarme[772] la satisfacción
de comprobar que existe esa justicia vigilante y severa, dedicada a
apuntar la más mínima partida en la cuenta corriente de nuestros
actos. Se me ocurrió que si antes el obrero de blusa, prendado de la
burguesa Feíta, recordaba el gusano enamorado de la estrella de que
nos habla el poeta romántico, ahora, habiendo traspasado esa valla
social que parece tan difícil de salvar, Ramón Sobrado era para la hija
de Neira lo que se llama un *partido*, un hombre joven, guapo, ha-
cendado, el sueño de la muchacha casadera, el novio que envidiarían
las demás señoritas de Marineda seguramente... Y viendo al nuevo
burgués tomar la dirección de la calle donde vivía Neira –que era por
otra parte la de *su propia casa*, la magnífica vivienda de Sobrado– mis
celos y mi pena me impulsaron a dudar (por última vez) de la sinceridad de la vocación independiente de Feíta, y calculé, amostazado[773]
y dolorido:

—Ahí va el que ha de impedir el viaje de mi loca.

Al mismo tiempo que yo pensaba así, Primo Cova me tocaba en
el brazo y me decía:

—¿Ve V. los socialistas, los anarquistas, los dinamiteros? Deles V.
ropa decentita y guantes ingleses... y verá qué pronto cuelgan las
armas.

---

769   *Retador*: provocador.
770   *Altivo*: arrogante.
771   *Desdeñar*: menospreciar.
772   *Aguar*: interrumpir.
773   *Amostazado*: irritado.

– XXIV –

Debió de ser aquel mismo día en que los absortos marinedinos contemplaron la majeza[774] y elegancia del ex tipógrafo y se quedaron como quien ve visiones, creyendo que se desquiciaba[775] el mundo. Sí: aquel mismo día debió de ser, porque el hecho ocurrió cuando ya nadie puso en duda la realidad del tardío y estupendo enlace del rico D. Baltasar y la humilde *Tribuna*. –En su cuarto estaba D. Benicio Neira, desagradablemente ocupado contestando a cartas que desde Lugo le escribían, y en las cuales todo se volvían nuevas de casas de caseros viniéndose abajo por falta de reparos, de recargos de contribución, de malas cosechas, y de bajos precios. Neira escribía con inseguro pulso, y su abatida frente y sus hombros agobiados delataban[776] el cansancio y la vejez. Toda situación difícil tiene horas más crueles, de mayor desaliento, y en la que atravesaba Neira, con un cabello le podrían ahogar. Próximo el vencimiento de los réditos[777] que anualmente pagaba a Baltasar Sobrado, réditos que crecían como la bola de nieve, Neira no sabía ya qué finca hipotecar, ni de dónde sacar fondos para el urgente pago. Sus esperanzas de que Rosa «se colocase» y de que Sobrado, al entrar en la familia, usase de misericordia, con la noticia de la boda habían venido a tierra de golpe. La decepción cayó como un peñasco[778] sobre el alma del pobre padre, que veía la miseria amagar a aquellas hijas tan amadas, a las pequeñuelas inocentes. Se acusaba a sí propio, y se despreciaba; ¿qué era él? Un hombre honrado a secas... inútil para la vida, para la lucha. Sólo podría haber sido dichoso naciendo dos siglos antes y encerrándose en un convento, en uno de esos refugios de los débiles, donde nadie tiene que crearse su propio destino, porque se lo da hecho la voluntad fuerte de un sabio fundador y la regla clara y firme por él establecida...

---

774 *Majeza*: guapeza.
775 *Desquiciarse*: alterarse.
776 *Delatar*: revelar.
777 *Réditos*: intereses.
778 *Peñasco*: roca.

Mientras D. Benicio borrajeaba[779] sus epístolas, tratando de defenderse, lidiando con las chinchorrerías de los de Lugo, revolvía en su mente el único medio de aplazar el conflicto. No le quedaba otro recurso. Era preciso escribir a doña Milagros exponiendo la verdadera situación. Aquella señora excelente, generosa, nobilísima —pese a los malsines[780]— y muy rica ya, por herencia de la Tomatera de Chipiona, no se negaría a socorrer a D. Benicio, padre de dos criaturas a quienes prohijaba[781] y amaba la andaluza con cariño tal vez más exaltado que el materno. Pero Neira, a la idea de mendigar un auxilio en metálico, sentía una sofocación, un bochorno inexplicable. Arruinado y hundido, quedábale aún su puntillo de caballero, de hombre bien nacido, de hidalgo; si había contraído deudas, de ellas respondían sus bienes; no es lo mismo pedir prestado que pedir limosna. ¡Si él pudiese; trabajar, desempeñar un destino! Pero ¡a su edad, quién le protegería, quién le colocaría! ¡Ah! ¡Si fuese solo, si no tuviese aquellas hijas, aquel deber natural y terrible que cumplir!

Abriose la puerta de súbito; y Rosa entró... Cuando el padre y la hija se encararon, retrocedieron: tales estaban ambos de desemblantados, de cadavéricos, como si algún golpe de esos que destruyen las organizaciones más fuertes —pena o enfermedad— hubiese caído sobre los dos a la vez. En Neira sorprendía menos el destrozo, pues tiempo hacía que en su cara ciertos matices azulados delataban el progreso de una afección cardíaca; pero en Rosa, la bien nombrada, la que por su frescura y belleza era recreo de los ojos, adorno de la casa y gala de la ciudad: ¡qué tremendo sello habían grabado la decepción, la catástrofe de su intriga amorosa, el miedo y la afrenta! Hasta el último instante Rosa había querido engañarse a sí misma; pero la boda de Baltasar Sobrado se hizo pública, y ella acababa de recibir el parte oficial en la forma más ignominiosa, como se recibe un bofetón: aquel papel que traía en la mano, papel largo, cubierto de renglones que concluían en una cifra, era la confirmación auténtica de su desventura[782], y al par la prueba de que ni aun el estipendio de su honra lograba salvar en tal naufragio...

Nada se dijeron en el primer instante el padre y la hija, y por fin

---

779   *Borrajear*: trazar.
780   *Malsines*: habladores; chismosos.
781   *Prohijar*: adoptar.
782   *Desventura*: desgracia, fracaso.

ella se le echó en brazos, sollozando tan alto, exhalando tales gritos, que por instinto de precaución, Neira corrió a la puerta y pasó el cerrojo. Al fin, el padre logró tomar la palabra, y entre besos y caricias murmuró frases de consuelo. «No te apures, paloma; ten valor... ¿Qué se le ha de hacer? Esa suerte no estaba para ti, ni para nosotros... Paciencia; eres muy bonita, y no faltará quien tenga ojos en la cara y no te deje por una pillastrona vieja... Ea, no te aflijas más...». Pero Rosa seguía gimiendo, hipando, retorciéndose las manos, estrujando el papel. Al fin, animada por la bondad del padre, en una de esas expansiones que provocan en la mujer la tensión nerviosa y el llanto, vació de repente todo el costal de las infamias. No se trataba lo que su padre creía. ¡Ojalá! ¡Si al menos aquel dolor fuese la inocente aflicción de la doncella que soñó en castas nupcias y vio huir de su lado al novio que la prometía la ventura! ¡No, no...! ¡Era *otra cosa*...! y allí estaba lo inminente, lo fatal... la cuenta de las galas y trapos[783] que ella nunca pensó pagar, la cuenta que debía abonar Sobrado, y que recaía, como candente hierro que marca en la tez el baldón[784], sobre la faz del padre confiado y débil. Ya dos veces el comerciante, sabedor de la boda de Sobrado y olfateando un embrollo en aquellas facturas, había escrito a Rosa apurando, amenazando... Y Rosa no podía pagar, Rosa no se atrevía a salir a la calle, Rosa no tenía el recurso de acudir[785] a Sobrado, ausente, marido ya de otra... —El primer momento fue de espanto tan grande, que Neira enmudeció. Como el niño que en desatentada[786] carrera va disparado a chocar contra una dura esquina que le hiere, sobrecogido con el golpe queda al pronto silencioso y quieto, aunque luego rompa en vehemente explosión de llanto, así el padre, sofocado, ahogado por aquella ola de vergüenza que acababa de envolverle de la cabeza a los pies, anegándole, se quedó petrificado. Un dolor agudo, que partía del hombro izquierdo y bajaba a hincarse en la víscera que reparte la sangre y con ella la vitalidad, paralizaba también a Neira, cortándole el aliento. Parecíale que una mano certera le estaba clavando muy adentro y con suma complacencia un agudo estilete[787]. De pronto, aquella suspensión de todas sus facultades fue sustituida por un ímpetu loco, un deseo de destrozar, de romper, de pisotear, de ani-

---

783 *Trapos*: ropa.
784 *Baldón*: insulto.
785 *Acudir*: visitar.
786 *Desatentada*: excesiva.
787 *Estilete*: navaja; cuchillo.

quilar. Corrió a su hija, la asió de las manos, la zarandeó[788], y frenético de ira, la escupió al rostro estas palabras:

—¡Bribona, perdida, asquerosa!

Después, ciego, la lanzó contra la pared: Rosa, entre el remolino de sus infladas faldas vino a recaer sobre un sillón muy viejo, donde quedó medio sentada, medio arrodillada; y mientras maquinalmente, sensible al dolor físico antes que al moral, y preocupada sobre todo de lo que podía deslucir su hermosa persona, se tentaba las muñecas lastimadas y desolladas por los dedos y las uñas de su padre, este, aplanado[789] por el esfuerzo de su enojo, corría hacia la cama y revolcando en la almohada la cabeza, lloraba desesperadamente, con lenta queja prolongada, pueril...

De pronto se enderezó, y volviéndose hacia Rosa, dijo con lágrimas en la voz, implorando:

—¿Dónde está esa cuenta? Venga, que se pagará... ¡Aunque tengamos que mendigar por las calles!

—Aquí... aquí está... –balbuceó Rosa temblando.

—¡Y cuidadito! –añadió él–. ¡Y cuidadito cómo... cómo... cómo dices a nadie... ¡a nadie! que te había prometido pagarla ese... ese tío sucio, malvado... a quien yo...!

Iba a precisar la amenaza; iba a anunciar algún desquite en el triste juego donde aventuraba y perdía la honra, cuando de pronto recordó que ya no quedaba medio humano de restaurar el crédito de su hija. Se le había adelantado otro, joven, fuerte, resuelto, el *compañero*... Casado estaba Baltasar; ¿qué reparación exigirle? Y Baltasar era dueño de casi toda la hacienda de Neira... Si no se apianaba; si en su calloso[790] corazón el daño hecho a Rosa no infundía piedad hacia la familia... en breve las hijas de D. Benicio coserían para vivir, y la quiebra del honor de Rosa se contaría por tan poco como suele contarse la del de las infelices nacidas en las capas sociales más ínfimas. Razón tenía Feíta, sobrada razón: el único recurso, en ciertas situaciones, es descender intrépidamente a las filas del pueblo, aceptar el trabajo manual, el vestir pobre, la baja condición... y poder conservar, dentro de ella, ya que no el decoro[791] externo –la cáscara del decoro,

---

788   *Zarandear*: sacudir; agitar.
789   *Aplanado*: agotado.
790   *Calloso*: endurecido.
791   *Decoro*: respetabilidad.

que la constituyen apariencias y vanidades–, la independencia moral, la dignidad, que no se mide por el bolsillo... La dolorosa convicción de su impotencia para reparar la burla hecha a su hija trastornó a Neira de tal suerte, que enseñó los puños al cielo... Al querer consolarle Rosa, la despidió de sí otra vez, y fulminando[792] indignación por los ojos, repitió:

—Ya te he dicho que se pagará esa cuenta... ¡Se pagará, se re-pagará! Lo demás, ¿qué te importa? ¿Qué te importa darnos la muerte y sepultarnos en basura? Como tengas tus trapos... ¡trapos malditos, cochinos trapos, que ponen a un hombre de bien en el caso en que yo me encuentro! Se pagará la cuenta, aunque fuese con gotas de mi sangre... No permitiré yo que crean que si la hija es una pin-donga[793], el padre es un tramposo[794]... ¡Mañana misma buscaré otra casa, porque esta se me cae encima! ¡Aquí os habéis juntado un canalla y una mala hembra! para asesinarme... y lo habéis conseguido, ¡caracoles si lo habéis conseguido! ¡Quién me diría –añadió el infeliz con súbita reacción de ternura– que habías de ser tú, Rosa, mi Rosiña... mi vanidad... la que ibas a darme el tósigo[795]!

Fría de alma era Rosa Neira ciertamente; ningún sentimiento ge-neroso hacía latir su seno no tan puro de líneas, su seno de mármol; sin embargo, hay momentos, hay palabras, hay acciones que arran-carían chispas de sensibilidad de las piedras, cuanto más de un ser humano, de una hija. Movida por la inesperada y amante queja; sin-tiendo mojado el rostro por las lágrimas paternales, lágrimas encen-didas, caldeadas por un horrible dolor, por esa vergüenza que cuestan las malas acciones de los hijos –vergüenza mayor que si la originase la mengua[796] propia–, Rosa, ansiando disculparse de algún modo, aminorar[797] un poco su responsabilidad, tartamudeó:

—No soy yo sola quien le avergüenzo, papá... No parece sino que otras no hacen lo mismo que yo... ¡y peor si acaso...!

Echose atrás Neira, rígido. ¡Eso más! ¿Qué significaba...? ¿Qué ocurría? Que repitiese, que se explicase... La muchacha, alarmada,

---

792   *Fulminar*: estallar.
793   *Pindonga*: callejera.
794   *Tramposo*: engañoso.
795   *Tósigo*: pena.
796   *Mengua*: falta.
797   *Aminorar*: reducir.

quería desdecirse[798], comerse las palabras... pero D. Benicio la agarró
otra vez de las muñecas, la envió al rostro su aliento de fiebre, la
fascinó con sus ojos ya secos, llameantes... ¡impuso su voluntad, como
la imponen los débiles cuando despliegan un vigor facticio y momentáneo, hijo de la absoluta desesperación...! Rosa cedió; era de cera, y
ni sabía resistir, ni dejaba de encontrar fruición maligna en
disculparse acusando al prójimo.

—¿Cuál otra hija mía se ha perdido? —articuló D. Benicio, relam-
pagueando—. Es Feíta, ¿verdad?...

Rosa dudó un momento. A Feíta no la quería bien: eran invete-
radas la antipatía y la discordia entre la hermana linda y la hermana
sabia. La idea de calumniarla[799] cruzó como un rayo por su menguado[800] espíritu. Pero temió que Feíta, con cuatro impetuosas palabras, disipase la calumnia[801] e hiciese resplandecer[802] la verdad.
Temió, sin darse cuenta de que temía, como sucede a las conciencias
oscuras, y, agarrándose a la verdad cual a una tabla, dijo, categórica-
mente:

—No: es Argos.

—¡Cuidado con mentir! ¡Te deshago...! A ver, cuenta, cuenta —
ordenó el padre, con calma fúnebre y espantosa—. Cuéntame eso, que
me divierte mucho... Argos, ¿eh? ¿Y con quién? ¿Y cómo? ¡He dicho
que cuentes! —repitió, alzando la voz, sin miedo a que resonase fuera,
a que se enterase alguien de una escena tan espantosa— ¡Obedéceme
siquiera ahora, que poco me tendrás que obedecer en este mundo! ¿O
es que mientes, pécora?

—No miento, no... No se enfade... Argos... es con Mejía...

—Con el gobernador, ¿eh?

—Sí, señor... con el gobernador, que la tiene chiflada... Está loca
de atar[803]. ¡Si él la manda echarse a un pozo... se echa!

—¿Dónde se ven? ¿Aquí, cuando yo salgo?

—En casa de él... —Neira se estremeció de pies a cabeza—. Ya fue
allá Argos dos veces... después de anochecido, disfrazada con mantón
y pañuelo... Y como él tiene enemigos que intrigan para quitarle este

---

798   *Desdecirse*: anular.
799   *Calumniar*: deshonrar.
800   *Menguado*: mísero.
801   *Calumnia*: difamación.
802   *Resplandecer*: brillar; relucir.
803   «*Estar loco de atar*»: (expr. idiom.) estar muy loco.

gobierno... y piensa largarse de aquí pronto... ella... proyecta escaparse con él a París!... Lleva el retrato de él sobre el pecho... si V. lo quiere ver, puede desabrocharla el vestido... León Cabello, que teñía con ella relaciones, anda muy triste, amenazando matarse... Todos los días recibe ella una carta larguísima del músico... y se la manda al gobernador para que se ría, para que haga burla...

La muchacha amontonaba detalles, algo picada, deseosa de que por lo ajeno se olvidase lo propio... El padre hubo de poner fin a la confidencia. No necesitaba saber más. —Cuando Rosa salió de la estancia tapándose los ojos con un pañolito, Neira tomó la pluma y escribió a doña Milagros una carta apremiante y corta. Después buscó el sombrero; echose a la calle; pasó cosa de media hora en el despacho[804] del dueño de la Ciudad de Londres, y de allí se dirigió al palacio del gobierno civil.

---

804 *Despacho*: oficina.

– XXV –

El gobernador no se había vestido aún para almorzar, y Neira le encontró de batín de pana verde entreabierto sobre la camisa con chorrera de encaje –afeminado atavío que hizo pasar por las venas del desdichado padre un escalofrío de repugnancia y de ira[805]–. Sucede que si menudencias semejantes, en las personas que amamos, provocan interiores efusiones de ternura, efluvios de simpatía, una corriente de odio puede brotar de cualquier rasgo físico de las que detestamos. El cariño y el aborrecimiento[806] se alimentan de todo. Neira, en aquel instante, creía aborrecer especialmente, no al gobernador, sino a la suave chorrera y al bien cortado batín. ¡Qué sentimiento tan extraño en Neira aquel odio sañudo[807], que serpeaba[808] como veta de azogue[809] por sus manos, haciéndolas temblar! ¡Qué catástrofe moral la que, por breves instantes, comunicaba el temple del hierro a un alma tan afectuosa, tan mansa, tan cristiana! Disimulando la extrañeza y un vago recelo... Mejía se levantó, y fue solícito y afable, a atender a Neira.

El departamento en que Mejía acostumbraba recibir en confianza, era un vasto y clarísimo gabinete, con vistas al muelle y al mar y gran alcoba interior; estas dos piezas las había arreglado con coquetería mundana, procurando que se distinguiesen del resto de la residencia oficial, donde abundaban los papeles a grandes dibujos rameados de oro, los estrados[810] y colgaduras de damasco[811] carmesí[812], las alfombras de terciopelazo, los relojes alegóricos y las arañas de vidrio. Mejía, en su refugio, vistió las paredes de una tela clara, sencilla y barata, pero de gracioso dibujo oriental, y sobre franela escarlata

---

805 *Ira*: furor.
806 *Aborrecimiento*: aversión; odio.
807 *Sañudo*: cruel.
808 *Serpear*: andar.
809 *Veta de azogue*: una línea/filón de mercurio.
810 *Estrados*: plataformas.
811 *Damasco*: tela lujosa.
812 *Carmesí*: rojo.

montó dos panoplias813, una de pintorescas armas joloanas, y otra de pistolas, escopetas de caza y floretes814 modernos de ensayo y duelo, entreverados con guantes, petos815 y caretas816. Fotografías de mujeres, algo ligeras de ropa y seguramente más de cascos, mezcladas con retratos de amigos y con grupos paganos de bronce, acababan de animar aquel despacho, análogo al de casi todos los solteros preciados de galantes y espadachines817. En el mueblaje descollaba818 el ancho y profundo diván, el escritorio revuelto, con libros en francés y graciosos prensapapeles, las dos o tres butaquitas bajas, y la densa piel de oso blanco, ribeteada819 de paño, naturalizada con la cabeza y garras de la bestia feroz. Por la puerta abierta del dormitorio se columbraba820 el lecho amplio, bajó su colcha y edredón de raso azul, y la luna del armario fingía en lo más oscuro la superficie rasa y misteriosa de un agua profunda; un aroma de tabaco selecto y de *foin coupé* flotaba en la atmósfera, y sobre el escritorio se marchitaban rosas sin agua, en un barrigudo jarrón de Satsuma821.

La mirada de D. Benicio abarcó este conjunto, vulgar en medio de su refinamiento, con una sublevación de alma, con un asco moral que en aquel instante tenía algo de fatídico822. Contrastaba de tal suerte el gabinete con la manera de ser, los hábitos y las tendencias del padre de Argos; tenían para él significación tan escandalosa y reprobable los indicios de una vida voluptuosa y sin freno, fáciles de sorprender en la habitación de Mejía, que a no contenerse, Neira entraría hecho un vándalo; entraría destrozando, pateando y echando por el balcón muebles, retratos, alfombras y flores. Una lucidez dolorosísima, que a veces acompaña a las grandes crisis del sentimiento, le decía que *allí*, precisamente *allí*, donde él sentaba el pie, se había consumado la perdición de su insensata hija; que allí se había escarnecido823 su dignidad y su honra de padre... y el cuadro nefando

---

813   *Panoplias*: tablas.
814   *Floretes*: espadas.
815   *Petos*: pecheras.
816   *Caretas*: máscaras.
817   *Espadachines*: personas que saben manejar bien una espada.
818   *Descollar*: resaltar.
819   *Ribetear*: adornar.
820   *Columbrarse*: percibir; entrever.
821   *De Satsuma*: un tipo de cerámica japonesa de alta calidad, típicamente decorada con flora y fauna.
822   *Fatídico*: fatal.
823   *Escarnecir*: ofender.

y maldito se le representaba tan a lo vivo, que al acercase al diván con que le convidaba Mejía, reservado y en guardia, exhaló un gemido tétrico[824], el ay del sentenciado a tormento cuando le tienden en el potro[825]...

En un rato no pudo hablar. Por su garganta oprimida no resbalaban la saliva ni el aire; la lengua no acertaba a moverse para dar forma a los discursos que aquel caso exigía... D. Benicio se encontraba a la vez colmado de derecho, harto de razón, como los mártires de una causa sagrada y justa, y ridículo, muy ridículo, como esos viejos de ópera y drama, que van a pedir reparaciones, a concertar por fuerza bodas, a hablar de inocencias, de fragilidades, de responsabilidades, a remendar[826] torpemente la túnica inconsútil[827] del honor... Antes de que Mejía la lanzase, escuchaba su carcajada mofadora, soportaba sus insolentes negativas, tragaba el acíbar[828] de su desprecio[829], y se veía saliendo de allí burlado, con las orejas gachas, porque hay en el mundo ciertas grandes iniquidades[830] que inclinan al suelo para siempre, no la cabeza del que las comete, sino la del que las padece y llora...

Entre tanto Mejía, encontrando cada vez más *escamativa* la actitud del papá, turbada además la conciencia, vibrantes aún los nervios de las devoradas y complicadas caricias que la víspera le devolviera la hija infeliz; impaciente y enervado, presintiendo la *tabarra*[831]... rompía por todo y formulaba concretamente una pregunta. ¿Qué se le había perdido en el gobierno civil a D. Benicio Neira...? Y el padre, cual si[832] le desatasen la lengua, contestaba del modo más terminante, en breves e imperativas palabras.

—¿Que me case con su hija de V.? —respondía fingiendo admiración el hombre doble—. ¿Y esto me lo dice V. así, sin preparación, sin antecedentes, sin enterarse de cuáles son mis circunstancias, sin estudiar si tengo o no tengo, como caballero, el deber de ofrecer a esa señorita mi mano?

---

824   *Tétrico*: trágico.
825   *Potro*: aparato usado para torturar a la gente.
826   *Remendar*: recomponer.
827   *Inconsútil*: completo.
828   *Acíbar*: amargura.
829   *Desprecio*: ofensa; humillación.
830   *Iniquidad*: maldad.
831   *Tabarra*: algo molesto por su insistencia.
832   *Cual si*: como si.

D. Benicio miraba a Mejía, sintiendo otra vez el dolor penetrante, que bajaba del omoplato[833] directamente al corazón. La punzada aguda le revelaba la gravedad de un achaque que, según le decía el doctor Moragas para quitarle aprensión, era una friolera, cuestión de digital... En aquel momento conoció que la mano certera de la muerte, tendida hacia su presa, apretaba y comprimía un corazón donde la paternidad hiciera brotar recias y ensangrentadas espinas[834]. La más aguda, entonces era la idea de dejar a sus hijas huérfanas y sin amparo[835]. –«Nada he hecho por ellas; de nada las he servido. Mi debilidad las consintió perderse, y mi poquedad no acierta a salvarlas...». La voz de Mejía, que resonaba dulzarrona, afectadamente respetuosa, la escuchaba Neira como si viniese de lejos, de muy lejos... Mejía amontonaba embustes[836] para desorientarle.

—Toda oficiosidad[837] se comprende en un padre –murmuraba el hombre doble, con el mismo tono falso en que solía hablar de otras cosas, de Dios, de la patria, de la verdad, del deber– y nada me extraña tratándose de tan delicada materia como el buen nombre de una señorita; pero crea, Sr. Neira, que en este caso ha padecido V, una alucinación, un error... excusable... y si su señora hija le incitó a dar este paso, estaba ofuscada[838]. Porque yo haya tenido la satisfacción de concurrir a su casa de V. varias noches; porque admire como se merece la belleza de la señorita María Ramona, no se desprende que...

—Déjese V. de farsas –respondió el padre haciendo un gran esfuerzo para emitir la voz, pues por momentos creía que se asfixiaba–. No vengo a que V. me toree, ni a que V. se ría de mí. Al asunto: o se casa V. con Argos, o...

—¿O qué? –contestó Mejía en tono ya desdeñoso, levantándose y cruzando sobre el pecho los abrazos.

—¡O... le castigará Dios! –exclamó Neira con acento solemne y sin cólera.

El modo que tuvo Mejía de encoger los hombros fue el más impío[839] reto[840] a la Providencia[841] que puede lanzar una criatura

---

833 *Omoplato*: parte superior de la espalda.
834 *Espinas*: angustias; preocupaciones.
835 *Amparo*: ayuda.
836 *Embustes*: exagerciones.
837 *Oficiosidad*: diligencia; dedicación.
838 *Ofuscada*: obsesionada.
839 *Impío*: indiferente.
840 *Reto*: desafío; provocación.

humana. Era Mejía del número de los que no creen en el orden providencial, pecado que lleva en sí el castigo de la desesperación, pues quien nada cree nada espera, y quien no espera sufre como un demonio en las horas de adversidad y de desastre; sufre en el lecho, entre las tinieblas, y sufre también cuando la luz radiante del sol acaricia a los que la juzgan enviada por Dios para hermosear la vida y alegrar y confortar el espíritu... Mejía, en medio de su árida sequedad, de su condición de pirata implacable[842], tenía momentos –los periodos de cansancio y melancolía que siguen inevitablemente a los accesos de libertinaje[843]– en que se encontraba muy solo, muy desorientado, pues a veces la vida es más de plomo para los que quieren hacerla más leve y gozosa y pasarla en continuo triunfo. Aunque la conciencia calle, ratos amargos no faltan nunca a quien registra en su historia páginas que quisiera borrar con sangre de las venas; y el texto de estas páginas, en ocasiones, se escribe en caracteres de fuego en la pared[844]. Mejía experimentaba la inquietud, el azoramiento secreto del que guarda en un armario algo que le conviene ocultar a toda costa... ¡Cosa extraña, que aquello de que Mejía se burlaba frescamente, aquello que desacataba, fuese lo que solía infundirle pavor a las altas horas de la noche! Acaso, analizando bien el modo de ser del gobernador, descubriríamos que el pasado, el turbio pasado, la repugnancia a mirarlo frente a frente, era lo que lanzaba muchas veces a Mejía a excesos de carácter orgiástico, a delirios de la materia en que el hombre cree huir de sí mismo agotando los últimos residuos del placer, cuando en realidad sólo agota las fuentes del consuelo y los tesoros de la naturaleza... Como todos los desesperados, Mejía se desquitaba[845] silbando[846] al alto poder que distribuye la justicia, y su movimiento sarcástico al oír el nombre de Dios, tan sencillamente invocado por Neira, fue un desahogo de la bilis, un arranque de misantropía, un testimonio de mal acallados pesares...[847]

—¿Conque va a castigarme Dios? –respondió gozando un deleite irónico y maligno que le hizo abandonar su diplomacia archicor-

---

841 *Providencia*: Destino.

842 *Implacable*: cruel.

843 *Libertinaje*: «indecencia».

844 *Se escribe en caracteres de fuego en la pared*: se escribe sólidamente.

845 *Desquitarse*: satisfacerse.

846 *Silbar*: protestar.

847 «fue un desahogo...»: Esta frase describe a Mejía –con una reacción convulsiva y emocional contra todo y contra todos.

tesana–. ¿Conque va a castigarme? –replicó complaciéndose de antemano en la idea de la risotada que le arrancaría la estupefacción de D. Benicio–. Pues se equivoca V., Sr. de Neira; no tiene que castigarme... Me ha castigado ya. –No abra V. tanto los ojos. –V. venía a que me casase, ¿eh? Llega V. con retraso... ¡Soy casado desde hace tiempo...!

Neira vio como una luz lívida serpeando ante sus pupilas dilatadas. Hay momentos en que las facultades se centuplican[848], en que la memoria, el entendimiento, la voluntad, se asocian y funden, se integran, por decirlo así, para que veamos con evidencia lo que antes apenas sospechábamos. D. Benicio recordaba haber entreoído un día, en el Casino de la Amistad, entre varias especies desfavorables al gobernador y echadas a volar por gente del partido contrario en horas de oposición sistemática, la versión referente al estado de Mejía, casado en Filipinas, donde dejaba a una mujer y dos niños en la indigencia[849]; y allí se habló también de un cambio de nombre, de la venida, de la esposa a reclamar sus derechos, del modo cómo fue despachada otra vez con rumbo al Archipiélago... hasta que todo lo desmintió enérgicamente el secretario del gobierno civil, declarando que era una insigne paparrucha[850]. En aquel momento Neira sentía que se trataba de una gran verdad, y que Argos, lo mismo que Rosa, no tenía medio de restaurar la fama y el honor. Este convencimiento, en lugar de abatir al padre, le inspiró una repentina furia, una especie de insania. Levantándose de un brinco, crispando los puños, marchó sobró Mejía, ciego como el toro que se precipita a embestir. Mejía no dio espacio a que la diestra del agraviado padre cayese sobre su rostro. Adelantando los brazos, rechazó a Neira, y le empujó vigorosamente hasta hacerle caer cuan largo era en el diván. Un júbilo malicioso y satánico animaba sus facciones, al acordarse de que en aquel propio mueble, cabalmente sobre el cojín bordado de sedas como los mantones manileños, había reposado pocos días antes la hermosa cabeza de la hija, y que algunos cabellos negros se enredaban todavía entre las rosas de realce... D. Benicio, mientras tanto, sujeto, tendido, rugiendo, se sentía tan chafado[851], tan risible, que dos lágrimas de brasa

---

848 *Centuplicar*: multiplicar.
849 *Indigencia*: miseria.
850 *Paparrucha*: exageración.
851 *Chafado*: bloqueado.

asomaron a sus lagrimales, evaporándose al punto, y contrastando con la sonrisa de burla que dilataba los pálidos labios del gobernador, descubriendo los limpios y cuidados dientes y animando las pupilas, donde el picaresco y sensual recuerdo encendía chispas diabólicas... Al fin, con un movimiento de afectada magnanimidad, Mejía alzó las manos, se enderezó, y dejó incorporarse a D. Benicio... Agarrándole del cuello del gabán le puso en pie, manejándole como se maneja a un pelele852, y sin omitir la soflama, le dijo vendiéndole compasión:

—Vamos, retírese, tranquilícese, refrésquese... Aquí no ha pasado nada... Salude V. de mi parte a aquellas señoritas...

D. Benicio se tambaleó un instante; afirmose después sobre los talones; en seguida saltó como un gato al diván y arrancó de la panoplia un florete853 de desafío; y antes que Mejía tuviese tiempo de prevenirse a la defensa, se lo pasó impetuosamente al través del pecho, a la altura de los pulmones.

---

852 *Pelele*: muñeco.
853 *Florete*: espada muy fina.

– XXVI –

Aquí vuelvo yo a danzar[854] en los anales de una familia de Neira, pudiendo decir que mi acción fue de sumo provecho, y, que desempeñé el papel de ese amigo incondicional sin cuyos buenos oficios las desgracias son más irreparables, más resonante el escándalo, y la caída conduce a un abismo del cual nadie sale si no le tienden mano poderosa.

¿Quién –preguntáis– me impulsó a intervenir en el conflicto, a la manera de los dioses fabulosos en las anticuadas epopeyas[855], arrogándome fueros de bienhechora divinidad? ¿Quién me hizo andar, correr, tornar, virar[856], aceptar responsabilidades, cabildear, visitar redacciones de diarios, aprontar[857] dinero, pasar malos días y peores noches, y en suma alterar y cambiar de tal suerte mi género de vida, mis hábitos y mis arraigados principios, que los dos únicos seres compañeros de mi soledad –el minino[858] y doña Consola–, llegaron a desconfiar de mi razón, y a demostrármelo con su inquietud, su esquivez y su melancolía?

¡Bah! De sobra habéis adivinado el móvil que me dictaba rasgos de tan inverosímil abnegación y daba al traste con el bien cimentado edificio de mi sosiego[859]. Ya estabais enterados de que me había cogido entre sus uñas el misterioso duende[860] que desde el origen de los tiempos juguetea con la humanidad, después de expulsarla del paraíso y arrojarla a la ingrata superficie de la tierra, a peregrinar, a rabiar y a combatir. Conociendo el nombre de mi tirano, no extrañaréis el mal trato que me daba, ni la resignación con que yo lo sufría.

¿Resignación? No; ya es preciso decir gusto. –En aquellos días me-

---

854 *Danzar*: participar.
855 *Epopeyas*: aventuras.
856 *Virar*: girar.
857 *Aprontar*: disponer rápidamente.
858 *Minino*: gato.
859 *Sosiego*: tranquilidad.
860 *Duende*: espíritu.

morables para la familia de Neira comprobé la realidad del aserto[861] de un sagacísimo[862] autor sobre la actividad y brío que el amor comunica a la vida del enamorado, el interés que para él adquieren las más mínimas y sencillas circunstancias y advenimientos; la extraña confusión que hace del pasado y del porvenir con el presente; la existencia en los tres tiempos del verbo, existencia intensísima, fogosa y rica en sensaciones y en emociones continuadas. Conviene advertir que yo saboreaba sin reparo los frutos del árbol engañador, y había desertado tan resueltamente de mis banderas[863], que llegué a dudar si el Mauro Pareja cauto, precavido y cuerdo de las primeras páginas de estas *Memorias*, sería el mismo que sólo vivía para tomar como cosa propia aquellos cuidados ajenos que, según el proverbio, matan al...[864] ¡No escribiré el poco halagüeño sustantivo!

Quiso la casualidad, maestra en aciertos, que un cuarto de hora después que D. Benicio Neira, llegase yo al Gobierno civil; necesitaba hablar a Mejía de ciertos planos para el futuro palacio de la Diputación provincial marinedina, planos cuya ejecución se me había confiado y en los cuales deseaba desplegar[865] toda mi ciencia, pues desde que soñaba en bodas, más o menos remotas y fantásticas, el trabajo me atraía. Indicome el ordenanza que esperase en el salón carmesí, contiguo al gabinete. Conociendo las costumbres de Mejía, sospeché que tal vez estaba entretenido con alguna alegre muchacha; de varias sabía yo que habían entrado y salido por la puertecilla de escape y la escalera angosta que conduce a un poco frecuentado callejón, a espaldas del edificio. Bajo el influjo de esta creencia, me expliqué a mi modo los ruidos como de lucha que venían del gabinete. «Retozan» pensé, algo contrariado por aguardar en tales condiciones, y paseando de arriba abajo, a fin de entretener la impaciencia. Un grito sofocado, pero de horror y agonía, un choque pesado y sordo, me obligaron a correr hacia la puerta del gabinete. En un segundo adiviné que allí se desarrollaban escenas bien distintas de las que al pronto[866] supuse. Todo había quedado en silencio; sin embargo, no

---

861 *Aserto*: afirmación.
862 *Sagacísimo*: muy prudente.
863 *Banderas*: principios; creencias.
864 *«Cuidados ajenos matan al asno»*: aquí se hace referencia a una expresión coloquial que critica a las personas entrometidas y advierte de las molestias que causa tratar de ayudar a otros (*Instituto Cervantes*).
865 *Desplegar*: demostrar.
866 *Al pronto*: inicialmente.

vacilé: abrí de pronto la puerta y vi el cuadro: Mejía en el suelo, aho-
gándose en sangre, dando las boqueadas867, y Neira derrumbado en
el diván, mirando con ojos de loco a su víctima.

No sé si parecerá creíble, pero lo cierto es que no me asombré, y
en el mismo instante comprendí y me expliqué completa y satisfacto-
riamente lo acaecido868. Aunque acción tan gallarda y fiera pareciese
impropia del carácter inofensivo de D. Benicio, yo, que conocía el fa-
natismo de su amor paternal y le había oído anunciar *una*
hombrada 869para el caso de que alguien afrentase a sus hijas; yo, que
sé cuán probables son las reacciones violentas en un carácter débil y
resignado, en un hombre sufrido –siempre que persista en él la noción
de la dignidad moral y un espiritualismo fuerte y profundo–, no me
maravillé de que al cabo aquel cordero, en un arranque terrible, des-
quitase sesenta años de paciencia y escarnio, de pasividad y de oculto
dolor.

¡Cómo aguzan el entendimiento estos casos extremos! Siempre
que recuerdo aquel trance crítico, me siento orgulloso, envanecido870
del ingenio y habilidad con que di salida 871a tan apretada situación.
Mi ocurrencia fue rapidísima, según son las ideas geniales, que se nos
presentan envueltas en la luz del relámpago y nos deslumbran. Allí
había que proceder como el cirujano cuándo opera sobre el campo de
batalla: sin perder instante, sin titubear, imponiéndose.

Mejía iba a expirar, sin poder articular palabra, asfixiado y desvanecido por la hemorragia que le cortaba a un tiempo el habla y la vida.
Yo había pasado, solo, en el salón contiguo, un cuarto de hora. Nadie
podía afirmar que, en vez de esperar allí, no hubiese penetrado en el
gabinete, y asistido a toda la escena entre el padre y el seductor de
Argos. Velozmente subí al diván, arranqué de la panoplia otro florete
y lo coloqué en la mano derecha de Mejía, engarrotando alrededor de
la empuñadura los dedos inertes del moribundo. Y abrazando a D.
Benicio, y con palabras persuasivas, repitiendo el nombre de sus hijas
inocentes, de las menores, que no habían de pagar los ajenos pecados,
le convencí de que no consintiese en pasar por asesino, de que aceptase

---

867   *Boqueada*: acción de abrir la boca de forma fatigada.
868   *Acaecido*: sucedido.
869   *Hombrada*: valentía; hazaña valiente.
870   *Envanecido*: orgulloso.
871   *Dar salida*: *(expr. idiom.)* resolver.

mi estratagema[872] y confirmase mi versión. Al pronto manifestó escrúpulos y un insano afán de correr a delatarse; por fortuna (nadie se asuste de esta frase despiadada en apariencia) en aquel mismo momento se estremeció Mejía; un borbotón de sangre salió de su boca, y quedó inmóvil, con los ojos vidriados. «Muerto el perro, acabose la rabia». «¿Quiere V. que las chiquillas tengan un padre en presidio[873]... en la horca?». Neira, casi tan difunto como Mejía, cedió; sus nervios no le sostenían, y ya era incapaz de resistir a mis apremiantes ruegos. Me di cuenta de que se entregaba a discreción, y procedí sin demora a salvarle. Lo primero que hice fue buscar al secretario –cuyo despacho se encuentra dos o tres puertas más allá del salón carmesí, al extremo de un largo pasillo–. Le referí mi historia inventada, la llegada del ofendido padre; la burla del ofensor, mi intervención conciliadora e inútil, el reto, el combate que presencié y en que Mejía, creyendo desarmar de buenas a primeras a su adversario, recibió la mortal estocada... La narración –verosímil o no–, fue creída, y don Benicio dejado en libertad provisionalmente. Así y todo, mal lo habría pasado, y no escaparía de las garras de la justicia, ni yo tampoco, si ciertas instrucciones pedidas a Madrid y enviadas con gran reserva por el Gobierno, no moviesen a las autoridades marinedinas a echar tierra, muchas paletadas de tierra, sobre el cadáver de Mejía y el drama que le costó la vida. La prensa de oposición intentó alborotar[874] el cotarro[875]; pero se hizo de suerte que no tuviese datos con qué robustecer ciertas malignas insinuaciones, y se evitó que un ruidoso proceso descubriese, en los antecedentes de un gobernador, nidadas de sapos y culebrones. Si me preguntáis cómo se puede echar tierra a todo aquello a que conviene echarla... os diré que sois poco avisados o poco observadores, y desconocéis el mecanismo de nuestra sociedad, de nuestras instituciones, de nuestras leyes. Milagros como estos se ven, no diré cada día, pero sí harto a menudo, y la opinión va habituándose a paladear con delicia el jarabe de adormideras[876], el dulce opio[877] del olvido. Dadme tiempo y favor, y entierro yo, no un

---

872   *Estratagema*: truco astuto.
873   *Presidio*: cárcel; prisión.
874   *Alborotar*: perturbar.
875   *Cotarro*: colectividad en estado de agitación.
876   *Adormidera*: Flor del que se extra el opio; amapola.
877   *Opio*: droga narcótica.

crimen: todas las *Causas célebres*878 y todos los *Panamás* del mundo...

En Marineda, la gente se puso de parte de D. Benicio; es justo declararlo. Se le perdonó y hasta en voz baja se le ensalzó y glorificó. Fue héroe en sus postrimerías879. —La única persona que no transigía con el atentado... era su autor. No pudo aquel hombre, saturado de escuelas cristianas, predispuesto a la santidad, olvidar que había teñido sus manos de sangre. La acción, la única acción significativa y poderosa de su vida, gastó toda la provisión de fuerzas físicas y morales que tenía disponible, y D. Benicio, como suele decirse, ya no levantó cabeza880. Medio alelado, agravado su padecimiento del corazón, se postró, no en la cama, donde se ahogaba, sino en un sillón ancho y viejo; en breve hincháronse sus piernas, síntoma fatal, y poco tardó en acudir la gran libertadora —a la cual recibió pertrechado con los sacramentos, consolado por la absolución, arrepentido, lleno de fe y de esperanza, y humilde y engreído a la vez, como el vasallo881 a quien su rey visita. La ceremonia de administrar el Viático a Neira nos conmovió hasta a los que tenemos el espíritu asaz profano. Después de tan solemne instante fue cuando, entre dos sofocaciones mortales, me rogó que aceptase la tutela de sus hijas, cargo que admití con toda mi alma y hasta con pueril alegría: mi estéril existencia era, por fin, útil y provechosa para alguno.

Y héteme constituido882 en consejero, director y árbitro de aquella familia desconsolada. Desconsolada, sí; la doble tragedia, el triste fin de Mejía y de su matador, habían caído como pavoroso aviso del cielo hasta sobre las más desjuiciadas de las hijas de Neira. Todas lloraban lágrimas sinceras y hermosas, de pesar, de expiación: Rosa andaba por la casa despeinada y con una bata de zaraza de a real, indicio segurísimo en ella del dolor más verdadero. —¿Y Feíta? —oigo que pregunta el lector curioso en cuestiones del corazón—. ¡Feíta! ¡Creo que nadie habrá dudado de que la independiente seguía en Marineda, y del gran viaje no se había vuelto a hablar ni por asomos! Conque entre Feíta y yo asumimos la dictadura y agarramos el timón883 de aquella casa, sin que a nadie se le ocurriese discutir nuestra legítima

---

878   *Causas célebres*: un género literario popular de la época que relataba crímenes violentos.
879   *Postrimería*: decadencia.
880   *No levanter cabeza*: (expr. idiom.) no salir de una situación desgraciada.
881   *Vasallo*: súbdito.
882   *Héteme constituido*: expresión que significa «Aquí me tienes transformado en».
883   *Timón*: dirección.

autoridad, fundada en mi buena intención y en las altas dotes[884] de gobierno y energía de la encantadora extravagante...

¡Y qué tino y firmeza demostramos al desenredar la madeja del conflicto económico, que no había cesado, claro está, de afligir a la prole[885] de Neira! Todas las noches nos reuníamos a deliberar, y de nuestras deliberaciones salía siempre alguna resolución extraña al parecer, y en realidad bizarra y feliz. Empezamos por eximir[886] a Argos del horrible bochorno que en Marineda sufría, despachándola a Barcelona, a la hospitalaria casa de doña Milagros. La consigna fue que Argos siguiese estudiando canto y música, y que, pasado algún tiempo, buscase en el teatro la gloria y el provecho que le prometen su rara voz y su no menos rara belleza. –«Empeñarse en hacer de Argos una mujer casera y metódica, es errarla» –me decía Feíta–. «Nació para una vida... agitada, pasional. Si llega a ser una brillante artista, es mejor que cualquier tronera[887] si la lleva a París, o si ella labra la desdicha[888] de un marido, caso de que llegue a encontrarlo». Enderezada[889] ya Argos con rumbo a nuevos destinos, se realizó la mudanza y se buscó un piso en el Ensanche, alto, barato, modesto, con buen aire y alegre vista. Allí se reservó una sala decente y un cuarto desahogado y limpio para taller de Rosa... Sí; en el programa de Feíta entraba también esto: Rosa aprovecharía su buen gusto y su afición a los trapos, ganándose la vida, trayendo el correspondiente grano de trigo al pan del hogar. «Ya hemos dejado de ser señoritas» –repetía la independiente–. «A arrimar el hombro[890] todas. No faltarán parroquianas[891], Rosita; he recibido encargos para un mes, lo menos; tus oficialas serán Constanza y Mizucha, que cosen divinamente. Si eres buena, si trabajas asiduamente y la labor produce, con el tiempo irás a Madrid y a París a traer la novedad, y de paso a divertirte, a gozar con los pingos[892]. Y no se me replica; porque si haces ascos al santo trabajo, te meto en una casa a servir». En cuanto a Froilán, me encargué yo de él: como no apencaba[893] con el estudio, le coloqué de de-

---

884   *Dote*: habilidad.
885   *Prole*: hijos.
886   *Eximir*: excusar.
887   *Tronera*: persona que lleva una vida contraria a toda norma moral (*DRAE*).
888   *Desdicha*: desgracia.
889   *Enderezada*: derecha; enfilada.
890   *Arrimar el hombro*: (expr. idiom.) colaborar.
891   *Parroquianas*: clientes regulares.
892   *Pingos*: personas a quienes les gusta salir de fiesta.

pendiente en *La ciudad de Londres* –cuyas facturas se pagaron con el dinero enviado por la siempre generosa doña Milagros–. No parecía torpe el mozo para medir y despachar género, y su buena educación y agrado le hicieron simpático a la clientela femenina. Desairado por Minerva[894], creemos que el único varón de la casa de Neira ha encontrado un excelente patrono en Mercurio[895].

Como he dicho, la familia obedecía a Feíta sin replicar, y las antes díscolas[896] hermanas ni pensaron en discutir sus prudentes disposiciones. Del patrimonio salvamos algo, más de lo que se esperaba; sin duda Dios tocó en el corazón a Baltasar Sobrado, para que no apretase el dogal[897] hasta estrangular a las huérfanas. Siempre he sospechado que, en aquella ocasión, Dios habló a Sobrado por boca de su hijo, el cual demostraba de mil modos que Feíta, ahora como antes, era dueña de su albedrío[898] y señora de sus pensamientos. Y por cierto que los paseos y rondaduras del excompañero por la calle de mi amiga llegaron a preocuparme de tal modo, que, rompiendo mi propósito de no decir a Feíta palabra sobre lo que más me importaba en el mundo, la interpelé[899], y oí de sus labios estas palabras, para mí decisivas:

—No quería casarme. A V. le consta. Soñaba con la libertad, y con algo que a mí me parecía el ideal. Las cosas se me han arreglado de muy diferente modo. El Deber y la Familia (con mayúscula, amigo Mauro) han caído sobre mí... y ¡cuánto pesan! Me declaro rendida... Necesito un Cirineo[900]... pero no ese *compañero*, hoy burgués. Francamente: quizás me hacía gracia cuando gastaba blusa: ahora me parece un tipo de lo más vulgar. Ese no tenía fe... Buscaba lo que hoy posee: dinero, comodidades, holganza... Ya lo consiguió. No le hace falta Feíta. Crea V. que, si me presto a que me echen la consabida estola, ¡que a Vds. les ponen por el cuello y nosotras por la cabeza, mal rayo!, no será Ramón Sobrado quien se arrodille[901] a mi vera[902]...

Comprendí, y deslumbrado de alegría, tendí las manos, cogí la

---

893   *Apencar*: tolerar.
894   *Minerva*: diosa romana de la sabiduría, la justicia y el derecho..
895   *Mercurio*: dios romano del comercio y los vendedores. .
896   *Díscolas*: revoltosas; traviesas.
897   *Dogal*: cuerda.
898   *Albedrío*: voluntad.
899   *Interpelar*: implorar.
900   *Cirineo*: ayudante.
901   *Arrodillarse*: ponerse de rodillas.
902   *Vera*: lado.

cara de la independiente y la besé con arrebato, largamente, sobre los párpados de fina seda que cubren las pupilas verdes. Fue la única libertad que me tomé (te lo juro) hasta que pude llamarme esposo de Feíta Neira. —Tal vez, ya que emborroné[903] las *Memorias de un solterón*, merezcan escribirse las de *un casado*... con mujer tan singular como la que me tocó en suerte[904].

FIN

---

903 *Emborronar*: escribir apresuradamente.
904 *Tocar en suerte*: corresponderle por azar.